100 LEGENDÄRE
REISEROUTEN

100 LEGENDÄRE REISEROUTEN

Auf den Spuren berühmter Entdecker und Abenteurer

Beratender Herausgeber:
Keith Lye

BRUCKMANN

Impressum

Erstveröffentlichung 2008

Deutsche Lizenzausgabe © 2009
Bruckmann Verlag GmbH, München
Alle Rechte vorbehalten

Übersetzung ins Deutsche:
Barbara Rusch, München
Lektorat: Linde Wiesner, München
Schlussredaktion und Produktmanagement: Dr. Birgit Kneip

Englische Originalausgabe: 100 Great Journeys
Copyright © 2008 The Ilex Press Limited
The Old Candlemakers
West Street, Lewes
East Sussex BN7 2NZ
www.ilex-press.com

Designer: Graham Davis
Umschlaggestaltung: Uhlig / www.coverdesign.net
Umschlagbilder: © Alamy / Corbis
Printed in Thailand

Deutsche Nationalbibliothek – CIP-Einheitsaufnahme
Ein Titeldatensatz für diese Publikation ist
bei der Deutschen Nationalbibliothek erhältlich.

ISBN 978-3-7654-5206-2

INHALT

Die Menschen wollten schon immer wissen, was jenseits des Horizonts liegt. In prähistorischer Zeit wanderten unsere Vorfahren jagend und sammelnd von ihrer afrikanischen Heimat aus und besiedelten schließlich jeden Teil der Welt. Ob sie nun auf der Suche nach Wasser und Nahrung oder nach einer neuen Heimat waren: Sie alle mussten sich auf Entdeckungsreise begeben.

Jenseits des Horizonts
Die Schönheit des Reisens

Wer heute Zeit und Geld hat, kann in der Regel relativ komfortabel und schnell reisen. Reisen zu Fuß, hoch zu Ross oder in Pferdekutschen haben ausgedient – heute eilt man mit Auto und Zug über Kontinente, und das Fliegen ist zur Gewohnheit geworden, um entfernte und exotische Orte ohne Schwierigkeiten zu erreichen.

In der westlichen Welt liebt man das motorisierte Reisen. Auf der Straße gelangt man nicht nur von einem Ort zum andern, sondern kann auch bequem weit entfernte Ziele erkunden. In den USA, wo fast jeder ein Auto besitzt, lassen sich auf Straßen wie dem Highway 61 oder der Route 66 auf Hunderte Kilometer langen Strecken Kultur, Geschichte und Landschaften komfortabel erkunden. Abenteuerlustige Reisende machen sich zu abgelegeneren Zielen in weit entfernten Regionen auf, reisen zum Beispiel auf der Grand Trunk Road, die sich über den Khyber-Pass windet, oder folgen Cecil Rhodes' Traum einer Route von Kairo nach Kapstadt.

Das Reisen auf der Straße hat seinen eigenen Reiz, als viel romantischer gilt jedoch häufig eine Zugfahrt, etwa mit dem berühmten Orient-Express. Vom Zug aus kann man atemberaubende Landschaften so unterschiedlicher Länder und Regionen wie Neuseeland, Kanada, des Isthmus von Kra oder der eisigen Weiten Sibiriens bewundern und dabei den Komfort eines eigenen Abteils, eines Speisewagens oder einer Aussichtsplattform genießen.

Reisen mit dem Auto oder dem Zug sind zwar bequem, manche besonders schöne Naturregionen erkundet man jedoch auch heute noch am besten zu Fuß oder auf dem Rücken eines Pferdes. Dies nicht zuletzt, weil moderne Transportmittel durch Lärm und Verschmutzung empfindliche Ökosysteme zerstören können. Immer mehr Reisende sind sich heute bewusst, dass wir alle dafür Verantwortung tragen, die Orte, die wir mit Freuden bereisen, auch zu beschützen. Der Begriff *Ökotourismus* ist mittlerweile fest in unserem Wortschatz verankert.

Früher mussten große Reisen zu Fuß oder zu Pferde unternommen werden. Die Transportmittel waren begrenzt – nicht jedoch die Gründe, in die Ferne zu streben. Alexander der Große suchte durch seine Eroberungen militärischen Ruhm, Pioniere wie Marco Polo neue Handelsrouten, die Goldsucher beim kalifornischen Goldrausch 1849 schnellen Reichtum.

WELCOME TO
WA/SA BORDER VILLAGE
SOUTH POLE 6619 km
1994 km
NEW
15075
LONDON
BERLIN
16025
17204 km
PERTH
km
1320 km
WELLINGTON 4738 km
HOBART 2100 km
CAPE TOWN
15558 km
SYDNEY
MOSCOW
15913 km

»Hoffnungsvoll zu reisen, ist schöner als anzukommen.«

Robert Louis Stevenson

Ab dem 15. Jahrhundert konnten Europäer im Zeitalter der Entdeckungen nach und nach die riesigen weißen Flecken auf ihren Weltkarten verkleinern. Durch die Erkundung Nord- und Südamerikas sowie Afrikas explodierte ihr Wissen über die reiche Vielfalt unseres Planeten. Jahrhundertelang setzten sie alles daran, auch die letzten ihnen unbekannten, abgelegenen Regionen zu erkunden. Doch die dunkle Seite der Erforschung heißt Eroberung. Die Erkundung und Kartierung der afrikanischen Küsten befeuerte den europäischen Sklavenhandel, und andernorts folgten Siedler den Forschern auf dem Fuß. Einheimische Bevölkerungen wurden durch eingeschleppte Krankheiten, gegen die sie keine Abwehrkräfte besaßen, und durch Eroberungskriege nicht nur in Afrika und Nordamerika dezimiert. Vielerorts wurden lokale Kulturen für immer zerstört.

So wie der Forscherdrang bildet auch der Glaube ein starkes Motiv, in die Ferne zu streben, für eine Gottheit oder spirituellen Führer eine Reise zu unternehmen. Christen besuchen Schreine mit heiligen Reliquien, wandern auf mittelalterlichen Pilgerpfaden oder machen sich nach Rom oder Jerusalem auf. Muslime sollten zumindest einmal im Leben nach Mekka pilgern, und Anhänger anderer Glaubensrichtungen besuchen auf den Spuren großer religiöser Persönlichkeiten, wie Buddha oder dem Dalai Lama, heilige Stätten.

Andere Reisende fasziniert weniger der Glaube, als die Militärgeschichte. Auf langen Reisen besichtigen sie ehemalige Schlachtfelder oder bedeutende militärische Bauwerke, zum Beispiel die Chinesische Mauer, oder folgen den Spuren großer Feldherren, wie etwa Simón Bolívar oder Napoléon. Nicht zu vergessen die vielen, die auf den riesigen Friedhöfen an den Schlachtfeldern die Gräber ihrer Liebsten oder ihrer Vorfahren aufsuchen.

Reisen beinhaltet immer etwas Aufregung und Abenteuer, Aufbruch in Unbekanntes und vielleicht ein gefährliches Risiko. Manche Reisende reizen gerade die körperlichen und psychischen Herausforderungen, die zum Beispiel die Besteigung des höchsten Berges der Welt oder eine Weltumsegelung mit sich bringen.

In der Vergangenheit bevölkerten die fantasiebegabteren Kartografen die weißen Flecken auf ihren Karten mit Ungeheuern. »Hier Drachen« – solche Beschriftungen füllen nicht selten die leeren Stellen auf

alten Karten. Heute ist die Welt mehr oder minder vollständig mit Hilfe von Luftbildaufnahmen in genauen Karten erfasst, und an sagenhafte Monster glauben nur mehr die Wenigsten. Dennoch gehen viele auf eigene Entdeckungsreise – nicht selten einfach nur, um die Freude und das Hochgefühl des Reisens zu erfahren und die zahlreichen Überraschungen zu genießen, die sie unterwegs erleben.

Die in diesem Kapitel vorgestellten Reisen haben eine Gemeinsamkeit: Sie sind allesamt sehr lang und überspannen zum Teil ganze, wenn nicht mehrere Kontinente. Doch sind dies nicht nur Reisen durch die vielfältigsten Landschaften – es sind zugleich auch Reisen durch die Geschichte, und auf jeder von ihnen lernen Sie das Herz und die Seele der Länder, die sie durchqueren, kennen.

Hit the Road, Jack!
Abenteuerliche Autoreisen

Route 66 und Highway 61 – Erstere verläuft von Chicago nach Los Angeles quer durch die USA, Letztere vom tiefen Süden bis nach Kanada – sind Sinnbilder für das Amerika des 20. Jahrhunderts. Über diese Straßen der Sehnsucht und Verzweiflung reisten Siedler in Zeiten des Wohlstands wie der Armut auf der Suche nach neuen Lebensinhalten und um wirtschaftlichen Notständen zu entkommen, ob in der Folge der großen Wirtschaftskrise oder der gesellschaftlichen Ungerechtigkeiten im Süden. Sie förderten die Entstehung der Vorstadtgebiete in Kalifornien und trugen die Musik des Südens in den Norden.

Die Gringo Road, vor allem dort, wo sie Mexiko und Mittelamerika durchquert,

ist auch ein wichtiger kultureller Highway, auf dem Wirtschaftsflüchtlinge in den Norden und Know-how aus den USA in den Süden gelangten.

Geschichte umweht auch die Seidenstraße in Asien und die majestätische Grand Trunk Road, die sich durch Nordindien, Pakistan und Afghanistan zieht. Die Seidenstraße war in den Tagen der Mongolenherrscher die wichtigste Handelsroute zwischen den Reichen der Alten Welt, die bedeutendste Verkehrsader zwischen Europa und den legendären Schätzen Cathays (Chinas). Sowohl der Hippie Trail, der nach dem Zweiten Weltkrieg Geborene nach Indien brachte, wo sie mystische Erleuchtung erfahren wollten, als auch die Route der Automobil-Rallye von Peking nach Paris (1907) sind modernere Varianten dieser eurasischen Reisestrecken.

Eine dauerhafte Verbindung zwischen Kairo und Kapstadt schaffte nicht einmal Cecil Rhodes, Großbritanniens einfallsreichster und rücksichtslosester Imperialist. Doch Abenteuerlustige können auch diese Route bereisen. Bequemer zu befahren ist die Route der Rallye Paris–Dakar – des extremsten Offroad-Rennens – durch die Sahara.

Route 66
Die »Main Street of America«

Die Route 66 zu befahren, heißt Amerika zu sehen. Die »Great Diagonal Road« zwischen den Metropolen Chicago und Los Angeles führt auf ihren 4000 Kilometern durch Kleinstädte, Grasland und Wüsten. Die 1926 als eine der ersten US-Highways gegründete Strecke wurde in den Dürrejahren um 1930 zur »Straße der Hoffnung«, auf der viele Farmer von Oklahoma gen Westen zogen. Ihre Misere auf der »Mother Road« thematisierte Steinbeck in seinem Roman *Früchte des Zorns*. Im Zweiten Weltkrieg entstanden an der Lebensader Route 66 viele Läden und Lokale – nach dem Krieg wurde sie schnell zur beliebten Ferienstrecke. Vierspurige Autobahnen machten die Route unrentabel, und 1985 wurde sie offiziell stillgelegt. Doch inzwischen hat man mehrere Abschnitte als »Historic Route 66« wiedereröffnet – andere Teile sind nicht mehr befahrbar.

Rechts: Los Angeles wird man immer mit der Filmindustrie verbinden. Touristen kommen, um den Hollywood-Schriftzug zu sehen, Grauman's Theater mit den Fußabdrücken der Stars und aufregende Themenparks wie die Universal Studios oder das Getty Center mit einer der weltweit größten Kunstsammlungen zu besuchen. Die Einwohner lieben ihre Stadt wegen des guten Wetters und der herrlichen Sandstrände.

Von Chicago nach LA

Chicago am Lake Michigan hat seine kriminelle Vergangenheit abgeschüttelt und präsentiert sich heute mit Wolkenkratzern, Museen und hervorragenden Shopping-Angeboten. Ein herzhaftes Frühstück in Lou's Café rüstet Reisende für die Fahrt gen Süden, über den Mississippi (via Chain of Rocks Bridge) nach St Louis mit seinem 192 Meter

hohen Gateway Arch, der die Rolle der Stadt als Tor zum Westen reflektiert. In den weiten Ebenen von Kansas, Oklahoma und Texas passiert man Kleinstädte mit seltsamen Motels, schrulligen Drive-ins und Kuriositäten wie den in den Boden getriebenen Cadillacs der Cadillac Ranch. In New Mexico bietet der Chaco Canyon grandiosen Einblick in 1000 Jahre alte Glaubenstraditionen und Technologien der alten Pueblo-Kultur. Die spektakuläre Wüstenlandschaft Arizonas präsentiert den perfekt kreisrunden Meteor Crater, ehe man Kalifornien und Los Angeles erreicht.

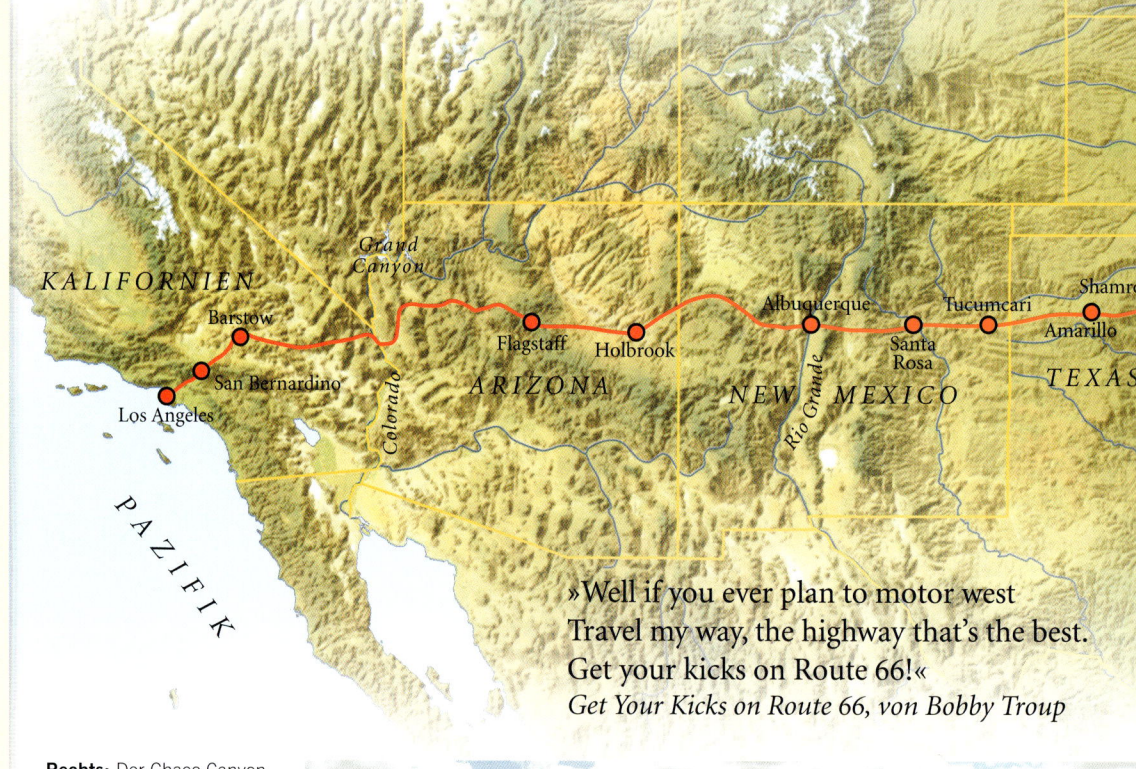

KALIFORNIEN

Grand Canyon

Barstow

San Bernardino

Los Angeles

PAZIFIK

Colorado

ARIZONA

Flagstaff

Holbrook

NEW MEXICO

Albuquerque

Santa Rosa

Rio Grande

Tucumcari

Amarillo

Shamro

TEXAS

»Well if you ever plan to motor west
Travel my way, the highway that's the best.
Get your kicks on Route 66!«
Get Your Kicks on Route 66, von Bobby Troup

Rechts: Der Chaco Canyon in New Mexico war ein wichtiges kulturelles Zentrum der Anasazi. Über diese fortschrittliche Gesellschaft, die gigantische Bauwerke mit über 100 Räumen baute und ein Straßennetz, das bis zu 80 Kilometer weit zu anderen Orten führte, weiß man nicht viel.

Oben: Chicago, heute mit etwa zehn Millionen Einwohnern die drittgrößte Stadt der USA, liegt am südwestlichen Ufer des Lake Michigan. Erst 1837 erhielt es Stadtrecht, entwickelte sich aber schnell zu einem der bedeutendsten kulturellen und kommerziellen Zentren der Welt und ist berühmt für seine Sportteams.

John Steinbeck

Der im Jahr 1902 geborene John Steinbeck wuchs im kalifornischen Salinas Valley auf. Nach einem kurzen Aufenthalt in New York Ende der 1920er-Jahre kehrte er nach Kalifornien zurück. 1929 erschien sein erster Roman, *Eine Handvoll Gold*, den Durchbruch hatte er jedoch mit den Schilderungen seiner rauen Umgebung in *Tortilla Flat*. Die Zeitung *San Francisco News* beauftragte ihn, über Dust-Bowl-Flüchtlinge in den 1930er-Jahren zu schreiben. Diese Arbeiten wurden zur Grundlage seiner berühmten Romane *Von Mäusen und Menschen* (1937) und *Früchte des Zorns* (1939), der mit dem Pulitzer-Preis ausgezeichnet wurde. Trotz einiger Kritik an den in diesem Roman vertretenen linken Ansichten verfilmte Hollywood das Werk schon im Jahr darauf. 1962, sechs Jahre vor seinem Tod, erhielt John Steinbeck den Nobelpreis für Literatur.

Oben: Der Gateway Arch in St Louis markiert den Anfang des Lewis and Clark Trail, der wie die Route 66 dazu beitrug, den Westen der USA zu besiedeln. Im Inneren kann man auf das Aussichtsdeck hochfahren.

Links: Die Chain of Rocks Bridge, die wichtigste Brücke über den Mississippi bei St Louis, ist viel älter. Der Knick in der Brücke war nötig, damit Boote gefahrlos die Brückenpfeiler umschiffen können.

Der Hippie Trail nach Kathmandu
Auf der Sinnsuche in den rauschhaften 1960ern

In den 1960er-Jahren flohen unzufriedene junge Hippies vor der konsumorientierten westlichen Kultur in den spirituellen, exotischen Fernen Osten. Auf der Suche nach Erleuchtung – oder billigem Haschisch – waren sie in klapprigen Bussen oder per Anhalter unterwegs, die Zeit spielte dabei keine Rolle. Die »Hippie-Route« nahm in Amsterdam oder London ihren Anfang und führte durch Europa, die Türkei, den Iran bis nach Indien. Das Ziel hieß für viele Kathmandu, wo es noch immer eine »Freak Street« genannte Straße gibt – in Erinnerung an zahllosen Hippies, die hier die dopegeräucherten Kneipen füllten. Mit dem Anwachsen der Spannungen im Nahen Osten und Russlands Invasion in Afghanistan 1979 wurde die Route immer weniger befahren, doch die Ideale und Träume der 1960er Generation leben weiter.

Oben: Amsterdam, das »Venedig des Nordens«, floriert bereits seit etwa 700 Jahren. Weltberühmt wurde es jedoch im 17. Jahrhundert als Geld- und Diamantenzentrum sowie für seine Kunstszene – hier lebte damals Rembrandt. Spätere Künstler wie Vincent van Gogh trugen ebenfalls zum kulturellen Erbe der Stadt bei.

Der Landweg nach Kathmandu

Von Amsterdam mit seinen Weltklassemuseen und dem berüchtigten Rotlichtbezirk samt Drogenszene geht es quer durch Europa. Trinken Sie in München ein Bier, schlürfen Sie in Ljubljana einen Kaffee, und probieren Sie Baklava in Istanbuls Pudding Shop, dem ersten Treffpunkt am Hippie Trail. Weiter geht es durch Kappadokien nach Do ubeyazıt, von Reisenden, die hier auf Iran-Visa warten, auch »Doggy Biscuit« genannt. In Teheran

finden Sie wunderbare Paläste, während Sie in Isfahan am Imam-Platz mit den Einheimischen eine *hookah* (Wasserpfeife) rauchen können. Nach einer langen Fahrt durch Wüstenlandschaften erreichen Sie das vom Krieg gezeichnete Afghanistan, von wo Sie weiter nach Indien fahren, zum »Hippie-Nirvana« in Kathmandu. Besichtigen Sie UNESCO-Welterbestätten oder relaxen Sie einfach an dem Ort, wo der Himalaya den Himmel berührt.

»Ich hatte tatsächlich gelernt, wie ich die Übel der Welt und der Stadt abschütteln konnte, solange ich nur ein anständiges Bündel auf dem Rücken trug.«
Jack Kerouac, The Dharma Bums

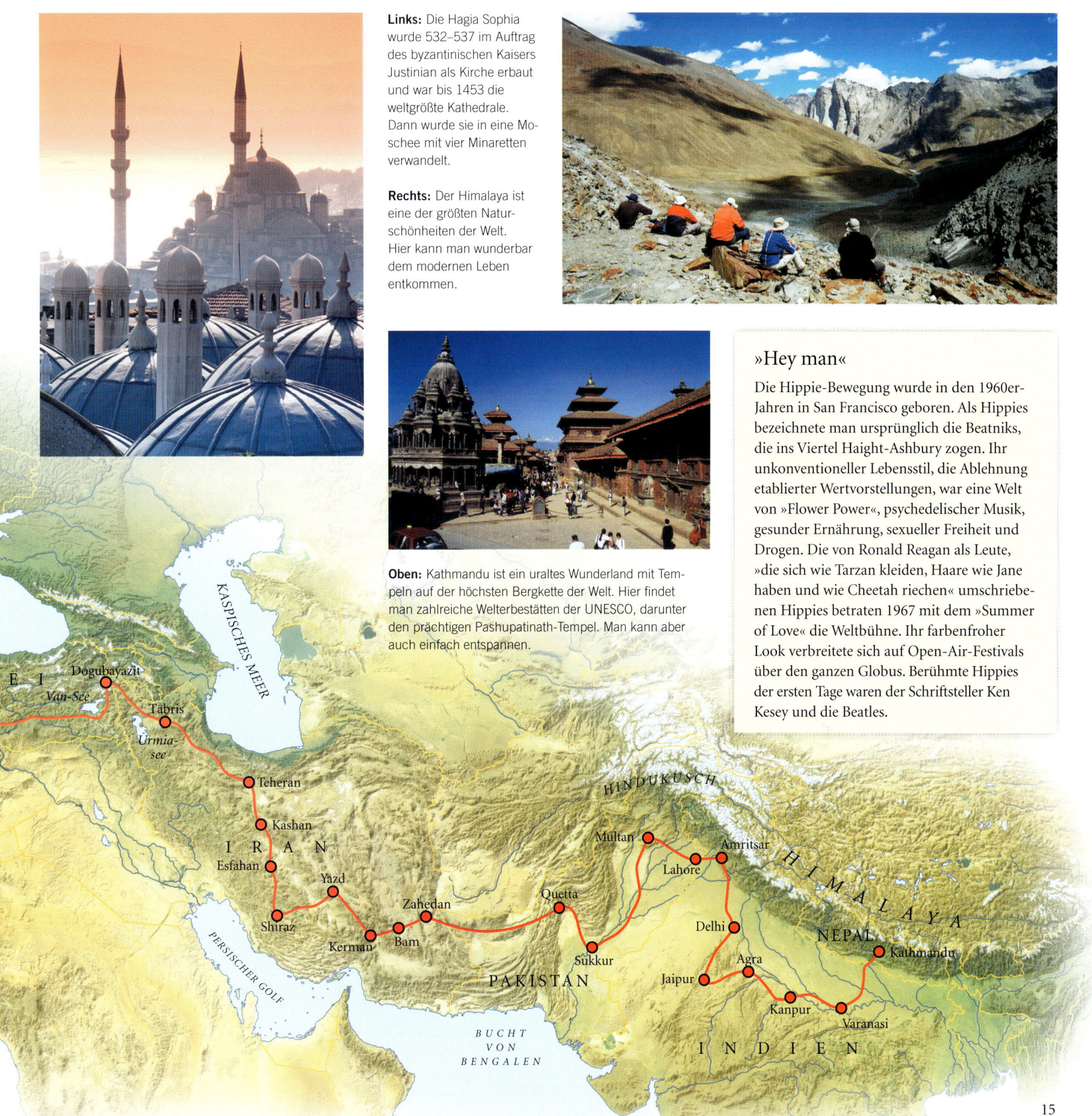

Links: Die Hagia Sophia wurde 532–537 im Auftrag des byzantinischen Kaisers Justinian als Kirche erbaut und war bis 1453 die weltgrößte Kathedrale. Dann wurde sie in eine Moschee mit vier Minaretten verwandelt.

Rechts: Der Himalaya ist eine der größten Natur-schönheiten der Welt. Hier kann man wunderbar dem modernen Leben entkommen.

Oben: Kathmandu ist ein uraltes Wunderland mit Tempeln auf der höchsten Bergkette der Welt. Hier findet man zahlreiche Welterbestätten der UNESCO, darunter den prächtigen Pashupatinath-Tempel. Man kann aber auch einfach entspannen.

»Hey man«

Die Hippie-Bewegung wurde in den 1960er-Jahren in San Francisco geboren. Als Hippies bezeichnete man ursprünglich die Beatniks, die ins Viertel Haight-Ashbury zogen. Ihr unkonventioneller Lebensstil, die Ablehnung etablierter Wertvorstellungen, war eine Welt von »Flower Power«, psychedelischer Musik, gesunder Ernährung, sexueller Freiheit und Drogen. Die von Ronald Reagan als Leute, »die sich wie Tarzan kleiden, Haare wie Jane haben und wie Cheetah riechen« umschriebenen Hippies betraten 1967 mit dem »Summer of Love« die Weltbühne. Ihr farbenfroher Look verbreitete sich auf Open-Air-Festivals über den ganzen Globus. Berühmte Hippies der ersten Tage waren der Schriftsteller Ken Kesey und die Beatles.

Die Grand Trunk Road
Von Kabul nach Kalkutta

Die im 16. Jahrhundert vom Mogulherrscher Sher Shah Suri (Sher Khan, 1540–1545) als Verbindung der verstreuten Gebiete, die er in Nordindien erobert hatte, erbaute Straße gehört zu Asiens größten Autobahnen. Sie zu befahren, ist ein unvergessliches Erlebnis. Auf ihren etwa 3200 Kilometern durch Nordindien und Pakistan, von der Ganges-Mündung bis zum Khyber-Pass, lernt man den farbenfrohen, turbulenten Alltag Südasiens kennen – doch an die auf dem Subkontinent übliche haarsträubende Fahrweise muss man sich erst gewöhnen. Die Straße wird von Pferden, Fahrrädern, von Büffeln gezogenen Wagen, Rikschas und uralten Lkws genutzt, die ihre Ladungen auf die Märkte bringen.

Straße des Aufstands

Die Grand Trunk Road passiert viele Zentren des indischen Aufstands gegen die Briten (1857–59). Ausgelöst wurde die Revolte durch die Weigerung der muslimischen wie hinduistischen *sepoys* (angeheuerten Soldaten), mit Tierfetten behandelte Munition zu verwenden. Sie entwickelte sich dann zu einem großen Aufstand gegen die britische Kolonialmacht. Städte wie Lucknow wurden belagert und größtenteils zerstört. Innerhalb von zwei Monaten befand sich Delhi in der Hand der Rebellen. Die Revolte breitete sich weiter den Ganges flussabwärts aus und zog desillusionierte Regenten und Bauern gleichermaßen an. Zwar wurden viele Briten getötet, doch mit immenser Brutalität rissen die britischen Kräfte die Kontrolle wieder an sich.

Oben: Der Khyber-Pass ist die einzige brauchbare Verbindung zwischen dem Südwesten Afghanistans und Südasien. Die einsame, tückische Straße war schon für Alexander den Großen, die Mogulherrscher und für die Briten bei ihren Versuchen, im 19. Jahrhundert Afghanistan zu unterwerfen, von großer Bedeutung.

Oben: Das Rote Fort im Zentrum Alt-Delhis war nicht nur wichtige Militärbasis, sondern lag auch im kommerziellen Herzen der Hauptstadt. Hier trafen sich alle möglichen Reisenden – Kaufleute, Pilger und Kundschafter –, für die die Grand Trunk Road eine bedeutende Lebensader darstellte.

Von Kalkutta nach Kabul

Auf den ersten etwa 1600 Kilometern gen Westen, vom Hafen Kalkuttas (Kolkatas) über die weite Ebene des Ganges und seiner Nebenflüsse in Richtung der indischen Hauptstadt Neu-Delhi, folgt die Grand Trunk Road dem heiligen Fluss. Sie passiert wichtige Hindu-Zentren wie Patna und Varanasi (Benares), ehe sie muslimisch beeinflusste Orte am Yamuna, wie etwa Allahabad, und schließlich das Mogulterritorium Rajasthan erreicht. Hinter der Hauptstadt beginnen die nächsten 1600 Kilometer: über das flache Ackerland nordwestlich von Delhi, entlang den Himalaya-Ausläufern und weiter nach Lahore in Pakistan. Von hier steigt die Straße nach Islamabad und Peshawar an, ehe sie den Khyber-Pass überquert, um schließlich die abgelegene Hauptstadt Afghanistans, Kabul, zu erreichen.

H I M A L A Y A

Lahore

PUNJAB

Ferozepore
(Firozpur)

N E P A L

Oben: Sher Khan war einer der Mogulherrscher, die 1526–1857 Nordindien regierten. Die erste befestigte Straße verband seine Hauptstadt, Agra, mit seinem Heimatort Sasaram und wurde bald schon erweitert.

Oben: Die Paläste, Moscheen und Schreine Rajasthans sind Meisterwerke der islamischen Architektur. Dazu gehört auch der Taj Mahal bei Agra. Das vom Shah Jahan 1654 als Mausoleum für seine Frau errichtete weiße Marmorbauwerk ist eines der vielen wunderschönen Gebäude entlang der Grand Trunk Road.

Farrukhnagar

Delhi
Meerut
Jhajjar
Dadri
Delhi

RAJASTHAN

Farrukhabad

Fatepur Siki
Agra

Lucknow

Ajodyha
Fayzabad

Cawnpore
(Kanpur)

Allahabad
Varanasi

Patna

Singhbhaum
(Bihar)

B I H A R

I N D I E N

B E N G A L E N

Kolkata
(Kalkutta)

Zentren des indischen Aufstands

LESESTOFF
Die Ursprünge des Aufstandes von 1857 in Oudh.
Ursula Beisinger
Kim
Rudyard Kipling
The Siege of Krishnapur.
J. G. Farrell
Flashman.
George Fraser
City of Djinns.
William Dalrymple

»... solch einen Fluss des Lebens gibt es sonst nirgends auf der Welt.«
Rudyard Kipling, Kim, 1901

Highway 61
Der Blues Highway

Bis 1991 führte der Highway US 61 von New Orleans im südlichen Bundesstaat Louisiana rund 2800 Kilometer weit an die kanadische Grenze. In der Zeit vor dem heutigen Interstate-Highway-Netz war dies eine wichtige Verbindungsroute zwischen Nord und Süd. Der nördliche Teil wurde dann um etwa 500 Kilometer verkürzt, und der nun rund 2250 Kilometer lange Highway endete in Wyoming in Minnesota an der Kreuzung mit der I-35. Die heutige Route, offiziell Highway 61, teilt das amerikanische Binnenland. Sie führt durch die Südstaaten Louisiana, Mississippi, Tennessee, Arkansas und Missouri und im Norden durch Iowa, Wisconsin und Minnesota. In einigen Abschnitten ist sie vierspurig, ansonsten nur zweispurig.

Bob Dylan und der Blues Highway

Der Highway 61 verläuft durch das für seine Blues-Musiker bekannte Mississippi-Delta und wird oftmals auch als Blues Highway bezeichnet. Die wohl berühmteste Verbindung der Straße mit der Musik schuf Bob Dylan. Der in Duluth, Minnesota, am Highway 61 geborene Dylan ließ sich 1965 von dieser Asphaltstraße zu seinem ersten Rockalbum, *Highway 61 Revisited*, inspirieren. Für den jungen Musiker verhieß die scheinbar unendliche Straße ein Entkommen aus dem provinziellen Minnesota und die Chance, seine Träume Wirklichkeit werden zu lassen.

Historischer Highway

Der Highway 61 wird mit mehreren bedeutsamen Ereignissen assoziiert, etwa mit der Ermordung Martin Luther Kings Jr. in einem Motel in Memphis am Highway. Viele Musiker, die entlang der Straße lebten und arbeiteten, priesen sie, darunter Elvis Presley (in Memphis), der Blues-Musiker Robert Johnson (in Clarksdale verkaufte er angeblich dem Teufel seine Seele, um den Blues spielen zu können) und die Blues-Sängerin Bessie Smith (die bei einem Autounfall ums Leben kam).

»Ich habe meine Heimat nie verlassen, aber ich kenne jeden Zentimeter dieses Highways. «
Pokey Jones, Highway 61 (Film)

Oben: Das nach Philippe II., Duc d'Orléans, benannte New Orleans ist eine der ältesten Städte der USA. Die Stadt am Mississippi im südlichen Louisiana ist für Jazz, kulinarische Genüsse und die alljährliche Mardi-Gras-Parade berühmt. Einige Teile der Stadt tragen noch die Narben, die 2005 der Hurrikan Katrina hinterließ.

GOLF VON MEXIKO

Die Gringo Road
Auf der Panamericana

Die Panamericana (Pan-American Highway), der längste Highway der Welt, erstreckt sich von Alaska bis Chile und durchquert 15 Länder. Der Abschnitt von Mexiko nach Panama wurde im Zweiten Weltkrieg als Versorgungsroute für den von den USA kontrollierten Kanal errichtet. Er passiert Maya-Zentren und Kolonialstädte, Vulkane und Regenwald. Ausländer, *gringos*, die diese Spanisch sprechende Welt befahren, müssen sich darauf einstellen, dass der Asphalt in Schotter, Sand und Schlaglöcher übergeht, ehe die Straße in Yaviza endet. 87 Kilometer weiter wird sie in Kolumbien dann fortgesetzt.

Oben: Aldous Huxley beschrieb den Lago de Atitlán als »Comer See, gesteigert um eine Handvoll imposanter Vulkane. Es ist wirklich zu viel des Guten.« Das antike Teotihuacan hatte seine Blütezeit um das 2. Jahrhundert n. Chr., und seine eindrucksvolle Sonnenpyramide gehört zu den größten Pyramiden der Welt.

LITERATUR

Reisen in Zentralamerika und Yucatán
John Lloyd Stephens

Road Fever
Tim Cahill

Der Schneider von Panama
John le Carré

New Worlds to Conquer
Richard Halliburton

Straße ins hispanische Amerika

Von Mexiko-Stadt, einer der größten Städte der Welt, fahren Sie gen Süden zu den großartigen Maya-Zentren Palenque und Chichén Itza, ehe Sie Guatemalas Hochlandregion mit wunderbaren Attraktionen erreichen – den farbenfrohen Markt von Chichicastenango, den von Vulkanen gesäumten Lago de Atitlán und das spanische Kolonialjuwel Antigua. Die Schönheit von El Salvador, Honduras und Nicaragua täuscht über die Jahre brutalen Bürgerkriegs und das Wüten von Hurrikanen und Erdbeben hinweg. In Costa Rica findet man weitere Vulkane, darunter den besonders aktiven Arenal, und herrliche Regenwälder, etwa in Corcovado. Auf dem Panamakanal, einem technischen Wunderwerk aus dem 19. Jahrhundert, können Sie mit dem Boot von der Karibik zum Pazifik fahren.

Links: Bis der Panamakanal 1914 eröffnet wurde, hatten Krankheiten Tausende Arbeiter dahingerafft. Der nur 80 Kilometer lange Kanal spart den Schiffen, die vorher Kap Hoorn umfahren mussten, knapp 13 000 Kilometer Weg. Jährlich absolvieren die neunstündige Durchfahrt etwa 14 000 Schiffe.

VEREINIGTE STAATEN VON AMERIKA

Nogales

Hermosillo

MEXIKO

Mazatlán

Guadalajara

Mexiko-Stadt

Oaxaca

PAZIFIK

Maya-Stätten

BELIZE

KARIBIK

GUATEMALA

HONDURAS

Guatemala City

San Salvador

NICARAGUA

Managua

Panamakanal

COSTA RICA

San José

Panama City

PANAMA

Yaviza

Turbo

KOLUMBIEN

Die Rallye Paris–Dakar
Durch die Sahara

Die Rallye Paris–Dakar (inzwischen offiziell nur noch Rallye Dakar) wurde 1979 als die weltweit strapaziöseste Offroad-Rallye ins Leben gerufen. Ihre schon legendäre Härte liegt nicht allein in der großen, in 17 Tagen zurückzulegenden Distanz – insgesamt zwischen etwa 8850 und 12 900 Kilometern, mit bis zu 800 Kilometer langen Etappen –, sondern auch im unwegsamen Gelände begründet. Der größte Teil des Rennens führt durch die straßenlose westliche Sahara, eine der unwirtlichsten Gegenden der Welt, mit felsigem Buschland und weiten Sanddünen. Im Schnitt kommt nur ein Drittel der Teilnehmer ans Ziel. Seit 1995 fungierten mehrere Städte als Startpunkte – die somit Paris ersetzten –, das Ziel war jedoch alljährlich (bis auf viermal) Dakar in Senegal.

Oben und unten: Die unwegsame Wüste Sahara lockt die Anhänger der Rallye an. Für Offroad-Fahrer ist sie die ultimative Herausforderung: eine gnadenlose, unerbittliche Aufgabe, die Menschen und Autos an ihre Grenzen bringt – und zuweilen darüber hinaus.

Thierry Sabine

Der Franzose Thierry Sabine gründete die Rallye Paris–Dakar. 1977 nahm er an einem Rennen von der Elfenbeinküste nach Nizza teil und verirrte sich in der Libyschen Wüste. Er wurde schließlich gefunden, und die Erfahrung dieser Tage in der Einsamkeit inspirierte ihn, eine Rallye in ähnlich unwirtlichem Terrain zu organisieren. Paris war für ihn der logische Startpunkt – und Dakar in der ehemaligen französischen Kolonie Senegal das entsprechende Ziel. Die Rallye war von Anfang an ein Erfolg, aber immer auch umstritten: In einigen der ärmsten Länder der Welt wirkt sich das Rennen nicht eben positiv auf die Umwelt aus, und trotz stetig verbesserter Sicherheitsvorkehrungen kamen bei den Rallyes bislang 48 Teilnehmer ums Leben, ebenso eine nicht bekannte Anzahl an Zuschauern. Sabine selbst starb 1986 bei einem Hubschrauberunfall während des Rennens, ebenso die anderen fünf Insassen.

Die Rallye-Fahrzeuge

Es gibt vier Kategorien von Fahrzeugen: Autos, Motorräder, Quads und Trucks. Die beiden ersten werden wiederum in drei Klassen eingeteilt, die beiden letzten in vier. Etwa 80 Prozent der Teilnehmer sind Amateure; unter ihnen ist die Anzahl der Ausfälle am höchsten. Viele, zumeist europäische und japanische Fahrzeughersteller betrachten die Rallye Dakar als idealen Markt. Der erfolgreichste Fabrikant – mit zwölf Siegen in der Auto-Kategorie, darunter von 2001 bis 2007 siebenmal in Folge – ist Mitsubishi. Die erfolgreichsten französischen Hersteller sind Citroën und Peugeot mit jeweils vier Siegen. Nur ein Mann kann bisher vier Siege in der ersten Auto-Klasse verzeichnen: der Finne Ari Vatanen, der 1987, 1989, 1990 und 1991 als Erster Dakar erreichte.

»Eine Herausforderung für die Fahrer. Ein Traum für alle, die dahinterstehen.«
Thierry Sabine

FRANK-REICH

Paris

Marseille

SPANIEN

MITTELMEER

ATLANTIK

Algier

Laghouat

A L G E R I E N

In Salah

Tamanrasset

In Guezzam

Assamakka

Arlit

M A L I

Gao

Agadez

N I G E R

Kanel

Linguéré

Bakel

Tahoua

Dakar

Nioro

Talcho

SENEGAL

Mopti

Niamey

Kidira

Kayes

Bamako

Route der ersten
Rallye Paris–Dakar
(1979).

Pannen bis Paris
Das Rennen Peking–Paris von 1907

1907 war das Automobil erst knapp 20 Jahre alt, und die existierenden Modelle waren nicht nur teuer, sondern auch langsam, unbequem und unzuverlässig. Doch in jenem Jahr rief die französische Zeitung *Le Matin* zu einem Rennen von Paris nach Peking auf – über 16 000 Kilometer unwegsames, teils unpassierbares Terrain ohne irgendwelche Werkstätten für die launischen Maschinen. Die Idee war entweder brillant in ihrer Vision oder aber lächerlich in ihrer Absurdität – doch zum Erstaunen aller Kritiker gingen tatsächlich fünf Autos an den Start (von Peking nach Paris), und von diesen erreichten vier das Ziel! Eine neue Ära des motorisierten Verkehrs war angebrochen.

Fürst Scipione Borghese

Zwar fuhren nur fünf Automobile los, aber anfangs waren 40 Wagen angemeldet worden – die Zahl drückte wohl eher das Wunschdenken der Angemeldeten aus. Als sie immer weniger wurden, beschloss man bei *Le Matin*, es sei sinnvoller, von Peking nach Paris zu fahren statt umgekehrt. Als das ganze Ausmaß der Schwierigkeiten deutlich wurde, wollte man das Rennen sogar absagen.

Es ist vor allem dem italienischen Fürsten Scipione Borghese zu verdanken, dass das Rennen stattfand. Borghese war der finanzstärkste und am besten vorbereitete Teilnehmer und bestand darauf zu fahren, was immer die Zeitung entscheiden sollte. *Le Matin* lenkte ein, und am 10. Juni 1907 wurde das Rennen um acht Uhr morgens gestartet.

»Was heute gezeigt werden muss, ist, dass ein Mensch, sobald er ein Automobil hat, zu allem fähig ist und überall hingelangen kann. Gibt es jemanden, der in diesem Sommer von Peking nach Paris fahren möchte?«
Le Matin, 31. Januar 1907

Links: Am 20. August 1907 erreichte Borgheses hellroter Itala 40 als erstes Automobil Paris – 20 Tage vor den anderen drei Teilnehmern.

Rechts: Beim Rennen nahmen zwei französische Autos teil, beide de Dion Boutons. Mit ihren kleinen Motoren kamen sie im teils schlammigen Ural nur schlecht voran.

Links: Man kann sich kaum ein Terrain vorstellen, das für die unzuverlässigen und klapprigen Fahrzeuge noch ungeeigneter gewesen wäre als die raue Landschaft Sibiriens.

Rechts: Die Wüste Gobi war Schauplatz des einzigen Abbruchs: Der dreirädrige Contal der Franzosen Auguste Pons und Octace Foucault stellte seine Dienste ein. Die Männer wurden von einer mongolischen Karawane gerettet.

R U S S L A N D

Perm · URAL · Kazan · Chelyabinsk · Omsk · Nowosibirsk · Krasnojarsk · Irkutsk · Baikalsee · Ulan-Ude · Ulaan Baatar · MONGOLEI · Erenhot · Peking (Beijing) · C H I N A

Abseits der Straßen

Die größte Herausforderung für die Fahrer bestand darin, dass es auf den meisten Rennabschnitten – durch China, die Mongolei, Sibirien, über den Ural und nach Westrussland – keine Straßen gab. Wo Wege oder Handelsrouten existierten, waren sie Lastenkarren oder Kamelen vorbehalten. Die vielen Berge, die zu überwinden waren, waren für alle Fahrzeuge zu steil – diese mussten von Ochsen, Pferden oder Einheimischen gezogen oder geschoben werden. Flüsse und Seen wurden unter Gefahren auf Flößen und Booten überwunden – oder aber über wackelige Brücken, die nicht für irgendwelche motorisierten Vehikel konstruiert worden waren. Die Wüste Gobi war erstaunlicherweise leichter zu durchqueren, und obwohl die Motoren hier regelmäßig überhitzt waren, kamen die Autos auf dem festen Sandboden mit bis zu 95 Stundenkilometer voran.

LESESTOFF

Rallye Peking–Paris. Peter Höner, Michael Zumbrunn

Peking–Paris in sechzig Tagen. Luigi Barzini

Rechts: Um acht Uhr morgens am 10. Juni 1907 begann das Rennen in Peking. Zu den Teilnehmern gehörte Charles Goddard, ein mittelloser niederländischer Zirkusarbeiter, der niemals zuvor ein Automobil gesteuert hatte. Goddard hatte den niederländischen Automobilhersteller Spyker überredet, sich für das Rennen anzumelden. In Berlin wurde er wegen Betrugs inhaftiert.

Der Traum des Cecil Rhodes
Von Kairo nach Kapstadt

Im »Wettlauf um Afrika« wurde fast der gesamte Kontinent zwischen 1880 und 1900 unter direkte europäische Kolonialherrschaft gebracht. Frankreich, Portugal, Belgien, Deutschland, Italien, Spanien und Großbritannien wollten ihre bestehenden Territorien sichern und neue dazugewinnen. Zu den britischen Verfechtern des Kolonialismus gehörte der Magnat, Politiker und unermüdliche Imperialist Cecil Rhodes. Wenngleich er schließlich nicht einmal eine zusammenhängende britisch kontrollierte Zone von Ägypten im Norden bis Kapstadt im Süden schaffen konnte, war er doch für die Annektierung Nord- und Südrhodesiens, heute Sambia bzw. Simbabwe, direkt verantwortlich.

Rechts: Eine zeitgenössische Karikatur zeigt Cecil Rhodes als modernen Koloss von Rhodos (engl. *Rhodes*). Obwohl seine angestrebte Verbindung niemals gebaut wurde, war sein Einfluss in Afrika immens.

Cecil Rhodes

Rhodes wurde in britischen Regierungskreisen als waghalsiger Abenteurer, der dem Land ebenso schaden wie nützen konnte, kritisch beäugt. Doch als einer der reichsten Männer der Welt war er für eine knausrige Regierung schon deshalb attraktiv, weil er seine Reisen selbst finanzieren konnte. Außerdem passte sein Ziel – die Verbindung aller britischen Territorien in Afrika durch eine Nord-Süd-Achse – zum vorherrschenden Ziel der Regierung, die Seerouten nach Indien und in den Fernen Osten zu sichern. Und natürlich waren alle Schritte willkommen, die die direkten Rivalen in Afrika – Deutschland, Portugal und Frankreich – behinderten. Dementsprechend bekam Rhodes 1889 einen Freibrief für seinen Plan, die Territorien zwischen dem Fluss Limpopo und den großen Seen in Zentralafrika zu verbinden.

»Wir [die Briten] sind die beste Rasse auf der Welt, und es ist umso besser für die Menschheit, je mehr wir von der Welt einnehmen.«
Cecil Rhodes

Lügen und Täuschungen

Mit einem Freibrief ausgestattet gründete Rhodes die British South Africa Company, um das auszuführen, was ursprünglich die größte Expansion des Britischen Reichs werden sollte. Der Widerstand afrikanischer Herrscher wurde mit Bestechungen, Drohungen und Täuschungen weggefegt. Um von Lobengula, König der Ndeble in Matabeleland, eine Bergbaukonzession zu bekommen (die Konzession war für die Regierung ein Grund für den Freibrief gewesen), behauptete Rhodes, es würden sich niemals mehr als zehn Weiße in Matabeleland aufhalten. Er stimmte auch der Vorgabe zu, dass die Briten kein Recht auf dauerhafte Besiedelung des Landes hatten   ein Versprechen, das er niemals vorhatte zu halten.

Oben und unten: In weiten Teilen Afrikas ist Transport seit je ein unsicheres Unterfangen. Große Entfernungen, unwirtliches Terrain, politische Unruhen und Armut ließen nur eine sehr einfache Infrastruktur zu. Noch heute ist für viele Afrikaner das Zufußgehen die einzige mögliche Form zu reisen.

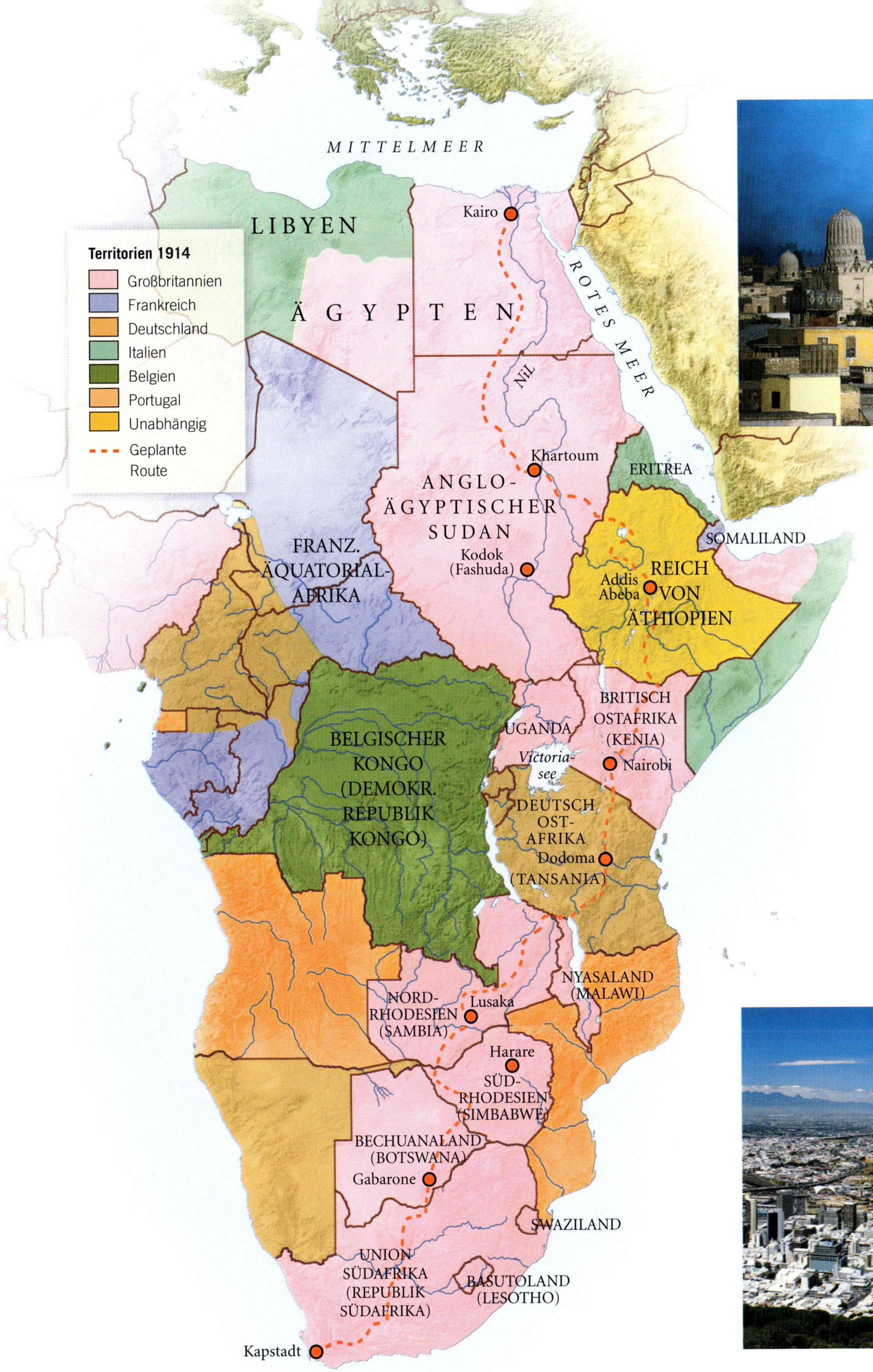

Territorien 1914

Großbritannien
Frankreich
Deutschland
Italien
Belgien
Portugal
Unabhängig
Geplante Route

MITTELMEER

LIBYEN

ÄGYPTEN

Kairo

ROTES MEER

NIL

Khartoum

ERITREA

ANGLO-ÄGYPTISCHER SUDAN

FRANZ. ÄQUATORIAL-AFRIKA

SOMALILAND

Kodok (Fashuda)

Addis Abeba

REICH VON ÄTHIOPIEN

BRITISCH OSTAFRIKA (KENIA)

BELGISCHER KONGO (DEMOKR. REPUBLIK KONGO)

UGANDA

Victoria-see

Nairobi

DEUTSCH OST-AFRIKA

Dodoma (TANSANIA)

NYASALAND (MALAWI)

NORD-RHODESIEN (SAMBIA)

Lusaka

Harare

SÜD-RHODESIEN (SIMBABWE)

BECHUANALAND (BOTSWANA)

Gabarone

SWAZILAND

UNION SÜDAFRIKA (REPUBLIK SÜDAFRIKA)

BASUTOLAND (LESOTHO)

Kapstadt

Oben: Ägyptens Hauptstadt Kairo wurde 969 von fatimidischen Kalifen gegründet und ist mit acht Millionen Einwohnern die größte Stadt Afrikas. Die riesige, staubige, laute Metropole liegt am Nil, dem längsten Fluss der Erde.

Oben: Die großen Seen Zentralafrikas waren in Rhodes' Zeit nur ungenau in Karten verzeichnet. Sie gehörten zu den vielen Hindernissen, die seinen Traum von einer panafrikanischen Eisenbahn zerplatzen ließen.

Unten: Kapstadt am Fuß des wolkenverhangenen Tafelbergs wurde schließlich den Briten überlassen.

25

Die Seidenstraße
Wege über das Dach Asiens

Die Seidenstraße (den Begriff prägte 1877 der deutsche Geograf Ferdinand von Richthofen) war in zwei Zeitabschnitten die einzige direkte Landroute zwischen Europa und China. Die erste Periode dauerte von etwa 200 v. Chr. bis 200 n. Chr., die zweite war im 13. und 14. Jahrhundert. Sie war ein Handelsweg zwischen großen Reichen – Rom, Parther, Kuschana, Han-China bzw. zwischen dem wieder aufstrebenden Europa und dem mongolischen China –, deren Einfluss in den gesetzlosen, unwirtlichen Wüsten Zentralasiens für Recht und Ordnung sorgte. Obgleich die Reise über ein Jahr dauern konnte, entstanden in diesen Zeiten viele kulturell wie wirtschaftlich profitable Kontakte.

Oben: In der ersten Periode der Seidenstraße machte Seide schätzungsweise 90 Prozent der chinesischen Exportgüter aus. Die für den römischen Markt bestimmte Seide wurde in Karawanen durch ganz Zentralasien transportiert.

Die Handelsroute

Im 1. Jahrhundert n. Chr. beklagte der Schreiber Plinius, dass die chinesische Seide, deren Herstellungsweise im Westen unbekannt war, zu teuer sei, und drohte, das Römische Reich in den Bankrott zu treiben. Im Osten waren wiederum Luxusgüter aus dem Westen gefragt. 1938 fand man durch Zufall im afghanischen Begram ein Lager mit römischen Kunstwerken, die für die Märkte in Asien bestimmt waren. Chinas Han-Kaiser schätzten auch Pferde aus Ferghana in Zentralasien und glaubten, sie wären göttlicher Herkunft. Tatsächlich wurden zahlreiche Waren in beide Richtungen transportiert: Teppiche, Gold, Rubine, Lapislazuli, Lackarbeiten, Musselin, Baumwolle, Glas, Porzellan und Sklaven sowie Gebrauchsgüter. Eine Reihe von strategisch platzierten Oasenstädten wurden durch Handel wohlhabend, doch die Risiken der Reise – Banditen, extreme Temperaturen, Dürren und unwegsames Gelände – waren nicht von der Hand zu weisen, und am Wegesrand lagen häufig tote Menschen und Tiere.

LESESTOFF

Entlang der Seidenstraße. Mythos und Geschichte.
Frances Wood

Die Seidenstraße.
Thomas O. Höllmann

Abenteuer Seidenstraße.
Bruno Baumann

Sand und Seide. Faszination der chinesischen Seidenstraße.
Uta Heinzmann u. a.

Life Along the Silk Road.
Susan Whitfield

SCHWARZES MEER

Venedig

Konstantinopel (Istanbul)

TÜRKEI

Antiochia
Aleppo
IRAK
Ecba

MITTELMEER

Tyros
Damaskus
Babylon

Alexandria

Neu-

PE

Links: Das Handelsaufkommen zwischen Ost und West war während des mongolischen Friedens um vieles höher als in der ersten Periode der Seidenstraße mehr als tausend Jahre zuvor. Doch der Frieden unter der Mongolenherrschaft dauerte nur hundert Jahre, ehe Zentralasien erneut Opfer von plündernden Banditen und Nomaden wurde.

Links: Peking (Beijing) war Endstation der östlichen Handelsroute durch Asien. Durch den Zugang zu China konnten westliche Kaufleute mit zahlreichen Waren handeln – zur Zeit des Römischen Reichs war dies vor allem Seide. Doch der Handel funktionierte in beiden Richtungen, und viele Güter wurden von Westen nach Osten transportiert.

Die Straße der Bekehrung

Der mongolische Frieden im 13. und 14. Jahrhundert führte zur Wiederbelebung der Seidenstraße. Die Mongolen wollten den Handel ankurbeln, im Westen gab es hingegen auch missionarische Bestrebungen. Die Berichte der Missionare lieferten das erste detaillierte Bild der Seidenstraße. 1246 reiste der Franziskaner Giovanni Piano Carpini mit einer mongolischen Eskorte fast bis zur mongolischen Hauptstadt Karakorum. Eine eingehende Schilderung stammte von Wilhelm von Rubruck, der, vom französischen König Louis IX. gesandt, Karakorum am Palmsonntag 1254 erreichte.

»Vor den Tagen der Tataren glaubte niemand, dass die Erde hinter ihnen [den Altai-Bergen] bewohnbar sei… doch die von Gott gesegneten und zielstrebigen Tataren überquerten sie … und ich ebenfalls, sogar zweimal.«
Giovanni de Marignolli, 1341 vom Papst nach Peking gesandt

Rechts: Der größte Nachteil der Seidenstraße bestand darin, dass die Reise darauf selbst in Friedenszeiten extrem lang dauerte. Seewege über den Indischen Ozean waren für den Handel zwischen West und Ost viel schneller und zudem billiger. Die Entdeckung einer direkten Seeroute von Europa zum Indischen Ozean im Jahr 1497 machte die Überlandwege überflüssig.

Karte:
- ARAL SEE
- MONGOLEI
- Bishkek
- Ürümqi
- Turpan
- TIEN SHAN
- Lop Nur
- Samarkand
- TAKLAMAKAN
- Dunhuang
- Peking (Beijing)
- TURKMENISTAN
- Kaschgar
- Merv
- HINDUKUSCH
- IRAN
- Taxila
- Xi'an
- Patala

Legende:
- ── Nördliche Straßen
- ── Zentrale Straßen
- ── Östliche Straßen
- ── Südliche Straßen
- ---- Seewege

Zugfahrten waren lange Zeit ein Traum für Reisende, die in fernen Ländern Abenteuer suchten. Jahrhundertelang konnten große Entfernungen nur hoch zu Ross oder mit hochseetauglichen Schiffen bewältigt werden – mit Letzteren gelangte man jedoch kaum in das Landesinnere. Die Erfindung der Eisenbahn im 19. Jahrhundert veränderte die Lage grundlegend. Rund 150 Jahre lang war die Eisenbahn die Königin der Verkehrsmittel.

REISEN MIT DEM STAHLROSS
Unvergessliche Zugfahrten

Bis Mitte des 20. Jahrhunderts boten quer über die Kontinente verlaufende Bahnstrecken die sicherste und effektivste Möglichkeit, weite Entfernungen zu überwinden. Die Eisenbahnen waren zwar mit einfachsten bis luxuriösen Abteilen und Schlafwagen ausgestattet, den meisten Gewinn erzielten sie jedoch durch den Transport von Frachten und von Pendlern, die nur kurze Strecken fuhren. Die Eisenbahn öffnete den Weg in abgelegene Gebiete, die besiedelt und wirtschaftlich genutzt werden konnten – in Nordamerika machte sie im späten 19. Jahrhundert die Massen-

einwanderung in die Prärien und Ebenen des Mittleren Westens möglich.

In Südamerika stieg die Eisenbahn vor der Ära der Asphaltstraßen zum zuverlässigen Transportmittel auf, in Afrika und Australien, wo moderne Autobahnen noch immer eine Seltenheit sind, war sie für die Kolonisten von essenzieller Bedeutung. In Indien und China ersetzte die Bahn das bestehende Straßennetz und veränderte so das Leben der Menschen.

In neuerer Zeit hat die Eisenbahn mit dem Siegeszug des Autos als Transportmittel an Bedeutung verloren. Viele klassische Linien – etwa die Transsibirische Eisenbahn, die Canadian Pacific oder der Venedig-Simplon-Orient-Express – sind als luxuriöse, bequeme Alternativen zum Flugzeug umgebaut worden.

Doch je mehr Pendler im Auto in Staus und im zusammengebrochenen Verkehr steckenbleiben, und je mehr die »CO2-Bilanz« in unseren persönlichen Verantwortungsbereich fällt, desto größer wird die Chance, dass die Eisenbahn überleben wird. Und ironischerweise wird es wieder der kurzreisende Pendler und nicht der Langstreckenreisende sein, der das Stahlross rentabel und am Leben erhält.

DIE TRANSSIBIRISCHE EISENBAHN
Von Moskau nach Wladiwostok

Die »Transsib« verläuft durch zehn Zeitzonen von Moskau nach Wladiwostok an der russischen Pazifikküste und ist mit rund 9300 Kilometern die weltweit längste durchgehende Eisenbahnstrecke – die Strecke entspricht fast einem Drittel einer Fahrt um die Welt. Selbst mit den schnellsten Zügen, die »nur« an knapp hundert Bahnhöfen halten, dauert die Reise sechs Tage und vier Stunden. Zum Höhepunkt der Bauphase Ende der 1890er-Jahre arbeiteten über 90 000 Männer an der Strecke. Sie bewegten fast nur durch reine Muskelkraft 100 Millionen Kubikmeter Erde, verlegten eine Million Tonnen schwere Schienen, zwölf Millionen Schwellen und bauten insgesamt 95 Kilometer Brücken und Tunnel.

Links: Trotz zaristischer Pracht und anderem Prunk zählte Moskau bis weit in das 19. Jahrhundert zu den am schwersten erreichbaren Städten Europas. Seit der Zeit Katharinas der Großen im 18. Jahrhundert hatten sich die Verkehrsmittel nur wenig verändert. Russland musste sich modernisieren und vor allem industrialisieren, um nicht hoffnungslos gegenüber seinen Konkurrenten abzufallen.

Links: Sergei Witte, der Architekt von Russlands verspäteter Industrialisierung, machte die »Transsib« möglich. Er war von 1889 bis 1891 als Verkehrsminister für den Bau der Eisenbahn und von 1892 bis 1902 als Finanzminister für deren Finanzierung zuständig und verantwortlich.

Durch die Steppen des Nordens

Die russische Expansion nach Sibirien im 17. Jahrhundert steigerte das wirtschafliche Potenzial des Landes enorm, doch die schiere Größe des riesigen Territoriums stellte ein Problem für die Erschließung dar. Da es fast keine Straßen gab, waren Flüsse die einzigen zuverlässigen Transportwege – doch nur höchstens acht Monate im Jahr, wenn sie nicht zugefroren waren. Da die meisten Flüsse zudem nach Norden in den Arktischen Ozean strömen, blieben Reisen von Westen nach Osten schwierig und dauerten nicht selten weit über ein Jahr. Die Entwicklung der Eisenbahn im 19. Jahrhundert bot eine Lösung des Problems, doch das Ausmaß des Unterfangens war schlicht beängstigend. Darüber hinaus bot auch das Terrain selbst Probleme, nicht zuletzt durch den Permafrostboden, der sich in den kurzen Sommern in durchnässte Ödflächen verwandelte. Dennoch gab Alexander III. 1886 eine Detailplanung in Auftrag und legte nach einer dreijährigen Mammutbegutachtung feierlich den ersten Grundstein.

Vom Jaroslawer Bahnhof in Moskau

Bahnhof	Entfernung in Kilometern	Dauer
Nischni Nowgorod	465	6 Std.
Perm	1405	20 Std.
Jekaterinburg	1788	1 Tag 2 Std.
Omsk	2691	1 Tag 14 Std.
Novosibirsk	3322	1 Tag 22 Std.
Krasnojarsk	4088	2 Tage 11 Std.
Irkutsk	5182	3 Tage 4 Std.
Ulan Ude	5641	3 Tage 12 Std.
Tschita	6201	3 Tage 22 Std.
Chabarowsk	8542	5 Tage 15 Std.
Wladiwostok	9342	6 Tage 4Std.

Links: Die sechstägige Fahrt mit der Transsibirischen Eisenbahn gehört auch heute zu den großartigsten Zugreisen der Welt. Auf der langen Strecke rumpelt der Zug durch die unermesslichen Weiten, scheinbar endlosen Steppen und herrlichen Landschaften Russlands. Wenn diese abgelegenen Welten unterwegs zum Greifen nah vorüberziehen, gewinnt der Zeitbegriff für die Reisenden eine neue Qualität.

Sparen um jeden Preis

Die Kosten für die Transsibirische Eisenbahn beliefen sich auf 1455 Milliarden Rubel – diese Summe aus dem russischen Staatssäckel wurde nur von den Ausgaben für den Ersten Weltkrieg übertroffen. Und dies, obwohl für den Bau der Bahn politische Gefangene Zwangsarbeit leisten mussten (um 1900 waren über eine Million Verurteilte nach Sibirien verbannt). Man knauserte an Material und am Bau, überlegte etwa, ob die meisten Flüsse nicht überbrückt, sondern mit Fähren überwunden werden sollten. Als wohl unvermeidliche Folge der Sparmaßnahmen plagten die 1905 fertiggestellte Linie Pannen und Verspätungen, und um die schwachen Schienen zu schonen, durften die Züge nicht schneller als rund 20 Stundenkilometer fahren. Nach und nach mussten viele Abschnitte neu gebaut werden – diese Erneuerung war 1916 beendet.

Unten: Der Russisch-Japanische Krieg von 1904/05 bot einen Anstoß, die Transsibirische Eisenbahn fertig zu bauen, um Soldaten und Nachschub nach Wladiwostok und zum Japanischen Meer transportieren zu können. Doch trotz dieser Anstrengung erlitt Russland durch das aufstrebende Japan eine demütigende Niederlage.

FÖDERATION

NOWOSIBIRSK
KRASNOJARSK TAISCHET
Baikal-see
IRKUTSK ULAN-UDE CHITA
SKOWORODINO
BELOGORSK
CHABAROWSK
CHINA
MONGOLEI
WLADIWOSTOK
JAPANISCHES MEER

Oben: Der Baikalsee in Südsibirien ist der größte und tiefste Süßwassersee der Welt. Er war ein riesiges Hindernis für die Transsib. Im Winter 1903/04 verlegte man provisorisch Gleise über den zugefrorenen See, doch schon der erste Zug brach im Eis ein und ging unter.

LESESTOFF

Transsib-Handbuch. Unterwegs mit der Transsibirischen Eisenbahn. Hans Engberding, Bodo Thöns

Transsibirische Eisenbahn. Durch die russische Taiga zum Pazifik. Anne und Olaf Meinhardt

Kolonialer Wettstreit. Russland, China, Japan und die Ostchinesische Eisenbahn. Sören Urbansky

DER ORIENT-EXPRESS
Die Romantik der Eisenbahn

Kein Zug verkörpert den traditionellen Glamour des Reisens besser als der Orient-Express – sein Name steht für Kultiviertheit und Luxus, aber auch für Intrigen. Ab 1883 bot er den höchsten erdenklichen Komfort für Reisende zwischen Paris und Istanbul. Seit jener Zeit wurde die Streckenführung mehrmals geändert, und heute steht der Name (zumindest offiziell) nur mehr für eine tägliche Verbindung zwischen Straßburg und Wien. 1982 fuhr der vollkommen eigenständige, privat betriebene Venedig-Simplon-Orient-Express erstmals. Auch zwischen London und Venedig können Reisende in prächtig restaurierten historischen Wagen das Flair des goldenen Zeitalters der Eisenbahn genießen.

Rechts: Der Orient-Express gehört in der Welt des Reisens zu den bekanntesten und klangvollsten Namen. Er steht für jene Eleganz und Kultiviertheit, die dem Reisen in unserem von gnadenlosem Nützlichkeitsdenken geprägten Zeitalter vollständig fehlt. Es gab jedoch eine ganze Reihe von »Orient-Express« genannten Zügen, darunter den Arlberg-Orient-Express, der von 1930 bis 1962 zwischen London und Athen oder Bukarest verkehrte.

Durch Europa gen Osten

Der Orient-Express war die Idee des Belgiers Georges Nagelmackers, der 1876 die Compagnie Internationale des Wagons-Lits gründete. Deren Züge boten als Erste Schlaf- und Speisewagen. Der ursprüngliche Orient-Express überquerte zudem als Erster auf seiner Fahrt von Paris durch ganz Europa internationale Grenzen. 1889 wurde die direkte Strecke nach Istanbul eingeweiht, 1919 der Simplon-Orient-Express – der »klassische«, aus der Literatur bekannte Orient-Express. Er fuhr von Paris durch den knapp 20 Kilometer langen Simplontunnel durch die Alpen nach Mailand, Venedig und weiter nach Istanbul. Im selben Jahr nahm auch der Arlberg Orient-Express den Betrieb auf. Er fuhr von London nach Budapest und von dort weiter nach Athen oder Bukarest. Beide Züge verkehrten während des Zweiten Weltkriegs nicht und erfuhren nach 1945 einen unaufhaltsamen Abstieg. 1977 fuhr der Simplon-Orient-Express nicht bis Istanbul, 2001 nur mehr von Paris nach Wien und seit 2007 nur noch von Straßburg nach Wien.

LESESTOFF

Der Orient-Express. Glanzzeit, Niedergang und Wiedergeburt eines Luxuszuges. Werner Sölch

Orient-Express. Zug der Träume. Constantin Parvulesco

Mord im Orient-Express. Agatha Christie

Orientexpress. Graham Greene

ENGLAND
LONDON
CALAIS
DEUTSCHLAND
STRASSBURG
PARIS
MÜNCHEN
WIEN
FRANKREICH
ZÜRICH
INNSBRUCK
ÖSTER-REICH
BUDAPEST
LAUSANNE
SCHWEIZ
A L P E N
UNGARN
RUMÄNIEN
MAILAND
VENEDIG
BELGRAD
BUKAREST
ITALIEN
SOFIA
BULGARIEN
VARNA
SCHWARZES MEER
ISTANBUL
GRIECHEN-LAND
MITTELMEER
ATHEN
TÜRKEI

Orient-Express
Simplon-Orient-Express
Arlberg-Orient-Express

DER ISTHMUS VON KRA
Von Bangkok nach Johor Bahru

Eine Reise am Isthmus von Kra, einer Landenge, die an ihrer schmalsten Stelle nur rund 65 Kilometer breit ist, führt von den glänzenden goldenen Tempeln Thailands zu den glitzernden Wolkenkratzern Singapurs, von herrlichen Stränden und atemberaubenden Kalkfelslandschaften zu den dichten Regenwäldern und mächtigen Bergen der Malaiischen Halbinsel, vorbei an Reisfeldern und Wasserbüffeln, Gummiplantagen, Dschungel und Pfahlhäusern. Am schönsten ist diese Reise im weltbekannten Luxuszug Eastern & Oriental Express, der mit Eleganz, köstlicher Küche und fantastischem Service lockt.

Die Express-Route

Nach Bangkok ist die erste Station die »Death Railway« aus dem Zweiten Weltkrieg, die 1957 in dem Film *Die Brücke am Kwai* verewigt wurde. Weiter südlich ist Surat Thani das Tor zu der wunderbaren Landschaft und den herrlichen Stränden von Phuket. Jenseits der malaysischen Grenze setzt die Fähre nach Georgetown über. Die alte Kolonialhauptstadt Penang lockt mit britischer und asiatischer Architektur – genießen Sie einen Singapore Sling im klassischen Eastern & Oriental Hotel. Nach dem vielleicht ältesten tropischen Regenwald der Welt im Negara National Park führt der Weg direkt in die Hightech-Moderne von Kuala Lumpur, dessen Petronas Twin Towers 1998 bis 2004 die höchsten Gebäude der Welt waren. Am dritten Tag überquert der Zug die Straße von Johor nach Singapur, wo die glamouröse Reise ebenso opulent im Raffles Hotel endet.

Oben: Die unglaublichen Kalkfelsen bei Phuket scheinen der Schwerkraft zu trotzen. Koh Tapoo heißt seit seinem Auftritt in *Der Mann mit dem goldenen Colt* auch »James Bond Island«. Langboote und Dschunken fahren Touristen um die Felsen, durch Mangroven, zu Höhlen und schwimmenden Dörfern, die auf Flößen treiben.

»Auf einer Zugreise sieht man die Natur und die Menschen ... in der Tat, das Leben.«
Agatha Christie

Links: Singapur wurde von Sir Stamford Raffles gegründet. In seinem Stadtplan von 1882 waren die Stadtviertel nach ethnischer Zugehörigkeit getrennt – Chinatown und Little India, dazu traditionelle malaiische Häuser und europäische Villen. Heute dominieren postmoderne Wolkenkratzer die Skyline besonders im Geschäftsviertel am Raffles Place.

NEUSEELAND
Von der Nord- zur Südinsel

Neuseeland, die spektakuläre Kulisse der Verfilmung von *Der Herr der Ringe*, ist ein fruchtbares Land mit mehr Schafen als Einwohnern und einem sonnigen, teilweise regnerischen Klima – sein Maori-Name Aotearoa bedeutet »Land der langen, weißen Wolke«. Die wichtigsten Orte, darunter die Haupstadt Wellington, liegen auf der Nordinsel, weit entfernt von deren vulkanischem Zentrum. Die Südinsel bietet beeindruckende Gebirgslandschaften und ist ein Mekka für Extremsportler, die sich hier etwa beim Jetskiing oder Bungeejumping austoben können. Neuseelands Eisenbahnnetz ist zwar nicht sehr umfangreich, führt jedoch bequem zu allen Höhepunkten beider Inseln.

Oben: Die blubbenden geothermischen Schlammlöcher von Rotorua, etwa der Champagne Pool in Wai-o-Tapu Thermal Wonderland, wirken wie nicht wie von dieser Welt. Die Eruption des Lady Knox Geysirs erfolgt wie nach der Uhr regelmäßig jeden Morgen. Abends finden am Lake Rotorua traditionelle *haka* (Maori-Tänze) statt.

Südlich von Auckland

Von Neuseelands größter Stadt Auckland fährt der Zug über die Nordinsel nach Wellington. Ein Umweg führt zu den Geysiren und blubbernden Schlammlöchern von Rotorua – ein im übertragenen und buchstäblichen Sinn atemberaubendes Erlebnis! Nach den bezaubernden Waitomo Caves und ihren leuchtenden *glow-worms* erreicht man das zu Recht »Windy City« genannte Wellington. Eine Fähre setzt nach Picton auf der Südinsel über. Von dort fährt ein Zug nach Kaikoura zu den wandernden Pottwalen und nach Christchurch, wo eine Bootsfahrt auf dem Fluss lockt. Nach der eindrucksvollen Fahrt mit dem TranzAlpine Express nach Greymouth gelangt man mit dem Bus weiter in den Süden.

Oben: Mit dem Boot gelangt man zur weltberühmten Waitomo Cave, in der *glow-worms (Arachnocampa Luminosa)* ein faszinierendes Licht verströmen. In dieser riesigen Höhle mit ihrer hervorragenden Akustik sind schon Opernstars aufgetreten. Beeindruckend ist auch die tiefe Kalksteinhöhle Tomo.

Links: Neuseelands Eisenbahnnetz ist eher klein, doch die Schönheit seiner Strecken raubt einem den Atem. Am berühmtesten ist der spektakuläre TranzAlpine Express.

Oben: Vor Kaikoura verläuft ein tiefer Meeresgraben – das perfekte Territorium für wandernde Pottwale. Die größten mit Zähnen ausgestatteten Tiere der Welt tauchen auf der Suche nach Futter regelmäßig stundenlang bis zu 2200 Meter tief. Man glaubt, dass sie richtige Schlachten mit Riesenkraken austragen. Herman Melvilles *Moby Dick* war ein solcher Pottwal.

NORDINSEL

Bay of Plenty

AUCKLAND

HAMILTON

Waitomo Caves

ROTORUA

Lake Taupo
Mt. Tongariro

Mt. Taranaki

Mt. Ruapehu

Hawke's Bay
NAPIER
HASTINGS

GISBORNE

Pukerua Bay

PICTON

Cookstraße

WELLINGTON

NELSON

TASMANISCHE SEE

KAIKOURA

SÜD-PAZIFIK

GREYMOUTH

Franz Joseph Glacier
Aoraki/Mt. Cook

SÜD-ALPEN

CHRISTCHURCH

SÜDINSEL

Milford Sound

QUEENSTOWN

Fjordland National Park

DUNEDIN

INVERCARGILL

Half Moon Bay

STEWART ISLAND

▲▲ Berggipfel

»Neuseeland bietet eine echte Reinheit, die in unserer Welt nur noch schwer zu finden ist ... Hier fühlt man sich irgendwie isoliert und auch geschützt.«
Elijah Wood, Schauspieler

Oben: Christchurch ist angeblich englischer als England und Neuseelands Antwort auf Cambridge – tatsächlich stammt der Name jedoch vom Christ Church College der Universität Oxford. Zwischen den alten Colleges gleiten Kähne auf dem seichten Fluss unter Weidenbäumen.

LESESTOFF UND FILM
Faszination Erde. Neuseeland. Thomas Frank und Robert Fischer
Unter dem Tagmond. Keri Hulme
Einst gab es Krieger. Alan Duff
Die letzte Kriegerin. (Film, 1994)
Whale Rider. (Film, 2002)

Peter Jackson

Der Star-Regisseur wurde 1961 in Pukerua in Neuseeland geboren. Seinen Durchbruch hatte er 1994 mit *Heavenly Creatures*. Nun begann er alles daranzusetzen, seinen Traum zu erfüllen und Tolkiens Fantasy-Epos *Der Herr der Ringe* zu verfilmen. Nach anfänglichen Problemen hinsichtlich der Filmrechte verfilmte er alle drei Teile des Klassikers in einem Stück an insgesamt 150 Drehorten in der rauen Landschaft Neuseelands. Die Filme, die zu den populärsten aller Zeiten zählen, kamen in drei aufeinanderfolgenden Jahren (2001–2003) ins Kino. Unter den vielen Preisen, die sie errangen, sind allein 17 Oscars. Jackson drehte zudem ein Remake von *King Kong und die weiße Frau*. Der Originalfilm hatte in seiner Kindheit seine Liebe zum Kino geweckt.

DIE BARRANCA DEL COBRE
Durch Nordamerikas tiefste Schlucht

Die mexikanische Eisenbahn »El Chepe« fährt von Chihuahua hinab zum Pazifik durch die eindrucksvolle Barranca del Cobre. Diese »Kupferschlucht« ist ein bis zu 1800 Meter tiefer Einschnitt im Vulkangestein der Sierra Madre Occidental. Die Strecke wurde vor dem Bau des Panamakanals als Schnellroute quer durch Zentralamerika geplant, doch es dauerte aufgrund der technischen Herausforderungen, die 86 Tunnel und 37 Brücken mit sich bringen, fast ein Jahrhundert, bis sie 1961 eröffnet wurde. Vom Zug aus, der sich am Canyon, der erheblich tiefer als der Grand Canyon in den USA ist, entlangschlängelt, blickt man auf steile Seitentäler, Wälder, Wasserfälle und stille Seen.

Links: Die Satevó-Mission mit ihrer dreikuppeligen Kirche steht am Grund der Barranca del Cobre vier Meilen südlich von Batopilas. Die Stadt wurde 1632 von den spanischen Eroberern bei einer Silbermine gegründet. Die Geschichte der wohl 400 Jahre alten Mission ist unsicher, da ein Brand ihre Chroniken zerstörte. Einige Glocken ihres schönen, aber wackeligen Turms werden noch heute geläutet.

»Die Barranca del Cobre ist das, was der Grand Canyon einmal gern werden würde.«
Anonym

Fahrt durch den Canyon

Am besten beginnt man die 13-stündige Fahrt in Chihuahua, der Heimatstadt der Revolutionäre Pancho Villa und Miguel Hidalgo. Der Zug passiert Cuauhtémoc, die größte Mennoniten-Siedlung Lateinamerikas, und erreicht dann die Holzfällerstadt Creel. Dort lockt eine Tageswanderung zum rund 250 Meter hohen Basaseachic-Wasserfall. Nach Creel fängt die Abfahrt in den Canyon an. Unterwegs hält der Zug in El Divisadero, wo die Passagiere einen fantastischen Blick in die Tiefe genießen. Weiter südlich liegt über eine Meile tiefer die Silberstadt Batopilas, in ihrer Nähe steht die »vergessene Kathedrale« von Satevó. Die Fahrt endet in Los Mochis an der Küste.

Rechts: Die Barranca del Cobre im nordmexikanischen Bundesstaat Chihuahua besteht aus sechs Canyons, ist rund 52000 Quadratkilometer groß und stellenweise tiefer als der Grand Canyon. Dieser ist zwar größer als die einzelnen Canyons der Barranca del Cobre, jedoch kleiner als das gesamte Schluchtensystem. In ganz Amerika gibt es wohl keine malerischere Zugstrecke.

IN DEN ANDEN
Ecuadors »Teufelsnase«

Die Abfahrt an der Nariz del Diablo, der »Teufelsnase«, gehört zu den größten eisenbahntechnischen Meisterleistungen. Sie überwindet an der rund 1000 Meter hohen, fast senkrechten Felsnase ein Gefälle von 5,56 Prozent. Der Zug meistert die Strecke in Serpentinen, an denen er langsam vor- und zurückfährt, um die Kurve zu meistern. Die 1899–1908 erbaute Strecke verband ursprünglich Ecuadors Hauptstadt Quito mit Guayaquil, heute ist nur mehr der Abschnitt von Riobamba nach Sibambe befahrbar – doch gerade dieser ist mit seiner herrlichen Aussicht auf rauchende Vulkane und tiefe Felsschluchten bei Weitem am schönsten. Bis vor Kurzem konnten Passagiere auf dem Dach des »autoferro« genannten Zuges sitzen und mit den Füßen über dem Abgrund baumeln.

Oben: Der 6268 Meter hohe Chimborazo ist Ecuadors höchster Berg, und sein Gipfel ist der am weitesten vom Erdzentrum entfernte Punkt der Welt. Die riesigen Gletscher an den oberen Hängen des schlafenden Vulkans sind die Wasserquelle für die Umgebung.

Vulkane und Serpentinen

Die Reise von Quito führt über den Äquator und durch die majestätische »Allee der Vulkane«, wie sie Alexander von Humboldt nannte. Am berühmtesten ist der 5897 Meter hohe Cotopaxi, der zweithöchste aktive Vulkan der Welt. In vielen kleinen Städten und Dörfern entlang der Strecke werden auf den Märkten farbenfrohe einheimische Textilien verkauft. Riobamba am Fuß des höchsten Berges Ecuadors, des Chimborazo, wurde hier als erste Stadt von den Spaniern gegründet. Der Zug fährt von hier nach Alausí und dann über die haarsträubende Zickzack-Strecke nach Sibambe. Dort steigt man aus und reist weiter zum Sonnentempel und zu den anderen Inka-Ruinen von Ingapirca sowie in das koloniale Cuenca mit seinen pittoresken roten Dächern und Kopfsteinpflaster-Straßen.

Oben: Serpentinen sind in vielen Ländern gang und gäbe, wenn Züge steile An- und Abstiege überwinden müssen – doch nirgendwo sind sie so atemberaubend wie an der Nariz del Diablo.

Links: Quito liegt auf knapp 3000 Metern Höhe rund 20 Kilometer südlich des Äquators und ist nach La Paz in Bolivien die höchstgelegene Hauptstadt der Welt. Dank ihrer schönen kolonialen Altstadt ist sie ein beliebter Startpunkt für Reisen in andere Landesteile von Ecuador und zu den Galápagos-Inseln.

»Der schwierigste Zug der Welt.«
Anonym

Cayambe

Quito

Antisana

Cotopaxi

Latacunga

ECUADOR

Ambato

Chimborazo

Simbambe

Altar

Devil's Nose

Alausi

Chunchi

Sanguy

Guayaquil

Azogues

Cuenca

ANDEN

▲▲ Berggipfel

LESESTOFF

www.chivaexpress.com

Ecuador. Welt der Vielfalt.
Rafael Sevilla, Alberto Acosta

Huasi-Pungo. Ruf des Indios.
Jorge Icaza Coronel

DAS FRÜHLINGSFEST
Über das Dach der Welt

Am 3. Juli 2006 erreichte der Jungfernzug nach einer 48-stündigen, 4000 Kilometer langen Reise von Peking (Beijing) über das »Dach der Welt« Lhasa. Für den amerikanischen Schriftsteller Paul Theroux war das Kunlun-Gebirge eine »Garantie, dass die Eisenbahn niemals Lhasa erreichen« würde, doch die Chinesen vollbrachten ein technisches Meisterwerk. Die Strecke führt durch Permafrostgebiete, in denen ein Hightech-Kühlsystem das gefrorene Gleisbett vor dem sommerlichen Auftauen bewahren muss, und auf 5072 Meter Höhe über den Tanggula-Pass – dies ist die höchste Eisenbahnstrecke der Welt. Hier oben muss gegen die Höhenkrankheit die Luft in den Waggons mit Sauerstoff angereichert werden. Das Projekt ist umstritten: Für die einen ist die Eisenbahn ein richtiger Schritt in Chinas »Großem Sprung nach Westen« und wird dringend notwendige Entwicklung in die verarmte Region bringen, für die anderen ist sie Vorbote einer »zweiten Invasion« Tibets.

Oben: Im Juni 1989 donnerten Panzer ins Zentrum Pekings und feuerten wahllos in die Menge der Demonstranten auf dem Tiananmen-Platz. Der fast 40 Hektar große »Platz des Himmlischen Friedens« gilt als größter befestigter Platz der Welt. Dort finden sich Monumentalbilder Mao Zedongs und Warteschlangen vor dessen Mausoleum.

Links: Die Qingzang-Bahn nach Lhasa wurde als die »Erfüllung eines Hunderte Jahre alten chinesischen Traums« beschrieben. An einem großen Teil der Strecke wird der Zug von überraschten Yaks, Antilopen und Eseln beäugt, doch dank milliardenschwerer Investitionen wird die abgelegene Region nun erschlossen. Die chinesische Regierung will so den Handel steigern und Wohlstand nach Tibet bringen.

LESESTOFF

Das Buch der Freiheit.
Dalai Lama

Wilde Schwäne. Die Geschichte einer Familie.
Jung Chang

Sieben Jahre in Tibet.
Heinrich Harrer

Ich, Palden Gyatso, Mönch aus Tibet.
P. Gyatso, T. Shakya

Wo China noch unentdeckt ist.
Christina Dodwell

Von Peking nach Lhasa

Kaiserliche Pracht in der Verbotenen Stadt und Mao-Kult auf dem Tiananmen-Platz – Pekings Zentrum bietet eine widersprüchliche Mischung. Der Zug fährt zur alten Hauptstadt Xi'an, die mit einer gigantischen Stadtmauer und der berühmten Terrakotta-Armee aufwartet. Die 8000 lebensgroßen Figuren im Mausoleum des Kaisers Qin sollten diesen im Jenseits beschützen. Xinings Geschichte als Transitort an der Seidenstraße bezeugen das buddhistische Ta'er-Kloster, die Dongguan-Moschee und der taoistische Beishan-Tempel. Von den Salzseen von Lanchou fährt der Zug über das abgelegene, grasbedeckte Hochland von Tibet und wendet sich an der Garnisonsstadt Golmud nach Süden. Es raubt einem (buchstäblich) den Atem, wenn er über die schneebedeckten Berge und vorbei an Yakherden donnert. Schließlich erreicht er Tibets Hauptstadt Lhasa, »Götterort« und Zentrum des tibetischen Buddhismus, mit dem allerheiligsten Tempel Jokhang sowie Potala und Norbulingka, dem traditionellen Winter- und dem Sommerpalast des Dalai Lama.

»Eine Reise von tausend Meilen beginnt mit einem einzigen Schritt.«
Laotse (604–531 v. Chr.), Daodejing

BEIJING

SHIJIAZHUANG
Nordchinesische Ebene

Huang He

XINING

LANCHOU

Huang He

Huang He

XI'AN

Oben: Der gewaltige, 1000-räumige Potala-Palast wurde unter dem fünften Dalai Lama 1645 erbaut. Er heißt nach dem mythischen Berg Potala, dem Wohnsitz des Boddhisattva Avalokitesvara, der wegen seines Mitgefühls hoch verehrt wird. Nach der Flucht des 14. Dalai Lama ins Exil wandelten die Chinesen den Potala in ein Museum um. Heute ist er eine UNESCO-Welterbestätte.

Links: Pekings Sommerpalast am Kunming-See wurde 1750 unter Kaiser Qianlong vollendet. Sein Park besteht aus kopierten Gärten von Palästen im ganzen Land. 1998 beschrieb ihn die UNESCO als »herausragenden Ausdruck der Kreativität der chinesischen Landschaftsgartenkunst, die menschliches Werk und Natur zu einem harmonischen Ganzen verbindet«.

Das Frühlingsfest

Das Frühlingsfest feiert das neue Mondjahr, das Ende Januar oder Anfang Februar beginnt. Traditionell besucht man während dieses offiziellen Frühlingsanfangs seine Familie. Die Häuser werden mit roten Schriftrollen oder Scherenschnitten geschmückt, die das Zeichen Fu (»Glück«) zeigen.

Um im neuen Jahr Glück zu haben, isst man *Jaozi*-Klöße und *Niangao*-Reiskuchen. Böse Geister werden mit Knallkörpern vertrieben, Drachen- und Löwentänze feiern den Sieg des Guten übeer das Böse. Die Feierlichkeiten enden mit dem Laternenfest am 15. Tag.

In Tibet wird das neue Jahr mit dem Losar-Fest gefeiert. Zu dessen Bräuchen gehören unter anderem Opferzeremonien an den Familienschreinen sowie traditionelle *Zhega*- und tibetische Opernaufführungen.

Die Canadian Pacific Railway
Von Vancouver nach Montreal

Die Reise von einer zur anderen Küste Kanadas verbindet die beliebtesten und lebendigsten Städte des Landes: Vancouver und Montreal. Die Züge überqueren die grandiosen Rocky Mountains und überwinden in den legendären Spiral Tunnels die steilsten Anstiege. Danach fahren sie über die weiten, offenen Prärien Zentralkanadas bis zu den Ufern der Großen Seen, wo sie entlang des St.-Lorenz-Seeweges ins Zentrum des frankophonen Kanadas vorstoßen. Höhepunkte der Reise sind die fantastischen Landschaften des Banff National Park und der Niagara-Fälle, sehenswert sind unterwegs zudem Kanadas First Nations Communities, die Mounties und die berühmten Dinosaurier-Fossilien. Wer Zeit hat, kann einen Umweg über Winnipeg in die Wildnis der nördlichen Tundra unternehmen, wo bei Churchill im Oktober die Eisbären auf ihrer Wanderung zu sehen sind, oder ab Montreal zur Atlantikküste bei Halifax weiterfahren.

Oben: Vancouver gilt weithin als eine der lebhaftesten Städte der Welt und bietet in seiner sauberen, gut geplanten City viel Kultur und gute Museen. Zusammen mit Whistler wird es 2010 die Olympischen Winterspiele ausrichten. Möglicherweise wird sich Vancouver auch zusammen mit der US-Stadt Seattle gemeinsam für die Olypischen Sommerspiele 2028 bewerben.

Über die Rockies

Vancouver, das 1862 nach Kohlefunden gegründet wurde, ist Ausgangspunkt für die zweitägige Zugfahrt mit dem Rocky Mountaineer. Der Zug fährt durch den Fraser Canyon vorbei an den tosenden Wassern der Hell's Gate und tief in die atemberaubende Landschaft der Rockies. Hier kann man einige Tage am türkis schimmernden Lake Louise in Kanadas erstem, 1885 eröffneten Nationalpark Banff verbringen und die Eisfelder von Jasper erkunden. Danach fährt man weiter nach Calgary, das modernes Großstadtleben mit Wildwest-Atmosphäre verbindet. Im Juli findet hier die weltberühmte Calgary Stampede statt, ein Rodeo mit buckelnden Broncos, Lassoschwingen und Steer Wrestling. Auf dem langen Weg über die Prärie kann man in Moose Jaw die Gangsterwelt von Al Capone kennenlernen, der in den 1920er-Jahren in den dortigen Tunneln unterkroch. Nahe dem weltläufigen Toronto donnern die Niagara-Fälle in die Tiefe, wo die *Maid of the Mist* in nächster Nähe durch die Gischt fährt. Schließlich erreicht man Montreal, das mit seiner englisch-französischen Mischung, seiner prächtigen Basilika Notre-Dame und hervorragenden Kunstmuseen fasziniert. Dank der klimatisierten Underground City kann man hier das Stadtleben selbst im tiefsten Winter genießen.

Links: Das Donnern der Niagara-Fälle ist kilometerweit zu hören, schließlich stürzt das Wasser über 50 Meter an bis zu 800 Meter breiten Felsabbrüchen in die Tiefe. Das Boot *Maid of the Mist* bringt Besucher in die Nähe der Fälle.

Map labels: BRITISH COLUMBIA · ALBERTA · SASKATCHEW[AN] · ROCKY MOUNTAINS · Great Plains · Vancouver Island · VANCOUVER · KAMLOOPS · REVELSTOKE · BANFF · CALGARY · MAPLE CREEK · MOOSE JAW · REGINA · VEREINIGTE STAATE[N]

Rechts: Die steilen Gebirgszüge, die sich durch British Columbia erstrecken, waren eine enorme Herausforderung für die Ingenieure der Canadian Pacific Railway – heute bilden sie eine grandiose Kulisse entlang der Strecke. Die Eisenbahn fährt auch durch Land, das einst der Blackfoot First Nation gehörte. Der Blackfoot-Häuptling Crowfoot erhielt für die Kooperation des Stammes eine Bahnkarte auf Lebenszeit.

Canadian Pacific Railway

Als British Columbia 1871 der Kanadischen Konföderation beitrat, bestand es auf einer nationalen Eisenbahnstrecke. So wurde die längste Eisenbahnstrecke der Welt geplant und 1885 mithilfe von Regierungsgeldern und Landzuweisungen vollendet. Es war zu jener Zeit ein Triumph der Technik und für den Oppositionsführer Alexander Mackenzie ein »Akt verrückten Wagemuts«. Die rund 3200 Kilometer lange Strecke verband die Küsten Kanadas und wurde zum Hauptverkehrsmittel, um die riesigen Weiten des Landes zu durchqueren. Der schwierigste Abschnitt am Kicking Horse Pass hat ein Gefälle von 4,5 Prozent – dies übertrifft auch heute noch alle Empfehlungen für Bahntrassen. Zur Sicherheit dienten dort ab 1909 Kehrtunnels (Spiral Tunnels) sowie extra starke Bremsen.

»Da wir die Landschaft nicht exportieren können, werden wir die Touristen importieren.«
William van Horne, erster Präsident der Canadian Pacific Railway

MANITOBA

Lake Winnipeg

KENORA

Lake Nipigon

PORTAGE LA PRAIRIE

WINNIPEG

Crow Lake

THUNDER BAY

ONTARIO

VON AMERIKA

Lake Superior

QUEBEC

SUDBURY

MONTRÉAL

Lake Huron

Lake Michigan

GUELPH

Lake Ontario

NIAGARA-FÄLLE

Lake Erie

Oben: Montreal ist die fünftgrößte französischsprachige Stadt der Welt. Hier landete 1535 der Forscher Jacques Cartier am Fuß des »Mont Réal« und erklärte das Tal des St.-Lorenz-Stroms Frankreich zugehörig.

ATLANTIK

Links: Der besonders malerische Lake Louise ist einer der Höhepunkte im Banff National Park. Er bildete sich vor 10000 Jahren am Ende der letzten Eiszeit. Seine fantastische Türkisfärbung entsteht durch Steinmehl, das das Schmelzwasser der Gletscher im See ablädt.

LESESTOFF

www.rockymountaineer.com

www.cprheritage.com

Canadian Pacific. Die große Eisenbahn. Charles Wassermann

Männer der letzten Grenze. Grey Owl

Katzenauge. Margaret Atwood

DER PALACE ON WHEELS
Im Reich der Maharadschas

Reisen Sie königlich durch das historische Rajasthan, das romantische Land der Maharadschas. Eine Fahrt mit dem luxuriösen Palace on Wheels bringt Sie in das klassische Indien – zu den Dörfern in den dschungelbedeckten Bergen, zu den Tempeln mit den farbenprächtig gekleideten Gläubigen, zu den quirligen Städten, die mächtige Festungen und herrliche Paläste zieren –, und mit etwas Glück erspähen Sie sogar einen wilden Tiger. Doch das Beste kommt zuletzt: Prunk und Pracht des Mogulreichs, die das schönste Liebesmonument der Welt hervorbrachten – den Tadsch Mahal.

Rechts: Reiten Sie auf einem Elefanten zum Amber Fort bei Jaipur. Der um 1600 von Maharadscha Man Singh erbaute Sandsteinpalast ist mit weißem Marmor gepflastert, und in seiner großen Halle sind Tausende Spiegel so geschickt platziert, dass sie mit einer einzigen Kerze beleuchtet werden kann. Das höher gelegene Jaigarh Fort beherbergt die weltweit größte Kanone auf Rädern.

Eine Rundfahrt ab Delhi

Von Delhi aus fährt man zunächst in die rosarote Stadt Jaipur, zum Palast der Winde und dem antiken Observatorium. In der Wüste Thar liegt die goldene Stadt Jaisalmer, deren Stadtmauer schöne *havelis* (Herrschaftshäuser) schützt, die über hübschen Gassen und heiligen Kühen aufragen. Danach erreicht man die blaue Stadt Jodhpur und ihr berühmtes Fort – mit viel Glück erblickt man im Ranthambore National Park einen scheuen Tiger. Die mächtigen Mauern des Forts von Chittaurgarh erinnern an die Schlachten der Rajputen. Udaipur und seine Seen warten dagegen mit herrlichen Palästen auf. Schließlich erreicht man Agra und den einzigartigen Tadsch Mahal.

PAKISTAN

THAR

BIKANER

JAISALMER

JODHPUR

AJMER

DELHI

BHARATPUR

Amber Fort
JAIPUR

AGRA

FATEHPUR
SIKRI

SAWAI MADHOPUR

Ranthambore
Fort

R A J A S T H A N

CHITTAURGARH

UDAIPUR

Fort

Links: Der vom Aussterben bedrohte Königstiger durchstreift die großen Nationalparks in Indien und dessen Nachbarländern. Am wahrscheinlichsten sieht man ihn in freier Wildbahn im Ranthambore National Park.

Unten: Der grandiose Tadsch Mahal am Yamuna River in Agra ist das prächtigste Mogul-Mausoleum in der Region.

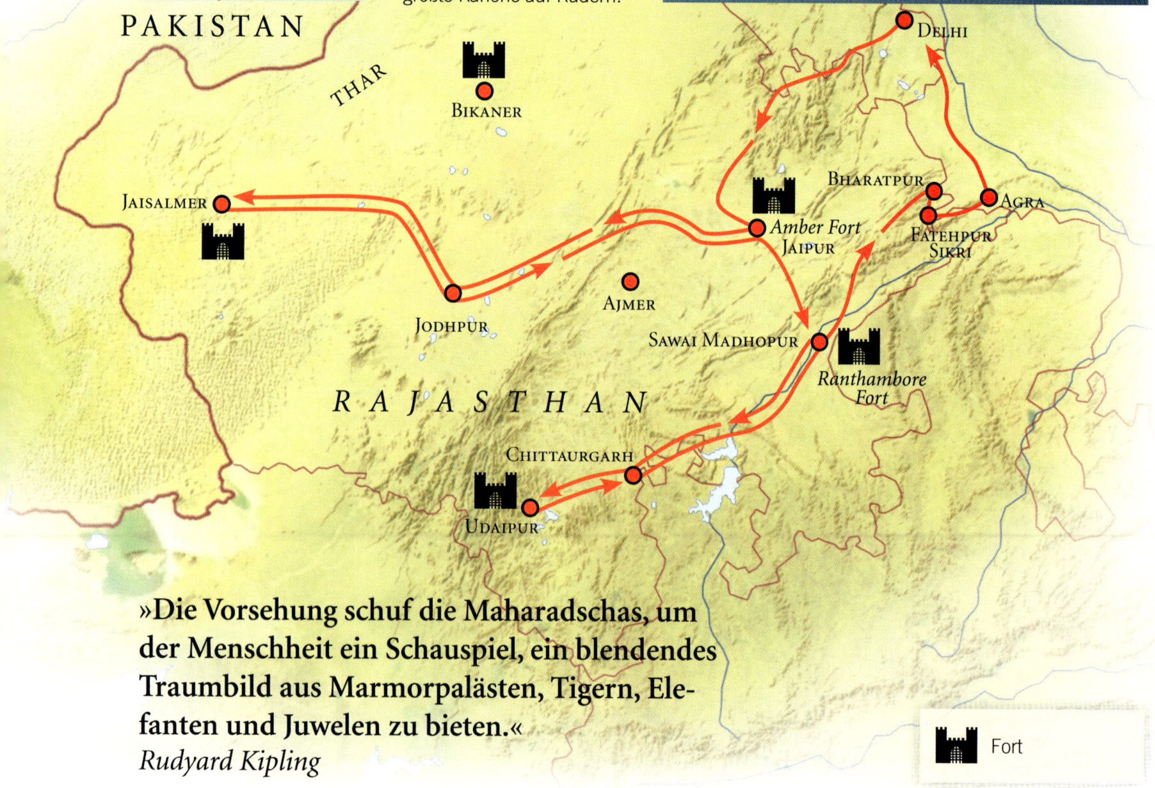

»Die Vorsehung schuf die Maharadschas, um der Menschheit ein Schauspiel, ein blendendes Traumbild aus Marmorpalästen, Tigern, Elefanten und Juwelen zu bieten.«
Rudyard Kipling

DER BLUE TRAIN
Von Pretoria nach Kapstadt

Auf den rund 1600 Kilometern von der Hauptstadt Pretoria in das von Leben sprühende Kapstadt schnauft der Blue Train durch Grasland, Wüste, über Berge und durch Weingebiete. Die Reise zeigt die verschiedensten Gesichter Südafrikas, das durch Diamanten reich und durch die Apartheid zerrüttet wurde sowie mit herrlicher Natur gesegnet ist. Die schnittige, azurblaue Lok und die luxuriösen Waggons im edwardianischen Stil entsprangen einer Laune des Dampfzug-Enthusiasten Rohan Vos. Seine Rovos Rail fährt auch zu den Victoria-Fällen und durch den Kruger National Park zur Grenze von Mosambik und einmal im Monat in 25 Tagen bis Dar Es Salaam – den nördlichsten Punkt, den Cecil Rhodes' Traum von einer Bahnstrecke vom Kap bis Kairo je erreichte.

Südlich des Kaps

Von Pretoria und seinen Regierungsgebäuden aus der britischen Kolonialzeit fährt der Zug zur Diamantenstadt Kimberley, wo Cecil Rhodes sein Vermögen machte. Hier ist das Big Hole die wohl größte von Menschenhand gegrabene Grube der Welt: Rund 28 Millionen Tonnen Steine wurden hier beseitigt, um drei Tonnen Diamanten auszugraben. Der Zug fährt weiter durch die Halbwüste Karoo bis Matjiesfontein. Die Ortschaft ist ein Mikrokosmos des viktorianischen Englands einschließlich Londoner Doppeldeckerbus. Schließlich erreicht man Kapstadt, eine der lebenswertesten Städte der Welt. Die Metropole wartet mit Mahnmalen aus der Zeit der Apartheid auf, darunter die berüchtigte Gefängnisinsel Robben Island, auf der Nelson Mandela 18 Jahre lang gefangen war.

Oben: Stilvoll Reisen mit dem Blue Train – die opulenten Suiten sind mit Daunendecken und marmornen Bädern ausgestattet. Die Passagiere genießen köstliche Gerichte von Spitzenköchen und südafrikanische Weltklasse-Weine.

Unten: Zu dem 1086 Meter hohen und fast drei Kilometer breiten Tafelberg von Kapstadt gehören die Gipfel Lion's Head und Devil's Peak. Eine Seilbahn führt auf den Berg, der eine fantastische Aussicht bietet.

BOTSWANA

PRETORIA (TSHWANE)
JOHANNESBURG
SOWETO

NAMIBIA

Oranje

KIMBERLEY
BLOEMFONTEIN

LESOTHO

DURBAN

SÜDAFRIKA

Oranje

DE AAR

Große Karoo

»Das schönste Kap im ganzen Erdkreis.«
Sir Francis Drake über Kapstadt

MATJIESFONTEIN
WORCESTER
Kleine Karoo
KAPSTADT

PORT ELIZABETH

Kap der Guten Hoffnung

Wer eine Reise voll und ganz bis zur kleinsten Nuance genießen möchte, sollte langsam vorangehen – je geringer die Geschwindigkeit, desto größer das Vergnügen. Ganz einfach. Wenn man eine Landschaft von der Autobahn aus sieht, bleiben nur verwischte Eindrücke. Zu Fuß kann man sie jedoch in allen Einzelheiten entdecken. Die Schönheit liegt nun einmal im Detail – und die Kraft in der Ruhe.

Pfade und Wege
Zu Fuß oder hoch zu Ross

William Cobbett wusste genau, was langsames Reisen bedeutet: Er zog in den 1820er-Jahren durch das ganze Land, um Material für seine *Rural Rides*, sein fesselndes Porträt des ländlichen Großbritanniens, zu sammeln. Kategorisch schrieb er: »Man muss entweder zu Fuß gehen oder reiten.« Einhundert Jahre früher machte Daniel Defoe die gleiche Erfahrung – sein Buch *A Tour Through the Whole Island of Great Britain* gibt präzise sein gemächliches Fort-Schreiten wieder.

Solche Erfahrungen kann man auch heute noch zumindest teilweise auf Großbritanniens Fernwanderwegen nachvollziehen. Der South West Coastal Path an der

Südwestspitze des Landes führt von Minehead entgegen dem Uhrzeigersinn zu den westlichsten und südlichsten Punkten der Insel bis nach Poole Harbor. In Nordengland können Wanderer auf dem Pennine Way entlang dem »Rückgrat Britanniens« geschichtsträchtige Landschaften kennenlernen.

Robert Louis Stevensons Reisen mit seinem Esel in den französischen Cevennen verleihen derselben Botschaft – langsam zu reisen, ist immer am besten, und das gilt in allen Ländern – eine gallische Wendung.

Wer lateinamerikanisches Flair liebt, kann in den endlosen Weiten der Pampa zum Gelegenheits-Gaucho werden, uralte Jesuitenkirchen erkunden und auf Viehfarmen mitarbeiten – oder aber in den Anden zu den Ruinen der Inka-Stadt Machu Picchu hinaufwandern, deren Existenz nahezu 400 Jahre lang verborgen geblieben war.

Den Pioniergeist des amerikanischen Zugs nach Westen verspürt man auf den Spuren Daniel Boones, der im 18. Jahrhundert geradezu tollkühn den Cumberland Gap überquerte – dies war der erste Vorstoß weißer Siedler über die zuvor unüberwindliche Barriere der Appalachen.

DER INKA-WEG
Zur vergessenen Stadt Machu Picchu

Durch das riesige Inka-Reich im heutigen Peru zog sich in präkolumbischer Zeit ein Wegenetz, auf dessen Pfaden Boten in zehn Kilometer langen Staffeln Nachrichten überbrachten und Fisch in weniger als einem Tag 250 Kilometer weit von der Küste transportiert werden konnte. Der berühmte, restaurierte Inka-Weg führt 40 Kilometer durch eine spektakuläre Andenlandschaft, vorbei an Inka-Ruinen in das geheimnisvolle Machu Picchu. Ob es nun eine königliche Residenz mit silber- und goldverkleideten Mauern oder nur ein Dorf war – auf jeden Fall wurde Macchu Picchu innerhalb eines Jahrhunderts nach seinem Bau im 15. Jahrhundert verlassen. Nur die Einheimischen wussten von seiner Existenz und erzählten Geschichten über die einst große Stadt am Urubamba.

Die Etappen

Gewöhnen Sie sich in Cusco erst einmal in aller Ruhe an die Höhe – oberhalb von 3000 Metern fällt das Atmen schwer. Erst dann fahren Sie mit dem Zug auf der atemberaubenden Strecke durch das Urubamba-Tal bis Kilometer 88 – von dort sind es noch 40 Kilometer nach Machu Picchu. Der erste kurze Abschnitt führt hinauf nach Wayllabamba, wo man übernachten kann. Am zweiten Tag erreicht man nach anstrengendem Aufstieg den 4200 Meter hohen Warmiwanusqa (»Pass der toten Frau«). Am dritten Tag führt der Weg zu den Ruinen von Runkurakay sowie Sayacmarca und durch einen Inka-Tunnel in die Berge. Nach den Ritualbädern von Phuyupatamarca zeltet man auf den schönen terrassierten Ruinen von Wiñay Wayna bei Bädern und Zeremonialbauten. Am vierten Tag erreicht man das »Sonnentor« Intipunku und Machu Picchu, das auf einem Kamm zwischen zwei steilen Gipfeln hoch über dem gewundenen Flusslauf thront.

Hiram Bingham

Hiram Bingham (1875–1956) wuchs auf Hawaii auf, vollendete seine Ausbildung auf dem US-amerikanischen Festland und wurde Dozent für südamerikanische Geschichte. 1908 unterbrach er seine Rückreise von einer Konferenz in Chile, um in Peru Choquequirao zu

besichtigen. Er war so fasziniert, dass er drei Jahre später mit der Yale Peruvian Expedition zurückkehrte. Einheimische Führer brachten ihn am 24. Juli 1911 nach Machu Picchu, das von den spanischen Conquistadoren des 16. Jahrhunderts nie entdeckt worden war. Bingham wurde in späteren Jahren Gouverneur von Connecticut und US-Senator und heiratete Alfreda Mitchell, die Enkelin des Gründers des Juweliergeschäftes Tiffany & Co.

Links: Der mächtige Urubamba windet sich zwischen steilen Felswänden und Urwald, bis er bei der alten Inka-Hauptstadt Cusco das Valle Sagado (»Heilige Tal«) erreicht. In der Umgebung locken der quirlige Markt in Pisac und die Inka-Festung Ollantaytambo.

Unten: Die Mauern der 140 Gebäude von Machu Picchu wurden aus perfekt geschnittenen Steinen ohne Mörtel gebaut – von einem Volk, das das Rad nicht kannte, aber seine Tempel mithilfe der Astronomie nach dem Sonnenaufgang zur Sonnenwende ausrichtete.

Links: Ein Großteil Perus liegt in den Anden oder auf dem südlichen *altiplano* (Hochplateau) über 3000 Meter hoch. Besucher schnappen hier erst einmal nach Luft und müssen sich akklimatisieren, bevor sie Anstrengungen wie eine Wanderung auf dem Inka-Weg unternehmen können.

Ruinen

Mandor

Aguas Calientes

Aguas Calientes

Machu Picchu

Urubamba

Intipunku

Aobamba

Urubamba

Wiñay Wayna

Unten: Ein Höhepunkt am Inka-Weg ist das herrlich hoch über dem Urubamba gelegenen Ruinendorf Wiñay Wayna. Sein Name bedeutet »ewige Jugend«. Die terrassierten Häuser des Dorfes werden durch eine steile Treppe miteinander verbunden, zudem gibt es Anbauflächen und einige Brunnen, die vielleicht Bäder gewesen waren.

Phuyupatamarca

Oben: Der 4200 Meter hohe Warmiwanusqa-Pass (»Pass der toten Frau«) ist der höchste Punkt des Inka-Weges. Sein Name leitet sich von den Bergen der Umgebung ab, die mit reichlich Fantasie einer toten Frau ähneln. Täglich dürfen sich nur 500 Wanderer auf den Weg machen. Eine Alternative ist der »Kurze Inka-Weg«, die 14 Kilometer lange letzte Teilstrecke.

CHAQULCOCHA

Runkurakay

Sayacmarca

Pacamayo

Warmiwanusqa-Pass

Lllulluchapampa

Nach Cusco

Tres Piedras

Wayllabamba

»Dann kletterte ich die Leiter der Erde hinauf
durch die stacheligen Dickichte des Urwalds,
bis ich dich erreichte, Machu Picchu.«
Pablo Neruda

Mit Stevenson in den Cevennen
Reisen mit einem Esel

Im Jahr 1878 startete Robert Louis Stevenson eine lange Wanderung durch die südfranzösischen Cevennen, auf der ihn eine Eselin begleitete – daraus wurde 1879 der Reisebericht *Eine Reise mit dem Esel durch die Cevennen*. Stevenson hatte das Grautier von einem gewissen Pfarrer Adam gekauft und nannte es Modestine: »Endlich kam sie für die Leistung von 65 Francs und einem Glas Weinbrand in meine Dienste. Der Sack hatte schon 80 Francs und zwei Gläser Bier gekostet, sodass Modestine, wie ich sie sofort taufte, auf jeden Fall der billigere Artikel war. In der Tat war es so auch richtig, war sie doch nur ein Anhängsel meiner Matratze oder ein von selbst gesteuertes Bettgestell auf vier Rollen.« Modestine erwies sich als faule, aber unterhaltsame Begleiterin auf dieser Reise, die die beiden am 22. September in Le Monastier im Norden der Region begannen.

In die Wildnis dieser Welt

»Die Reise, welche dieses Buch beschreibt, war sehr angenehm und erfolgreich für mich ... Wir sind alle Wanderer in der Wildnis dieser Welt (wie John Bunyan es nennt) – ja, auch alle Wanderer mit einem Esel, und das Beste, was wir auf unseren Reisen finden können, ist ein wahrer Freund. Ein glücklicher Wanderer, wer viele findet. Schließlich reisen wir, um sie zu finden. Sie sind ... der Lohn des Lebens …«
Stevensons Vorwort, Eine Reise mit dem Esel durch die Cevennen

Oben: Stevenson begann seine Reise in Le Monastier, das »denkwürdig ist für die Herstellung von Spitze, für Trunkenheit ... für beispiellose politische Diskussionen.«

Unten: In den Cevennen lebte eine bekannte Hugenottengemeinde, die dank der bergigen Landschaft der Region weitgehend vor Repressalien der Katholiken geschützt war.

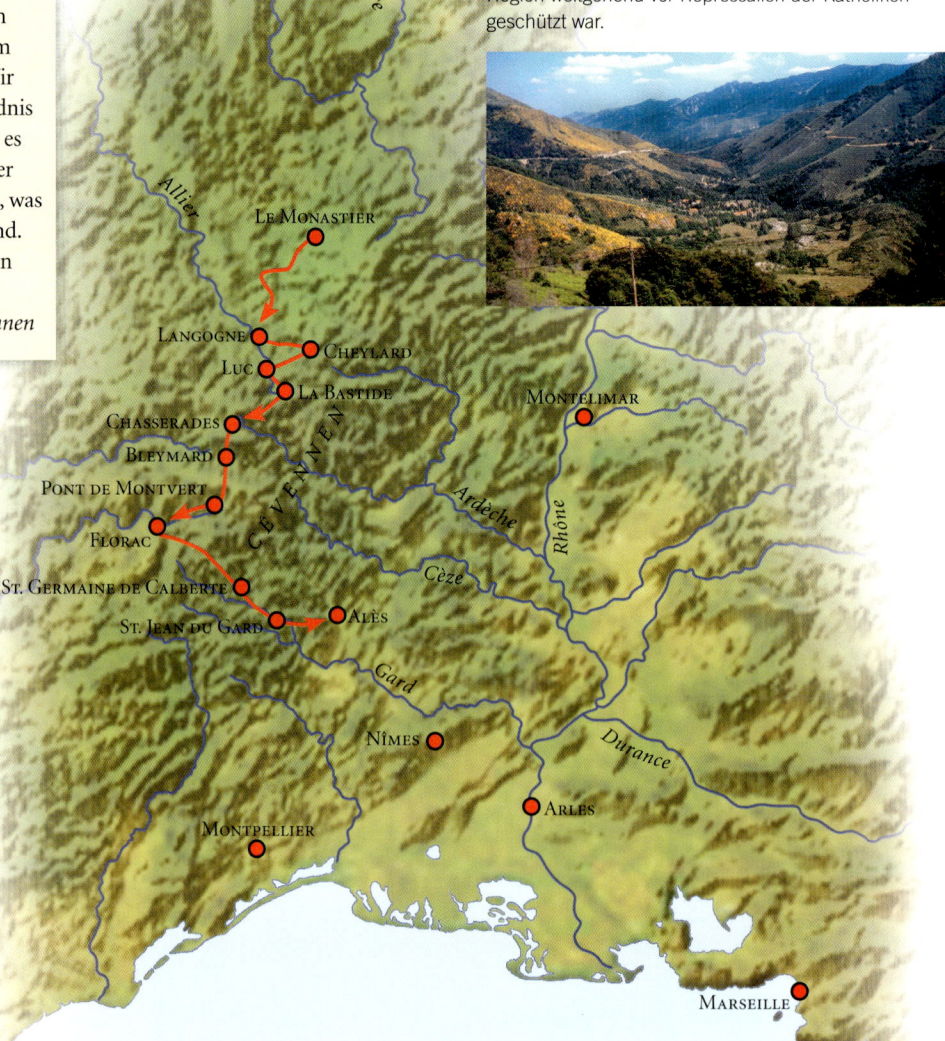

DANIEL DEFOES GROSSBRITANNIEN
Ein Loblied auf die Britischen Inseln

Daniel Defoe, Schöpfer des berühmten *Robinson Crusoe*, wurde um 1660 in London geboren und war der personifizierte »brillante Lump« des späten stuartischen und frühen georgianischen Englands. Seine vielfältige Karriere verzeichnet auch einige in den Sand gesetzte Geschäfte sowie eine Gefängnisstrafe. Er ist ein Begründer des englischen Romans und einer der ersten Journalisten, verfasste er doch zahllose Flugschriften und Journale über eine unglaubliche Anzahl von Themen. Zwischen 1724 und 1727 schrieb er zudem eines der ersten Reisebücher, eine außergewöhnlich anschauliche Beschreibung von Großbritannien: *A Tour Through the Whole Island of Great Britain*.

Bericht einer Nation

Defoe wollte die Vielfalt Großbritanniens, seinen rapide wachsenden Wohlstand und seine neue politische, protestantische, parlamentarische Stabilität loben. So wichtig wie seine politische Motivation war seine damals revolutionäre Technik des Berichts aus erster Hand. Defoe war unverbesserlich neugierig und genauso am Austernfischen wie an hoher Politik interessiert, von Landschaften wie von Lokalgeschichte bewegt, von den königlichen Docks genauso

fasziniert wie von der Verbesserung landwirtschaftlicher Techniken. Das Ergebnis ist ein umfangreicher, genauer Bericht über das vorindustrielle Großbritannien, ein facettenreiches Porträt einer zunehmend selbstsicheren, noch hauptsächlich agrarischen Nation. Defoes Vermächtnis zeugt von unermüdlichem Fleiß und einer hohen Begabung für die Reportage.

LESESTOFF

A Tour Through the Whole Island of Great Britain.
Daniel Defoe

Daniel Defoe.
Wolfgang Riehle

The Strange Life and Surprising Adventures of Daniel Defoe.
Richard West

Oben: Schottland war nur 20 Jahre vor Defoes Reise mit England vereint worden und noch immer rückständig. Defoe wollte sehen, dass es sein wirtschaftliches Potenzial erfüllte – dies würde seiner Meinung nach am besten durch Informationen über den ökonomischen Status gelingen.

»Da das Werk selbst eine Beschreibung des blühendsten und opulentesten Landes der Welt ist, gibt es eine ... Vielfalt an Materialien; alle Besonderheiten sind ergiebig als lehrreiche und unterhaltsame Objekte.«
Daniel Defoe, Vorwort zum ersten Band, 1724

Unten: Genauso wie von Politik und Lokalgeschichte war Defoe von der Arbeitswelt der Fischer und Bauern im vorindustriellen Großbritannien fasziniert.

Rechts: In einer Zeit, als die allermeisten Briten sich ihr Leben lang höchstens wenige Kilometer von ihrem Geburtsort entfernten, war das Wissen über das gesamte, seit Kurzem vereinigte Königreich Großbritannien bestenfalls bruchstückhaft. Defoes unermüdliche Leistung trug dazu bei, dass sich langsam ein Nationalbewusstsein ausbildete.

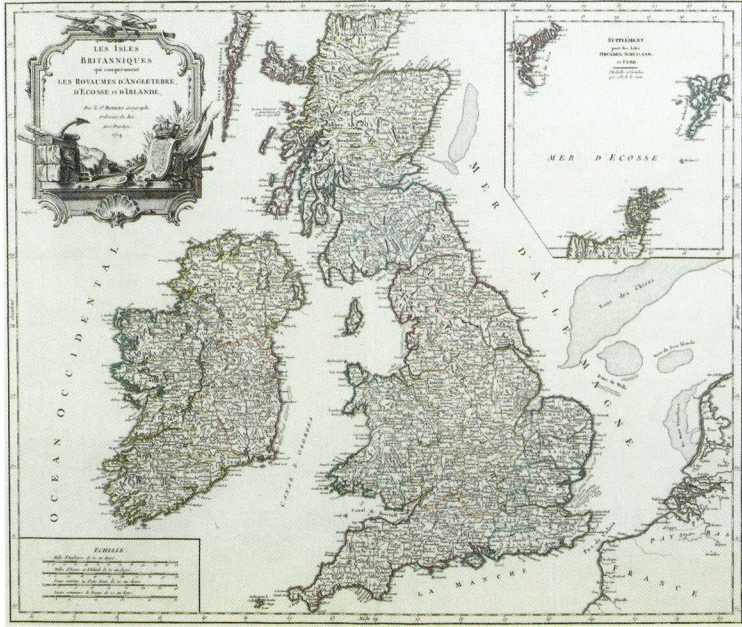

ÜBER DEN CUMBERLAND GAP
Der erste Weg über die Appalachen

Mitte des 18. Jahrhunderts waren die Appalachen ein erhebliches Hindernis für die West-wanderung der Pioniere aus den Dreizehn Kolonien. Das wilde, gesetzlose Grenzgebiet war traditionelles Jagdterrain der Indianer. 1769 gelangte der amerikanische Pionier Da-niel Boone über den einzigen Pass des mächtigen Gebirgszugs der Cumberland Moun-tains in die weite Bluegrass-Region Kentuckys mit ihren riesigen Beständen an Bisons, Wild und Truthähnen. Sechs Jahre später schlug er mit 35 Männern die Wilderness Road über den Cumberland Gap frei, gründete die Siedlung Boonesborough und öffnete den Weg ins Herz Amerikas. Heute finden sich hier kleine, für ihre Pferdezuchten bekannte Farmen zwischen Bluegrass-Bergen, Mais- und Tabakfeldern. Aus dem Mais wird Ken-tuckys bekannter Bourbon Whisky in den vielen Brennereien der Region gebrannt.

Oben: Der englische Forscher Thomas Walker taufte kurz nach der Schlacht von Culloden (1746) den Cumberland River nach Prinz Wilhelm Augustus, Herzog von Cum-berland.

Daniel Boone

Daniel Boone (1734–1820), ein Jäger und Förster aus Pennsylvania, stieß 1767 erstmals nach Kentucky vor, zwei Jahre später überquerte er den Cumberland Gap. 1775 schlug er die Wilderness Road über den Gap und gründete Boonesborough (südöstlich von Lexington) – Ende des Jahrhunderts waren ihm bereits 200 000 Pioniere gefolgt.

1776 entführten Indianer seine Tochter und zwei andere Mädchen – ihre Rettung durch Boone wurde im Roman und Film *Der letzte Mohikaner* aufgegriffen. Später wurde Boone selbst gefangen genommen, freundete sich jedoch mit Chief Blackfish an, der ihn als Sohn adoptierte. In späteren Jahren zog Boone in das neue Grenzgebiet Missouri, weil ihm Kentucky »zu voll« war. Durch zahllose Geschichten über seine Abenteuer wurde Boone zur Legende.

Links: Das amerikanische Volkslied »Cumberland Gap« wurde erstmals von den Pionieren gesungen, die im 18. Jahrhundert gen Westen zogen. 1957 wurde es in der Skiffle-Version von Lonnie Donegan jen-seits des Atlantiks bekannt und in Großbritannien sogar als erstes Volkslied Spitzenreiter in den Hit-paraden – fünf Wochen lang war es die Nummer 1 der Charts.

LESESTOFF

Der letzte Mohikaner. James F. Cooper

Picknick mit Bären. Bill Bryson (Appalachian Trail)

Der echte Leder-strumpf. Das Leben des Daniel Boone. John Bakeless

www.nps.gov/cuga

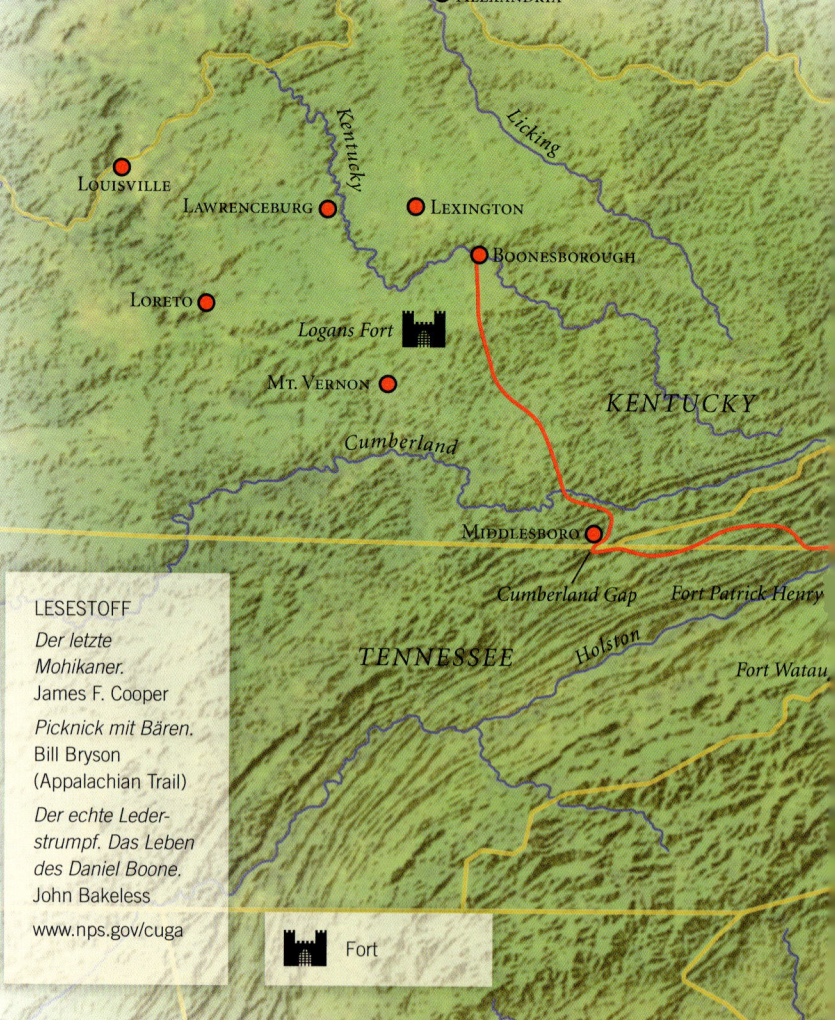

Fort

Auf dem Pioneer Trail

Von Roanoke, wo die Great Wagon Road von Philadelphia endet, führt der erste Abschnitt von Daniel Boones Pioneer Trail nach Bristol in Kentucky. Besonders schwierig sind die Wege über Clinch und Powell Mountain sowie die Passage auf dem Devil's Racepath. Danach läuft man auf den Spuren der Pioniere entlang der Vorgebirge des Cumberland Mountain und dessen weißen Sandsteinfelsen.

Die alte, restaurierte Wagenstraße über den Cumberland Gap liegt heute im National Historic Park, wo man die Gap Cave erkunden und vom Pinnacle Overlook die atemberaubende Aussicht über den Gap und die kleinen, glitzernden Seen zwischen den bewaldeten Berggipfeln genießen kann. Nördlich des Bluegrass Country ragt eine 20 Meter hohe, 24 Meter lange Naturbrücke neben der Red River Gorge auf. Schließlich gelangt man zu George Washingtons Whiskybrennerei aus dem 18. Jahrhundert in seinem Awesen in Mount Vernon sowie zum Fort Boonesborough am Ende der originalen Wilderness Road. Beide Gebäude sind restauriert.

Oben und oben rechts: Die Skyland Road schlängelt sich auf den 743 Meter hohen Pinnacle Overlook. Von oben hat man eine herrliche, je nach Jahreszeit wechselnde Aussicht über den Gap nach Kentucky, Virginia und Tennessee. Der 34 Kilometer lange Ridge Trail fürt zum Gibson's, Butcher's und Chadwell Gap. Hensley Settlement in der

Nähe war von 1904 bis 1951 bewohnt, die dortige Schmiede, der Eiskeller und das Schulhaus sind heute restauriert. Der Ridge Trail verläuft weiter durch Bailes Meadows zum White Rocks Overlook am Ostrand des Parks, wo Höhlen im Kalkfels Stalagmiten, Sinterablagerungen und Fledermauskolonien bergen.

Oben: Ein Pfad, der in einer Spalte in der Seite des Bogens an der Red River Gorge nach oben führt, wird *Fat Man's Misery* (»Elend des dicken Mannes«) genannt. Angeblich übernachtete Daniel Boone in einer Höhle im Park.

»Zu allen Männern--
Die im Leben und im Tode als höchst glücklich gelten,
Zu den großen Namen, die in unser Gesicht blicken,
Zählt Daniel Boone, Waldläufer aus Kentucky.«
Lord Byron, Don Juan

ROANOKE

VIRGINIA

BRISTOL

Catawba

MORGANTON

NORTH CAROLINA

RITT IN DER PAMPA
In der Grassteppe von Südamerika

Argentinien ist das Land der Gauchos in der weiten Pampa, die sich von den Vorbergen der Anden Richtung Norden bis nach Uruguay erstreckt. Übernachten Sie in einer kolonialen *estancia* im Umland von Argentiniens alter Hauptstadt Córdoba, reiten Sie auf einem *criollo*, einem typisch argentischen Rassepferd, lernen Sie Kühe einzufangen und das Lasso zu werfen. Danach gönnen Sie sich einen traditionellen *asado* (Gegrilltes) und köstlichen argentischen Wein am Pool. Sportfans spielen Polo, gehen zum Mountainbiken oder Paragliding, Kulturliebhaber können Jesuitenkirchen aus dem 17. Jahrhundert und *estancias* besichtigen, die aus jener Zeit stammen, als Missionare vor ihrer Vertreibung durch den spanischen König 1767 europäisches Wissen in der Region verbreiteten.

Links: Buenos Aires, die »Guten Winde«, bietet ein Kultur- und Architektur-Potpourri. Die Häuser der europäischen Einwanderer erinnern an Paris oder Barcelona, in anderen *barrios* stehen traditionelle bemalte Blechhäuser. Der Tango, der sich aus dem leidenschaftlichen Tanz der rauen, verschwitzten Gauchos mit Buenos Aires' Schönen der Nacht entwickelte, wurde erst ab den 1920er-Jahren in besseren Kreisen salonfähig.

Oben: 1616 gründeten die Jesuiten in Caroya ihre erste bäuerliche Siedlung mit Kirche, Kreuzgang, Wohntrakt, Mühle und Farmland. Heute steht sie unter Denkmalschutz, zuvor war sie Schule, Waffenfabrik und Herberge gewesen.

Rechts: In Alta Gracia Estancia bauten die Jesuiten eine Zisterne (*tajamar*). In dieser Stadt wuchs Che Guevara auf und hier starb der spanische Komponist Manuel de Falla.

Martín Fierro

Der verarmte Gaucho und Held aus José Hernández' epischem Gedicht ist der Don Quijote der argentinischen Literatur. Seine derbe Sprache entspricht dem harten Leben der Gauchos im späten 19. Jahrhundert, deren Existenz durch die Modernisierung bedroht war. Das Gedicht beginnt mit Fierros bäuerlichem Leben und beschreibt dann seine Militärzeit im Krieg gegen die Indianer in den Grenzgebieten. Er desertiert, doch sein Haus und seine Familie sind verschwunden, er wird wegen Messerstechereien verurteilt, findet Unterschlupf bei Indianern, wird jedoch deren Gefangener. Seine Rückkehr in die »Zivilisation« offenbart ihm die Folgen seines gewalttätigen Lebens.

LESESTOFF UND FILM

On the Pampas. Maria C. Brusca

Buenos Aires. Ein Reisebegleiter. Sieglinde Oehrlein

Das Buch vom Gaucho Sombra. Ricardo Güiraldes

El Gaucho Martín Fierro. José Hernández

Assassination Tango. (Film)

www.ridingholidays.com/argentina-cordoba.htm

Unten: Mit dem Lasso fangen die Gauchos das Vieh ein, mit den *boleadoras* (drei lederummantelte Steine oder Holzkugeln an einer Leine) bringen sie es zu Fall. Gauchos leben ein hartes Leben: Sie ernähren sich von Rindfleisch, Brot und Matetee, meist ist ihr Pferd ihr einziger Besitz.

»Es ist mein Glück, so frei wie ein Vogel am Himmel zu leben.«
Martín Fierro von José Hernández

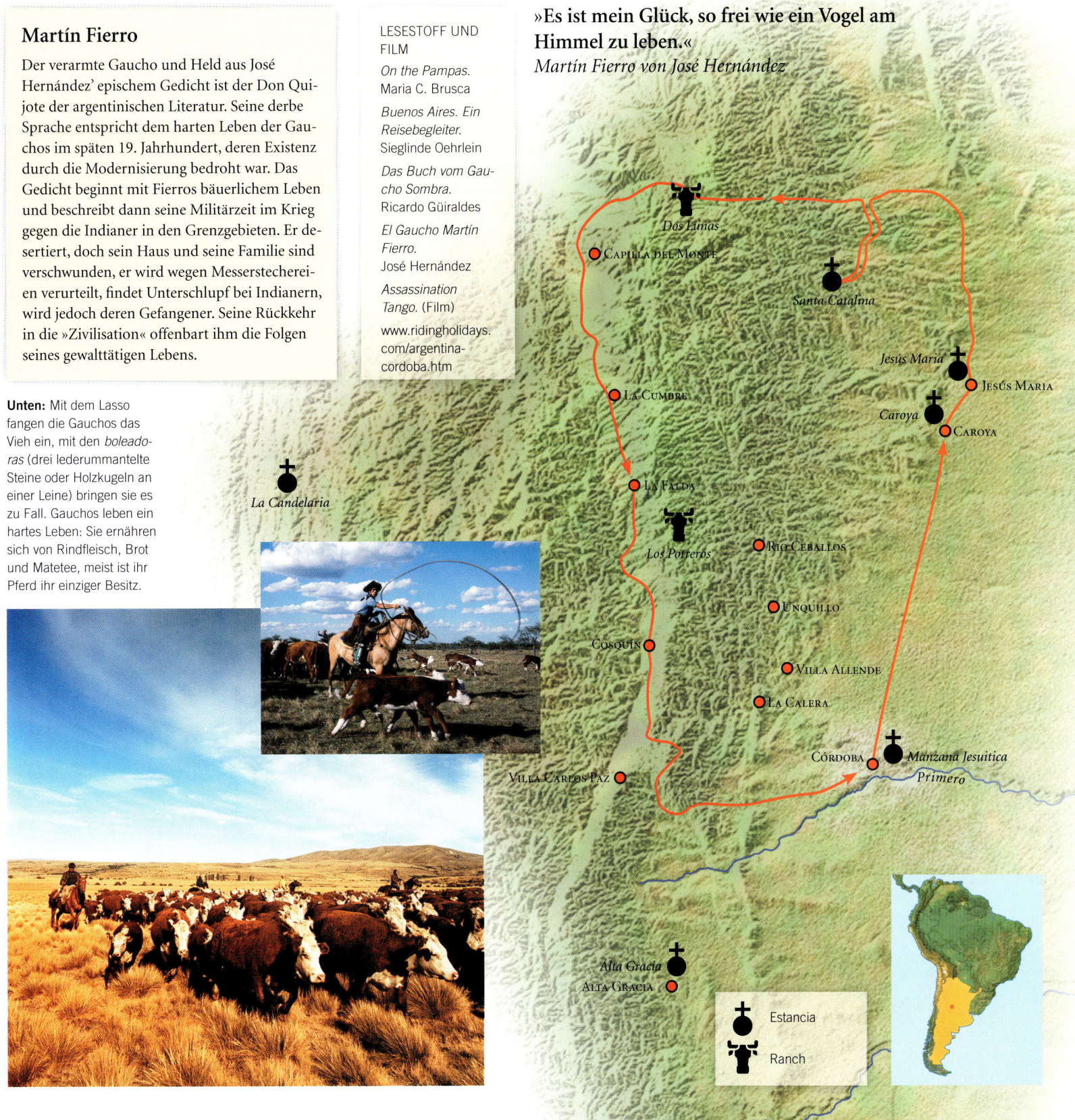

WILLIAM COBBETT
Hoch zu Ross über Land

Cobbett wurde 1763 in Surrey, England, geboren und zählte zu den widersprüchlichsten, provokantesten und faszinierendsten Persönlichkeiten seiner Zeit. Er arbeitete vornehmlich als politischer Journalist, gründete seine eigene Zeitung, *Political Register*, produzierte den inoffiziellen Parlamentsbericht *Parliamentary Debates* und verfasste zahlreiche Pamphlete. Er war sperrig, schwierig, misstrauisch und voller Vorurteile, verabscheute etwa das Teetrinken und den Verzehr von Kartoffeln. Aber er war auch ein unermüdlicher Gegner politischer Korruption und ein stürmischer Kämpfer für politische Reformen – denn er schätzte die Auswirkungen der Industrialisierung, durch die sich die Städter auf Kosten der armen Landbewohner bereicherten, als katastrophal ein.

Oben: Cobbetts *Rural Rides* beschreiben mehrere Reisen, die er hoch zu Ross im ganzen Südosten und in den Midlands von England unternahm.

Eine Beschreibung Englands

Cobbett verfasste von 1821 bis 1830 für den *Political Register* eine Serie seiner sogenannten »Briefe«, die 1830 unter dem Titel *Rural Rides* als Buch veröffentlicht wurden. Sie zeichnen zweifellos das vollständigste Bild des ländlichen Englands in den frühen Jahren der industriellen Revolution, ein Panorama seiner Landschaften und Menschen, und sind mit einer typischen bravourösen Mischung aus »Eloquenz und Schmähung« auf das Papier geworfen. In ihrer Gesamtheit sind sie großartig und eigenwillig, lebendige und höchst persönliche Impressionen, Grübeleien, Anklagen und Beschreibungen aus erster Hand. Und stets schimmert Cobbetts tiefe Liebe für Englands Provinz (sowie seine ebenso große Abneigung gegen Städte, vor allem gegen London) und für ihre Menschen – vor allem die Armen – durch, die sie formten und von ihr geformt wurden.

LESESTOFF

Rural Rides.
William Cobbett

William Cobbett.
G.K. Chesterton

The Life and Adventures of William Cobbett.
Richard Ingrams

»Ich wollte nicht Gaststätten und Mautstraßen, sondern das Land sehen: die Bauern zu Hause, die Arbeiter auf den Feldern; und dazu muss man entweder zu Fuß gehen oder reiten.«
William Cobbett, Rural Rides,
25. September 1822

Unten: Die Provinz und die Menschen, die auf dem Land lebten und es bestellten, waren der Grund für Cobbetts *Rural Rides,* die er als Reaktion auf agrarwirtschaftliche Vorschläge des Parlaments von 1821 unternahm.

Unten: Cobbett besuchte 1823 Dover und verfasste ätzende Kommentare über die Befestigungen auf den Western Heights. »Jeder mit gesundem Menschenverstand fragt sich: Warum sollte man annehmen, dass die Franzosen jemals diesen Berg angreifen würden ... Dies sind vielleicht die einzigen Befestigungen der Welt, die als reines Versteck berühmt sind. Nirgendwo wird die kleinste Absicht offensichtlich, einen Feind zu ärgern. Dieser Haufen Löcher in einem Berg soll nur Engländer vor Franzosen verstecken.«

DER PENNINE WAY
Das Rückgrat Englands

Es war der Journalist Tom Stephenson, der in den 1930er-Jahren die Anlage des Pennine Way als Wanderweg nach dem Vorbild des Appalachian Trail erfolgreich propagierte – die letzte Etappe des Fernwanderwegs zwischen Edale in Derbyshire und Kirk Yetholm an der schottischen Grenze wurde 1965 eingeweiht. Der Trail ist eine Herausforderung, die rund 430 Kilometer lange Wanderung jedoch nicht schwierig, der höchste Punkt ist der knapp 900 Meter hohe Cross Fell. Die Strecke führt durch wunderschöne Landschaften: den Peak District in Derbyshire, die Yorkshire Dales und die Moore von Northumberland.

Oben: Die wie ein Amphitheater geformte Malham Cove zählt zu den schönsten Naturwundern Großbritanniens. Über die 72 Meter hohe, zerklüftete Kalksteinklippe stürzte einst ein gewaltiger Wasserfall in die Tiefe, heute versickert das Wasser jedoch im Kalk und plätschert unterhalb der Felswand als friedlicher Bach weiter.

Von Edale nach Kirk Yetholm

Schnüren Sie die Wanderschuhe, packen Sie sich gut gegen das englische Wetter ein und gönnen Sie sich noch ein Bierchen im Old Nag's Head in Edale, bevor Sie Richtung Norden zum beeindruckenden Kinder Scout losmarschieren. Nach Haworth erreicht der Weg Dales Cove und Malham Cove sowie die felsige Gordale Scar. Er windet sich dann auf den markanten Pen-y-Ghent, der zur Three Peaks Challenge gehört. Nachdem man bei Keld den Coast-to-Coast Walk gequert hat, lockt ein Bier in Englands hochgelegenstem Pub, Tan Hill Inn. Nach Teesdale und den Wasserfällen High Force und Cauldron Snout folgt der Weg dem Hadrian's Wall vorbei an sehenswerten römischen Festungen in Housesteads und Vindolanda. Von dort ist es nicht mehr weit nach Kirk Yetholm, wo man die Wanderung mit einem letzten Bier beendet.

»Ein langer grüner Weg vom Peak zu den Cheviots. Nur eine blasse Linie auf den Generalstabskarten, die von den Füßen dankbarer Pilger im Lauf der Jahre in das Gesicht des Landes eingegraben wurde.«
Tom Stephenson

LESESTOFF

Pennine Way Companion.
Alfred Wainwright

The Pennine Way.
Tom Stephenson

One Man and his Bog.
Barry Pilton

www.nationaltrail.co.uk/PennineWay

Oben: Der 636 Meter hohe Kinder Scout ist der höchste Berg im Peak District. Er gehört zu einem großen Sandsteinplateau, der Gipfel selbst wird auch »Dark Peak« genannt. Hier finden sich Felsnasen, der beeindruckende Wasserfall Kinder Downfall und malerische Bäche wie der Jaggers Clough. Der Verlauf des Pennine Way durch das Gebiet ist aufgrund der zunehmenden Erosion nicht unproblematisch. Jedes Jahr erwandern über 10000 Menschen den ganzen und rund 200000 Teilstrecken des Pennine Waywalk – mit enormen negativen Folgen für das empfindliche Ökosystem.

Oben: Der Dent Head Viaduct im Herzen der schönen Yorkshire Dales ist ein Abschnitt der berühmten Settle-Car-lisle-Bahn. Die Strecke sollte schon einige Male stillgelegt werden, konnte jedoch als eine der schönsten Eisenbahnstrecken Englands erhalten werden.

Kirk Yetholm
The Cheviot
CHEVIOT HILLS
Peel Fell
Bellingham
Greenhead
Hadrian's Wall
Tyne
Cold Fell — Alston
Cross Fell
Gt. Dun Fell — Middleton in Teesdale
Mickle Fell
Tees
Keld
Gt. Shunner Fell — Thwaite — Swale
Hawes & Gayles
Whernside
Ingleborough — Malham
Pen-y-Ghent
Wharfe
Haworth
Hebden Bridge — Todmorden
Kinder Scout
Edale

Berggipfel

DER SOUTH WEST COAST PATH
Rund um die Westspitze Englands

Seit 1978 zählt der South West Coast Path zu den 15 offiziellen britischen National Trails, zudem ist er mit über 1000 Kilometern Länge der längste Wanderweg des Landes. Mit Ausnahme von 18 kurzen Flussüberquerungen mit der Fähre verläuft er ohne Unterbrechung zwischen den Städten Minehead und Poole an den Küsten von Somerset, Devon, Cornwall und Dorset. Unterwegs erreicht man zwei UNESCO-Welterbestätten (die Jura-Küste im südlichen Devon und Dorset sowie die Cornwall and West Devon Mining Landscape) sowie zahlreiche Nationalparks und geschützte Küstenabschnitte.

Von Minehead nach Poole

In der Regel wird der South West Coast Path entgegen dem Uhrzeigersinn – also von Minehead nach Poole – beschrieben, doch man kann ihn in jeder Richtung erwandern. Die überwältigende Mehrheit der Wanderer

begnügt sich je nach Lust und Wetter mit kleinen Etappen, ehrgeizigere Sportler bewältigen längere Strecken, für die sie mindestens eine Woche brauchen. Um den Fernwanderweg in 16 bis 26 Kilometer langen Tagesetappen zu erwandern, sollte man im Normalfall schätzungsweise acht Wochen veranschlagen. Unabhängig davon, ob man nun eine kurze oder die ganze Strecke bewältigen möchte, kann man sich problemlos rundum über empfohlene Routen und deren Schwierigkeitsgrade, die Einrichtungen entlang der Strecke sowie über die Landschaften, Geologie und Geschichte der Regionen informieren.

»Mit ihren Auf- und Abstiegen und Zu- und Abgängen ist die Strecke … eine gigantische Achterbahn … durch Geschichte und Kultur, großartige Landschaft und Wunder der Natur.«
Paddy Dillon, The South West Coast Path

Links: Von der schönen, felsigen, windigen Landzunge Land's End ist das nächste Land Richtung Westen über 3000 Kilometer entfernt – Neufundland in Kanada. Auf einer etwa zwei Kilometer vorgelagerten Felseninsel steht der 1873 errichtete Longships Leuchtturm.

Rechts: Schon in der Bronzezeit, vor über 4000 Jahren, wurde in Cornwall Zinn abgebaut – die ganze Region ist übersät mit Zinnminen. Der Bergbau erreichte im 19. Jahrhundert seinen Höhepunkt, danach nahm er stetig ab. Die letzte Mine wurde 1998 geschlosssen.

LESESTOFF

South West Coast Path. Eric Wallis

The South West Coast Path. Paddy Dillon

www.southwestcoastpath.com (offizielle Website)

www.swcp.org.uk

(South West Coast Path Association)

k a n a l

NEHEAD

S O M E R S E T

D O R S E T

POOLE

J u r a s s i c

EXETER

LYME
REGIS

Chesil Beach

C o a s t

Studland
Bay

EXMOUTH

L Y M E   B A Y

WEYMOUTH

Durdle
Door

Portland Bill

Torquay

Ä R M E L K A N A L

Am South West Coast Path liegen zahllose Häfen. Der Hafendamm von Minehead (**oben**) stammt von 1616, der Poole Harbor (**links**) gilt nach dem Hafen von Sydney als größter Naturhafen der Welt. Er gehört zu den wichtigsten Yachthäfen Großbritanniens.

Unten: Der Kalksteinbogen Durdle Door ragt über 100 Meter weit ins Meer hinaus. Das grandiose Naturphänomen ist eine berühmte Sehenswürdigkeit.

Sehenswertes

Der South West Coast Path führt durch eine Vielzahl von Landschaften und zu vielen Sehenswürdigkeiten – etwa zu den höchsten Klippen der britischen Hauptinsel (Great Hangman, Somerset), zum westlichsten und zum südlichsten Punkt der britischen Hauptinsel (Land's End beziehungsweise Lizard Point, Cornwall), zur kleinsten Pfarrkirche Englands (Culborne Church, Somerset) und zur längsten Dorfstraße (Combe Martin, Devon). Außerdem gibt es hier noch zwei offizielle FKK-Strände in Budleigh Salterton, Devon, und Studland Bay, Dorset. Unterwegs ändert sich die Landschaft immer wieder, ist teils imposant, teils lieblich. Nur das Meer ist ein ständiger Begleiter. Der Weg ist nicht durchgehend bequem, immerhin muss man auf der gesamten Strecke 26 719 Stufen erklimmen, 302 Brücken überqueren und über 921 Zauntritte klettern.

Krieg und Handel, Wissensdurst, Kultur, Religion oder die Suche nach einem neuen, besseren Leben – aus diesen und unzähligen weiteren Gründen brachen Menschen im langen Lauf der Geschichte auf ebenso vielen Wegen in die Ferne auf. Der Drang, in unbekanntes Neuland zu ziehen, ist ein konstanter Faktor in der Geschichte der Menschheit.

AUF HISTORISCHEN WEGEN
Abenteuerliche Strecken

Im Mittelalter zogen zwei Reisende, der eine ein Christ aus Italien, der andere ein Muslim aus Nordafrika, durch die gesamte damals bekannte Welt: Marco Polo im 13. und Ibn Battuta im 14. Jahrhundert. Beide besuchten nicht nur China, sondern hinterließen mit ihren Reiseberichten auch unschätzbare authentische Beschreibungen des mittelalterlichen Eurasiens sowie – im Falle Ibn Battutas – Afrikas.

Ähnliches ist über den Griechen Pausanias zu berichten. Seine im 2. Jahrhundert n. Chr. verfasste *Beschreibung Griechenlands* ist eine außergewöhnlich detaillierte Dokumentation der kulturellen Errungenschaften des antiken Griechenlands.

Militärisches Genie ermöglichte hingegen die fernen Wege zweier überragender Persönlichkeiten der Antike: Alexander der Große erweiterte in einem Eroberungssturm die Grenzen der griechischen Welt um ein Vielfaches, und Hannibal hätte im 3. Jahrhundert v. Chr. beinahe die Macht des aufstrebenden römischen Reichs zu Fall gebracht.

Fast 1300 Jahre später marschierten im Ersten Kreuzzug ganz andere Armeen durch Europa in das Heilige Land, um die heiligen Stätten der Christenheit von der muslimischen Herrschaft zu befreien.

In jüngerer Zeit lösten Mussolinis »Marsch auf Rom« und der unendlich mörderischere »Lange Marsch« unter Mao Zedong Umwälzungen aus. Sowohl der Faschist Mussolini als auch der politisch einem diametral entgegengesetzten Lager angehörende Kommunist Mao Zedong konnten aus den jeweiligen Ereignissen maximale Propaganda-Erfolge erzielen.

Im 19. Jahrhundert zogen in Amerika Hunderttausende mit Planwagen oder auf andere Weise gen Westen, um sich in den Grenzregionen ein neues Leben und Vermögen aufzubauen oder auf den Goldfeldern schnell zu Reichtum zu gelangen.

ALEXANDER DER GROSSE
Eroberung des Ostens

Im Jahr 334 v. Chr. entfesselte der 21-jährige makedonische König Alexander einen Eroberungssturm, der ihn in kaum zehn Jahren bis nach Afghanistan und Indien, an die Grenzen der den Griechen bekannten Welt, brachte. Ab 337 v. Chr. hatte Alexanders Vater, Philipp II., über ganz Thrakien und fast ganz Griechenland geherrscht. Alexander dehnte Makedoniens Herrschaft in rasender Geschwindigkeit aus: Er eroberte ganz Kleinasien, annektierte Ägypten und löschte das persische Achämenidenreich, das über 150 Jahre lang die größte militärische Bedrohung Griechenlands gewesen war, aus.

LESESTOFF

Alexander der Große. Pedro Barceló

Alexander der Große. Eroberer der Welt. Robin Lane Fox

Alexander der Große. Feldherr und Staatsmann. Nicholas Hammond

Alexander der Große. Siegfried Lauffer

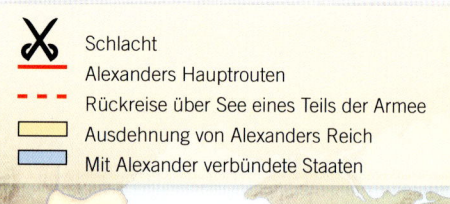

✂ Schlacht
── Alexanders Hauptrouten
--- Rückreise über See eines Teils der Armee
▢ Ausdehnung von Alexanders Reich
▢ Mit Alexander verbündete Staaten

Gegen alle Widerstände

Es ist besonders erstaunlich, dass die Eroberungen Alexanders des Großen gegen zahlenmäßig erheblich überlegene Armeen gelangen. Bei seinen großen Siegen über die Perser – bei Issos 333 und Gaugamela 331 v. Chr. – kämpfte er mit 30 000 beziehungsweise 40 000

Soldaten gegen ein 100 000 beziehungsweise 200 000 Mann starkes persisches Heer. Alexander vergrößerte sein Heer, indem er in den eroberten Ländern Truppen rekrutierte. Den Kern seiner Armee bildeten jedoch makedonische Soldaten, die ihm mit großer Loyalität dienten. Im Gegenzug wurden sie von Alexander gut behandelt, mit Ehren und Beute überhäuft und regelmäßig als Veteranen nach Griechenland zurückgeschickt. Alexander war ein waghalsiger Heerführer und wurde häufig verwundet – in Indien fand er durch einen Pfeilschuss in die Lunge beinahe den Tod. Seine Führung basierte aber auch auf präziser Planung: Auf ihrem Zenith war seine Armee über 50 000 Mann stark und benötigte täglich 120 Tonnen Proviant, dennoch kam sie gut 30 Kilometer in einem Stück voran.

Links: Babylon im Nahen Osten fiel im Jahr 331 v. Chr. an Alexander. Am 10. Juni 323 v. Chr. starb er in diesem bedeutenden Machtzentrum des Nahen Ostens und des Altpersischen Reiches im Alter von 33 Jahren. Lange Zeit hielt man Gift oder Malaria für die Todesursache, jüngeren Forschungen zufolge starb er jedoch wohl an Typhus.

SCHWARZES MEER

MAKEDONIEN

THRAKIEN

PELLA

GORDION

Halys

SARDES

KLEINASIEN

ATHEN

SPARTA

ISSOS

KRETA

ZYPERN

MITTELMEER

TYROS

DAMASKUS

JERUSALEM

ALEXANDRIA

MEMPHIS

AMMON

ÄGYPTEN

Nil

ROTES MEER

ARA

Links: Die Schlacht bei Issos, die im November 333 v. Chr. im südlichen Anatolien tobte, war eine Entscheidungsschlacht in Alexanders Eroberung des persischen Achämenidenreiches. Das persische Heer wurde vom persischen König Dareios III. selbst angeführt, der die Niederlage seiner Truppen gegen Alexander im Vorjahr am Granikos rächen wollte. Die Abbildung zeigt ein Gemälde der Schlacht aus dem Jahr 1602, das im Besitz des Louvre in Paris ist.

Das Streben nach Wissen und Macht

Es ist umstritten, warum Alexander weiter nach Osten und 327 v. Chr. nach dem Fall Persiens bis nach Indien zog. Wollte er sich zum Herrscher der Welt aufschwingen? Glaubte er wirklich an seine Göttlichkeit? Mit Sicherheit beschränkte sich das Wissen der Griechen über Indien auf Mutmaßungen: Sie hielten es für nicht größer als Persien, und dahinter vermuteten sie nur das Große Äußere Meer, ein riesiger Ozean, der sich rund um die Welt erstreckte. Die Realität war verstörend: Alexander stieß in ein fremdes, scheinbar endloses arides Land vor, das offensichtlich nur zu weiteren unbekannten großen Flüssen und Königreichen führte. Es wurde immer schwerer, seine Truppen zum Weiterziehen zu bewegen – im September 326 v. Chr. stimmte er am Fluss Hyphasis widerstrebend dem Rückmarsch zu, der ein Jahr dauern sollte. Sein Heer folgte dem Indus südwärts bis zum Arabischen Meer, wo sich die Hälfte der Truppen einschiffte. Die restlichen Soldaten zogen über Land durch die Makran-Wüste, wo viele von ihnen verdursteten oder an Erschöpfung und Hitzschlag starben.

»Ich fürchte keine Armee von Löwen, die von einem Schaf geführt wird; ich fürchte eine Armee von Schafen, die ein Löwe führt.«
Alexander der Große

ARMENIEN

KASPISCHES MEER

Gaugamela
Arbela

MEDIEN

Tigris

Zadrakarta

Meshed

Ecbatana

PARTHERREICH

BAKTRIEN

Baktra

MARAKANDA (SAMARKAND)

Oxus

HINDUKUSCH

Kabul

Khyber-Pass

Taxila

Euphrat

Babylon

Susa

BABYLONIEN

PERSIEN

Persepolis

EN

PERSISCHER GOLF

KANDAHAR

PUNJAB

Hyphasis

Indus

INDIEN

Pura

GEDROSIEN

MAKRAN-WÜSTE

Pattala

ARABISCHES MEER

MARCO POLO
Von Venedig nach Asien

Die Eroberungen der Mongolen in Asien und Europa im frühen 13. Jahrhundert ermöglichten eine neue Öffnung der Seidenstraße und in der Folge eine unsichere Wiederbelebung des Handels zwischen Ost und West. In Europa entzündete sich zudem ein brennendes Interesse am Fernen Osten und vor allem an China, dem legendumwobenen Cathay. 1260 erreichten zwei venezianische Kaufleute, die Brüder Niccolò und Maffeo Polo, China und kehrten dorthin 1271 zusammen mit Niccolòs 17-jährigem Sohn Marco zurück. Sein Bericht über die lange Reise und den 17 Jahre dauernden Aufenthalt in China – *Wunder der Welt* – inspirierte und prägte für Generationen die europäischen Vorstellungen vom Fernen Osten als Land der exotischen und unendlichen Reichtümer.

»Nähme man alle Christen der Welt mit ihren Kaisern und Königen, hätten all diese Christen – ja, und nähme man noch die Sarazenen dazu – nicht solche Macht oder könnten nicht so viel tun wie dieser Kublai, der der Gebieter aller Tataren der Welt ist.«
Marco Polo

Die Wunder Chinas

Marco Polo lieferte eine lebendige Beschreibung der dreieinhalbjährigen, 9000 Kilometer langen Reise, die ihn zusammen mit seinem Vater und seinem Onkel nach China brachte. Auch wenn davon heute keine zuverlässig verbürgte Version mehr existiert, so bleibt sie doch – auch ausgeschmückt – eine faszinierende Chronik innerer Stärke und Forscherdrangs. Vor allem bietet sie selbst in häufig überarbeiter Form eine bemerkenswerte Beschreibung des mongolischen Chinas im 13. Jahrhundert.

Polo erreichte 1275 Shang-tu, die Hauptstadt des Kublai Khan, und beschrieb den Palast als wundervoll »mit Bildern und Darstellungen von Tieren und Vögeln ausgemalt«. Er wurde ein »Hofgünstling«, führte diplomatische Missionen aus und war offensichtlich über die Errungenschaften Chinas erstaunt. Er berichtete von Papiergeld, von Kohle (»eine Art schwarzer Stein ... der das Feuer besser bewahrt als Holz«) und von Post, die sagenhafte 400 Kilometer pro Tag transportiert wird. Polo schrieb auch als erster westlicher Reisender über Japan – *Cipangu* – und seine »Unmengen« an Gold.

Oben: Venedig war im 12. Jahrhundert zu einer führenden Macht im östlichen Mittelmeer aufgestiegen und kontrollierte einen Großteil des Handels zwischen Europa, dem Nahen Osten und Asien. In der Folge richteten sich die Interessen des Stadtstaates nach Osten.

LESESTOFF

Marco Polo. Die Wunder der Welt. Die Reise nach China an den Hof des Kublai Khan.
Elise Guignard

Marco Polo. Leben und Legende.
Marina Münkler

Marco Polo – eine Biographie. Alvise Zorzi

Map labels: VENEDIG · SCHWARZES MEER · KONSTANTINOPEL (ISTANBUL) · TREBIZOND (TRABZON) · KASPISCHES MEER · TÄBRIS · AYAS (YUMURTALIK) · MOSUL · MITTELMEER · PERSIEN · ACRE · SHIRAZ · PERSISCHER GOLF · HORMUS · ARABIEN · ROTES MEER · AR

Oben: Samarkand, eine der ältesten ständig bewohnten Städte der Welt, war eine bedeutende Stadt an der Seidenstraße und eine wichtige Zwischenstation zwischen Europa und Asien. Als Marco Polo in der Nähe vorüberzog, war Samarkand eine der bevölkerungsreichsten Städte Asiens.

Il Milione

Marco Polo, sein Vater und sein Onkel traten 1292 die wie die Hinreise über Land mühselige und lange Rückreise von China übers Meer an: Sie dauerte zwei Jahre und führte vom südchinesischen Ch'uanchou über Indochina, die Malaiische Halbinsel und Indien nach Hormuz im Persischen Golf. Danach folgte der kaum weniger anstrengende Landweg nach Trebizond am Schwarzen Meer und von dort nach Konstantinopel und schließlich nach Venedig, wo sie 1295 ankamen. Polo, der 1298 im Krieg zwischen Genua und Venedig in genuesische Gefangenschaft kam, diktierte seinen Reisebericht, *Il Milione*

(»Der Milione«), im Gefängnis einem Mithäftling. Die Beschreibung machte sofort Eindruck. Obwohl sie häufig als »fantastisch und unzuverlässig« geschmäht wurde, war sie doch ständiger Ansporn für weitere europäische Bemühungen, die Schätze des Ostens zu heben. Polo wurde 1299 aus dem Gefängnis entlassen und starb als reicher, etablierter Mann 1324 im Alter von 70 Jahren in Venedig.

Unten: Shang-tu in Nordchina war die Sommerhauptstadt des Kublai Khan. Polo beschrieb den Palast aus »Marmor und anderen Schmucksteinen«, in 25 Kilometer Parkland mit »Quellen und weiten Rasenflächen« gelegen. Der Khan verließ die Stadt stets Ende August mit angeblich »10 000 schneeweißen Stuten«.

MONGOLEI

GOBI

AMARKAND

KASCHGAR

TAKLAMAKAN

H

HINDUKUSCH

TIBET

HIMALAYA

LANZHOU

PEKING (BEIJING)

GELBES MEER

CHINA

HANGZHOU

BHARUCH

INDIEN

GOLF VON BENGALEN

BAGAN

AMOY (XIAMEN)

SCHES ER

CALICUT (KOZHIKODE)

COCHIN

SÜDCHINESISCHES MEER

INDISCHER OZEAN

Ibn Battuta
Durch die muslimische Welt

Der 1304 in Tanger geborene Rechtsgelehrte Ibn Battuta war der bedeutendste Reisende seiner Epoche und gehört zu den herausragendsten Forschungsreisenden aller Zeiten. Auf dem Hadsch nach Mekka 1325 verspürte er den Wunsch, die »Erde zu bereisen« – als er 1368 oder 1369 starb, galt er weithin als der weitestgereiste Mann der Welt. In einzigartigen Unternehmungen besuchte er den Nahen Osten, erreichte Kilwa in Ostafrika, durchquerte die Länder der Goldenen Horde und Zentralasien, kam nach Indien und auf dem Seeweg nach China. Später reiste er durch die Sahara bis Mali in Westafrika.

»So fasste ich meinen Entschluss, all meine Lieben, weiblich und männlich, zu verlassen, und verließ mein Heim, wie Vögel ihre Nester verlassen.«
Ibn Batutta, Rihla

Oben: Als Ibn Battuta 1341 Delhi erreichte, stand das muslimische Sultanat von Delhi unter dem launischen, aber brillanten Sultan Muhammed Ibn Tughluq auf dem Gipfel seiner Macht. Nach sieben Jahren in Indien wurde Ibn Battuta Gesandter in China.

Links: Ibn Battuta gelangte durch die Sahara zum Hof des Mansa Musa, dessen Herrschaft gleichsam das Synonym für sagenhaften Reichtum und Zeremoniell war. Nur wenige beschrieben die transsaharischen Kamelrouten so umfassend wie Battuta. »Kein Weg ist zu sehen – nur vom Wind verblasener Sand.«

Die Verbreitung des Islam

Im Mittelalter war die muslimische Welt bereits so groß, dass Ibn Battuta in 30 Jahren rund 120 000 Kilometer in Regionen, die heute zu 44 verschiedenen Ländern gehören, reisen konnte und sich dabei kaum außerhalb des islamischen Einflussgebietes bewegte. Nach seiner Gründung 622 durch Mohammed verbreitet sich der Islam von Arabien aus explosionsartig, sodass er in weniger als hundert Jahren Südfrankreich im Westen und Sind im westlichen Indien erreichte. 1200 war ein Großteil Indiens muslimisch geworden, 1290 erreichte der Islam Südostasien.

NEU-SARAI
ASTRACHAN
KERCH
SCHWARZES MEER
SINOP
KONSTANTINOPEL (ISTANBUL)
ALANYA
ALEPPO
BAGHDAD
ISFAHAN
DAMASKUS
JERUSALEM
ALEXANDRIA
KAIRO
KASPISCHES MEER
GRANADA
ALGIER
MITTELMEER
TUNIS
TANGER
FEZ
MARRAKESCH
SIJILMASA
MINYA
ROTES MEER
MEDINA
ARABIE
AYDHAB
JIDDAH
MEKKA
ZAFA AL-HA
MALI
OUALATA
TIMBUKTU
TAKEDDA
ADEN
EHEMALIGE HAUPTSTADT VON MALI (LAGE UNBEKANNT)
ZEILA (DJIBOUTI)
MOGADISCHU
MOMBASA
KILWA

Ibn Battutas *Rihla*

Das theoretische und praktische geografische Wissen war in der islamischen Welt außergewöhnlich weit vorangeschritten und übertraf bei Weitem alles, womit in jener Zeit Europa aufwarten konnte. Der Hadsch, die rituelle Pilgerreise nach Mekka, die alle Muslime zumindest einmal im Leben unternehmen sollen, war ein bedeutendes Element der islamischen Kultur – Muslime waren damals schon lange mit der Vorstellung weiten Reisens vertraut. Ibn Battuta besuchte Mekka dreimal, seine erste Mekkareise 1325 war trotz aller Mühen nur der Auftakt für ein fast rastloses Wanderleben. Seine Gründe für diese langen Reisen sind ungeklärt, die einzige von ihm verfasste Quelle ist die *Rihla* – »Reise«. Seine Berichte gelten unter Wissenschaftlern dennoch als fast vollständig authentisch, auch wenn einzelne Elemente wohl eher erfunden sind und nicht als Tatsachenberichte eingeschätzt werden können.

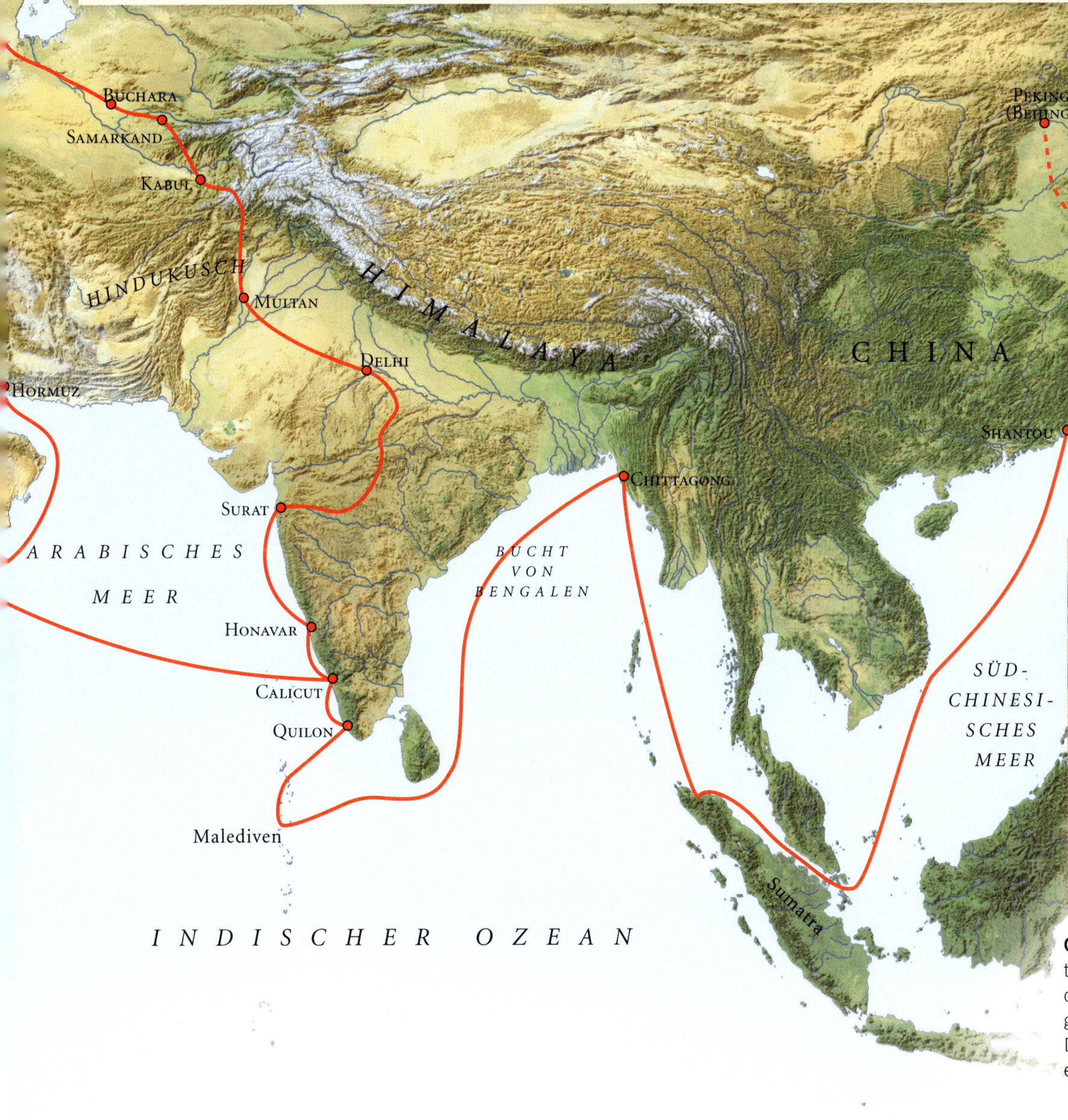

LESESTOFF

Die Reise des Arabers Ibn Batuta durch Indien und China.
Hans von Mžik

Die Reisen des Ibn Battuta.
Horst Jürgen Grün (Herausgeber)

Der geheime Name Gottes.
Christian Robert Lange

Oben: Wie vor ihm Marco Polo im 13. Jahrhundert profitierte Ibn Battuta von der mongolischen Eroberung Asiens, die 1206 begonnen hatte. 1227 erstreckte sich das Mongolische Reich auf Zentralasien und einen Großteil Chinas. Dank der politischen Stabilität konnten nun wie nie zuvor ehemals feindliche, abgelegene Regionen bereist werden.

Map labels: BUCHARA, SAMARKAND, KABUL, HINDUKUSCH, MULTAN, DELHI, HIMALAYA, HORMUZ, ARABISCHES MEER, SURAT, BUCHT VON BENGALEN, HONAVAR, CALICUT, QUILON, MALEDIVEN, INDISCHER OZEAN, Sumatra, CHITTAGONG, SÜD-CHINESISCHES MEER, CHINA, SHANTOU, PEKING (BEIJING), GELBES MEER, HANGZHOU

PAUSANIAS
Das antike Griechenland entdecken

Über das antike Griechenland wissen wir viel durch den griechischen Schriftsteller Pausanias. Er lebte im 2. Jahrhundert n. Chr., stammte wohl aus Kleinasien, war ungewöhnlich weitgereist und hatte einen großen Teil des Nahen Ostens, Ägypten, Süditalien und Rom besucht. In Erinnerung blieb er jedoch wegen seiner Reisen auf dem griechischen Festland, von denen er in dem zehnbändigen Werk *Periegesis*, die »Beschreibung Griechenlands«, berichtet. Pausanias verfasste viele Exkurse über Landschaften und Naturphänomene, sein Hauptinteresse galt jedoch Gebäuden, Statuen, Monumenten, der Geschichte und der Mythologie – kurz gesagt, der antiken griechischen Kultur.

»Es gibt nur einen Eingang zur Akropolis. Mehr sind nicht möglich, weil sie überall steil abfällt ... Das Tor hat ein Dach aus weißem Marmor, und bis zum heutigen Tag kommt nichts ihrer Schönheit und der Größe ihrer Steine gleich.«
Pausanias, Periegesis, Buch 1

Ein Historiker der Vergangenheit

Offensichtlich verfasste Pausanias seine Beschreibung Griechenlands vor allem deshalb, weil er sich als Grieche nicht nur der zahlreichen Errungenschaften seines Volkes bewusst war, sondern auch des Ausmaßes, in dem die griechische Welt von Rom überschattet wurde, das sie 133 v. Chr. ganz erobert hatte. Er schrieb einen außergewöhnlich detaillierten Augenzeugenbericht, einen unschätzbaren Führer für moderne Historiker und Archäologen. Hierzu ein Beispiel: Eine verlorene Statue der Hera in Argos in Argolis, die von einem der bedeutendsten Künstler des 5. Jahrhunderts v. Chr., Polykleitos, geschaffen wurde, ist lediglich aus Pausanias' Beschreibung (»sie ist riesig, aus Gold und Elfenbein ...«) bekannt. Da all seine anderen Beschreibungen von Kunstwerken erwiesenermaßen absolut korrekt sind, gibt es keinen Grund, dies nicht auch von dieser Statue anzunehmen.

Merkwürdigerweiser blieb Pausanias' Beschreibung Griechenlands bis vor rund hundert Jahren fast gänzlich unbekannt. Im 19. Jahrhundert lehnten Wissenschaftler, die das Werk kannten, es fast unisono als von geringem oder keinem Wert ab. Pausanias hatte jedoch Tempelbauten (**oben**), viele von ihnen so imposant wie die Akropolis in Athen (**oben links**), und Heerscharen von Statuen (**links**) akribisch verzeichnet.

Nach Rom mit Hannibal
Über die Alpen

Hannibal (um 247 bis ca. 183 v. Chr.) kämpfte nach dem Tod seines Vaters, Hamilkar Barkas, und seines Schwagers Hasdrubal als karthagischer Feldherr 221 v. Chr. gegen die Römer auf der Iberischen Halbinsel. Um ihn wieder zurück nach Karthago zu drängen, begann Rom 218 v. Chr. den Zweiten Punischen Krieg. Hannibal zog jedoch nach Norditalien und unterwarf auf diesem Feldzug gallische Stämme, die ihn später in der Po-Ebene unterstützten. Hannibals Geschick, auf feindlichem Territorium zu kämpfen, kulminierte in der legendären Überquerung der Alpen im September 219 v. Chr.

»Wie viel schwerer die Niederlage von Cannae im Vergleich zu den vorhergehenden war, sieht man am Verhalten von Roms Verbündeten; vor diesem schicksalhaften Tag war ihre Loyalität ungebrochen, nun begann sie aus dem einfachen Grund, dass sie an der römischen Macht zweifelten, zu wanken.«
Polybius

Nach Italien

In Norditalien besiegte Hannibal den römischen General Scipio in den Schlachten am Ticinus und an der Trebia. Nach der Überquerung des Apennins verlor er jedoch am Arno einen Großteil seiner Truppen und seine Elefanten. Hannibal wollte trotzdem nicht aufgeben: Er kämpfte weiter, vernichtete 217 v. Chr. am Lago Trasimeno das römische Heer des Gaius Glaminius und verwüstete die Campania und Apulien. Im folgenden Jahr erzielte er einen wichtigen taktischen Sieg bei Cannae in einer der blutigsten Schlachten der Geschichte. Hannibals zahlenmäßig unterlegene Armee vernichtete die 70 000 Mann starken Truppen der Konsuln Varro und Paullus. Teile Italiens hielten nun zu Hannibal, dennoch konnte er Rom aufgrund schwindender Truppen, fehlender Verstärkung aus Karthago, ungeeigneter Belagerungswaffen und des Zögerns der italienischen Stadtstaaten, ihn voll zu unterstützen, nicht angreifen. Im folgenden Zermürbungskrieg erreichte Rom, dass Hannibal nur mehr zu kleineren Gefechten fähig war.

Schlacht

218 überquert Hannibal die Alpen

ALPEN

Ticinus 218

TURIN

Po

Trebia 218

GALLIEN

Rhône

NARBO

ARRETIUM

ADRIA

Trasimenischer See 217

Tiber

ROM

CANNAE

Ebro

KORSIKA

CAPUA

SPANIEN

TARENTUM

SARDINIEN

CROTON

Saguntum 219 SAGUNTUM

MITTELMEER

CARTAGENA

SIZILIEN
SYRAKUS

KARTHAGO

Zama (Hannibal kehrt nach Karthago zurück und wird von Scipio Africanus besiegt)

Rechts: Mit 40 000 Mann Infantrie, 10 000 Mann Kavallerie und 40 Elefanten überquerte Hannibal im September 219 v. Chr. die Alpen und trotzte dem rauen Wetter sowie dem Hinterhalt und den Angriffen der ansässigen Stämme.

DER ERSTE KREUZZUG
Die Rückforderung des Heiligen Landes

Der Erste Kreuzzug entzündete einen periodischen, häufig gewälttätigen Konflikt zwischen dem christlichen Westen und dem muslimischen Osten, der Jahrhunderte dauern sollte. Er begann im Jahr 1096 als Reaktion auf einen Appell Papst Urbans II., die orthodoxen Christen des angeschlagenen Byzantinischen Reiches zu schützen und Palästina – das Heilige Land – von der muslimischen Herrschaft zu befreien. Der Kreuzzug war religiös begründet, aber auch durch interne Rivalitäten, politisches Kalkül und territoriale Begehrlichkeiten getrieben. Absurde und brutale Szenen spielten sich ab, als sich der Zug von Armeen durch Europa mühte und sich seinen Weg durch den Nahen Osten kämpfte.

Es dauerte fast ein Jahr, bis Jerusalem (**oben**) fiel. Besatzer und Besetzte litten gleich unter Hunger und Durst. Als die Stadt schließlich am 15. Juli 1099 erstürmt wurde, folgte ein blutiges Gemetzel. Fast die gesamte Bevölkerung – Muslime, Juden und Christen – wurde von den Kreuzzüglern in einem wahren Blutrausch ermordet (**rechts**).

Der Volkskreuzzug

Urbans Aufruf zum Kreuzzug im November 1095 im französischen Clermont war die Antwort auf eine dringende Bitte des byzantinischen Kaisers Alexios I. Komnenos um militärische Hilfe gegen die muslimischen Seldschuken – diese hatten die Byzantiner aus Kleinasien vertrieben. Die Reaktion erfolgte sofort und war überwältigend. Neben Adeligen und Rittern, die meist aus Frankreich und dem Rheinland kamen, sammelte sich eine unglaubliche Schar von Bauern, Städtern, Dienern, Wanderarbeitern, Mönchen, Frauen und Kindern, die das »Kreuz nahm« und sich in zwei Wellen auf den Weg machte. Obwohl der Papst die christlichen Heere aufgerufen hatte, am 15. August zu Mariä Himmelfahrt aufzubrechen, zog der Volkskreuzzug unter Führung des charismatischen französischen Mönchs Peter der Einsiedler schon im April los. Der Marsch führte über Land von Köln zur Donau, nach Ungarn und Serbien und ließ eine Spur der Verwüstung hinter sich. Als der riesige wilde Haufen am 1. August Konstaninopel erreichte, wurde er von Kaiser Komnenos sofort über den Bosporus nach Kleinasien verschifft. Dort wurde der Volkskreuzzug nach brutalen Gefechten am 21. Oktober von den Seldschuken aufgerieben.

Links: Die Kreuzritter gründeten christliche Staaten – Edessa, Tripolis, Antiochia und Jerusalem –, denen neu erbaute massive Festungen, wie das spektakuläre Craq des Chevaliers, geringen Schutz boten. Der Fall des Craqs 1291 beendete die kurze Epoche der Herrschaft der Kreuzritter.

»Lasst jene, die gegen ihre Brüder und Verwandten gekämpft haben, nun auf richtige Weise gegen die Barbaren kämpfen. Lasst jene, die gegen geringen Lohn als Söldner dienten, nun ewigen Lohn erhalten.«
Urban II., Synode von Clermont, 1095

Rechts: Die Synode von Clermont im Jahr 1095 war entscheidend für die Entwicklung eines selbstbewussten Christentums. Die sich häufig befehdenden, neu entstehenden unabhängigen Staaten des mittelalterlichen Europas waren durch den gemeinsamen christlichen Glauben geeint und schuldeten ihrem geistigen Führer, dem Papst, treue Gefolgschaft. Die gemeinsame Feindschaft gegenüber der technisch fortgeschritteneren muslimischen Welt sollte jahrhundertelang identitätsstiftend wirken.

Der Erste Kreuzzug

Im großen Gegensatz zum zunehmend chaotischen und zerstörerischen Volkskreuzzug war der Erste Kreuzzug des Kreuzritterheeres besser geplant und militärisch erfolgreicher. Das nie mehr als 10 000 Mann starke, am Ende auf etwas über 1500 Mann geschrumpfte Heer war keine geschlossene Armee, sondern zog in vier Hauptgruppen über unterschiedliche Überlandrouten nach Konstantinopel. Dort kam es zwischen Oktober 1096 und Mai 1097 an und verband sich mit den Überlebenden des Volkskreuzzugs. Zwischen den Kreuzrittern und Alexios I., der von ihnen verlangte, den Lehnseid zu schwören, bevor er sie ausstatten und belohnen wollte, herrschten erhebliche Spannungen. Dennoch war der Kreuzzug außerordentlich erfolgreich, zum großen Teil auch dank der internen Spaltung der Muslime, die nur selten Streitkräfte vereinen konnten. Schließlich nahmen die Kreuzritter 1097 Nicäa, 1098 Antiochia und 1099 Jerusalem ein.

LESESTOFF

Geschichte der Kreuzzüge.
Hans Eberhard Mayer

Die Eroberung Jerusalems im Jahre 1099.
Guy Lobrichon

Der Heilige Krieg der Barbaren. Die Kreuzzüge aus Sicht der Araber.
Amin Maalouf

NORDSEE

ENGLAND

HEILIGES RÖMISCHES REICH

POLEN

KÖNIGRREICH-FRANKREICH

Regensburg

Wien

UNGARN

Lyon

Vienne

SCHWARZES MEER

KORSIKA

Rom

Durazzo

Ochrida (Ohrid)

BYZANTINISCHES REICH

Konstantinopel (Istanbul)

Bari

Brindisi

Nicäa

SARDINIEN

EN

Caesarea

Tarsus

Antiochia

M I T T E L M E E R

KRETA

ZYPERN

Tripolis

SELDSCHUKEN REICH

Damaskus

Jaffa

Jerusalem

DER MARSCH AUF ROM
Mussolinis Übernahme Italiens

Massenstreiks, eine Regierungskrise und ein drohender Bürgerkrieg in Italien reichten dem Faschistenführer Benito Mussolini als Begründung, um auf einer Versammlung in Neapel am 24. Oktober 1922 den Marsch auf Rom und seine Machtübernahme anzukündigen. In einem geschickten Schachzug zog er sich nach Mailand zurück. Zuvor befahl er seinen berüchtigten paramilitärischen Truppen, den Schwarzhemden, im ganzen Land strategische Ziele zu besetzen und so das Feld für einen möglichen Putsch zu bereiten.

Am 26. Oktober warnte man den liberalen Premierminister Luigi Facta vor Mussolinis Plänen. Facta war jedoch nicht überzeugt und ging davon aus, die Macht mit Mussolini teilen zu können. Dennoch rief er angesichts der Schwarzhemden, die sich vor Rom versammelten, den Belagerungszustand aus. König Vittorio Emanuele III. verweigerte jedoch das erforderliche Notstandsdekret, weil er fürchtete, dass ein geschwächter Facta einen Bürgerkrieg nicht verhindern könnte, zudem sah er in Mussolini keine Bedrohung, da er von hohen Wirtschaftsleuten, dem Militär und den Konservativen unterstützt wurde.

Links: Der »Marsch auf Rom« war reine Propaganda. Mussolini übertrieb maßlos die Zahl der damals in Rom befindlichen Schwarzhemden. Nach seiner Amtseinführung am 31. Oktober marschierten seine Anhänger jedoch in einer pompösen Parade.

Links: Angeblich drangen fast 40 000 von Mussolinis Schwarzhemden zwischen dem 27. und dem 29. Oktober 1922 auf Befehl des Führers der Faschistischen Partei in Rom ein. Sie trafen dabei auf geringen Widerstand. Am 29. Oktober rief König Vittorio Emanuele Mussolini an und bot ihm an, eine neue Regierung zu bilden.

Eine legale Machtübernahme

Beim »Marsch auf Rom« marschierten vom 27. bis 29. Oktober 1922 rund 40 000 Schwarzhemden ohne Widerstand in Rom ein. Am 28. Oktober verweigerte der König Facta die Unterstützung, am folgenden Tag erteilte er Mussolini am Telefon die Erlaubnis zur Regierungsbildung. Mussolini bestand auf einem diesbezüglichen Telegramm, das auftragsgemäß geschickt wurde. Mussolinis »Marsch auf Rom« war jedoch reine Propaganda gewesen: Er war nicht in die Stadt marschiert, sondern in Begleitung von Hunderten Anhängern erster Klasse mit dem Zug von Mailand gekommen. Am 30. Oktober von Scharen von Schwarzhemden empfangen, machte er sich daran, eine neue Regierung zu bilden.

Auch wenn der »Marsch auf Rom« reine Propaganda war, so markierte er doch den Beginn von Mussolinis faschistischer Herrschaft in Italien. Es war keine Eroberung oder ein Putsch, sondern eine verfassungskonforme Machtübergabe durch den König, die Mussolini 1922 zum italienischen Premierminister machte. Ab 1925 herrschte er als Duce (»Führer«) einer Diktatur, bis er 1943 während der Invasion der Alliierten von seiner eigenen Regierung abgesetzt wurde.

DER KLONDIKE-GOLDRAUSCH
»Gold! Gold! Im Klondike!«

Nachdem George Carmack 1869 im Bonanza Creek einen großen Goldnugget gefunden hatte, stürmten über 100 000 Goldsucher zu Kanadas Goldfeldern im Yukon-Territorium. Weniger als die Hälfte schaffte es – aber die Claims waren schon abgesteckt. Entlang der Strecke entstanden Versorgungssiedlungen, und am Zusammenfluss von Yukon und Klondike explodierte Dawson City zur mit 40 000 Einwohnern größten Stadt nördlich von San Francisco. Doch viele *miners* zogen weiter, als 1899 Gold in Alaska gefunden wurde. Der Klondike-Goldrausch erbrachte 50 Millionen Dollar und nur wenigen wirklichen Reichtum. In dieser wilden, gesetzlosen Zeit sorgten die Mounties für Ordnung.

Links: Der über 50 Kilometer lange Chilkoot Trail von Dyea, Alaska, nach Bennett in British Columbia war ursprünglich ein Weg der Tlingit-Indianer. Als der Goldrausch begann, überprüften kanadische Mounties, ob jeder Goldsucher seine erforderliche, ein Jahr reichende »Tonne Ausrüstung« dabei hatte.

Oben: In Dawson City stehen noch immer bunte Holzhäuser, und auch Gold wird noch geschürft – die Touristen bringen jedoch mittlerweile mehr ein. Zudem kann man in Diamond Tooth Gertie's Saloon Cancan-Girls bewundern, sich an Schautafeln über Jack London informieren und selbst Gold waschen.

Zu den Goldfeldern

Die Goldsucher kamen über Land von Edmonton, mit dem Boot auf dem Yukon von West-Alaska, meist jedoch per Schiff von Seattle oder Vancouver bis in das winzige Skagway, wo sie mühselig über den Chilkoot oder White Pass Trail und weiter den Yukon hinab zogen. Skagways für den Bergbau gebaute Schmalspurbahn ist heute eine Touristenattraktion. Noch immer kann man über den Chilkoot Trail wandern und dabei die Wanderrouten der Karibus queren, dem Klondike Highway folgen, in Whitehorse, das nach den Stromschnellen des Yukon heißt, die dreigeschossigen »Blockhaus-Wolkenkratzer« oder im Kluane National Park die fantastische Eiszeit-Natur bewundern. Vom Lake Laberge entfernt sich der Highway vom Yukon bis Dawson City, dem »Paris des Nordens«.

ALASKA

Yukon

YUKON-TERRITORY

DAWSON CITY
Klondike

Kluane National Park

Pelly

Yukon

Lake Laberge
WHITEHORSE

DYEA
SKAGWAY
JUNEAU

ST. MICHAEL

NUNIVAK

GOLF VON ALASKA

KODIAK

Peace

KANADA

ALEUTEN

Reine Schiffsroute
Kanadische Überlandroute
Skagway/Dyea-Route

VANCOUVER
VICTORIA
SEATTLE

WESTWARD HO!
Die Trails nach Westen

Ab der Unabhängigkeit 1789 befeuerte ein permanenter Drang in den scheinbar unberührten Westen die amerikanische Expansion. 1840 hatte sich die Westgrenze Amerikas bis zum Mississippi verlagert. In den folgenden 30 Jahren zog ein wachsender Strom von Siedlern – Bauern, Prospektoren, Geschäftsleute, Herumtreiber, Träumer – auf unsicheren Wegen über den Mississippi, durch die Great Plains zu den Rocky Mountains und weiter zum Pazifik. Vor der Vollendung der transkontinentalen Eisenbahn 1869 rumpelten die Trecks mit von Ochsen gezogenen Planwagen sechs Monate lang nach Westen, kämpften gegen die Elemente, Hunger, Durst und zunehmend feindlich gesinnte Indianer. Tausende kamen schließlich im Westen an, doch wohl zehn Prozent verloren unterwegs ihr Leben.

Oregon Trail und California Trail

Zwar führten mehrere Wege nach Westen, die beiden ebenso mühseligen wie langen Hauptrouten waren jedoch der Oregon Trail und der davon nach Süden abzweigende California Trail. Der Oregon Trail führte nach Nordwesten in die heutigen US-Bundesstaaten Oregon und Washington, der California Trail in das zentrale Kalifornien. Sie begannen wie fast alle Trails in Missouri. Der rund 3200 Kilometer lange Treck war fast immer noch härter, als es sich selbst größte Pessimisten vorstellten – ein fast unerträglich langsamer, scheinbar endloser Zug Richtung Westen.

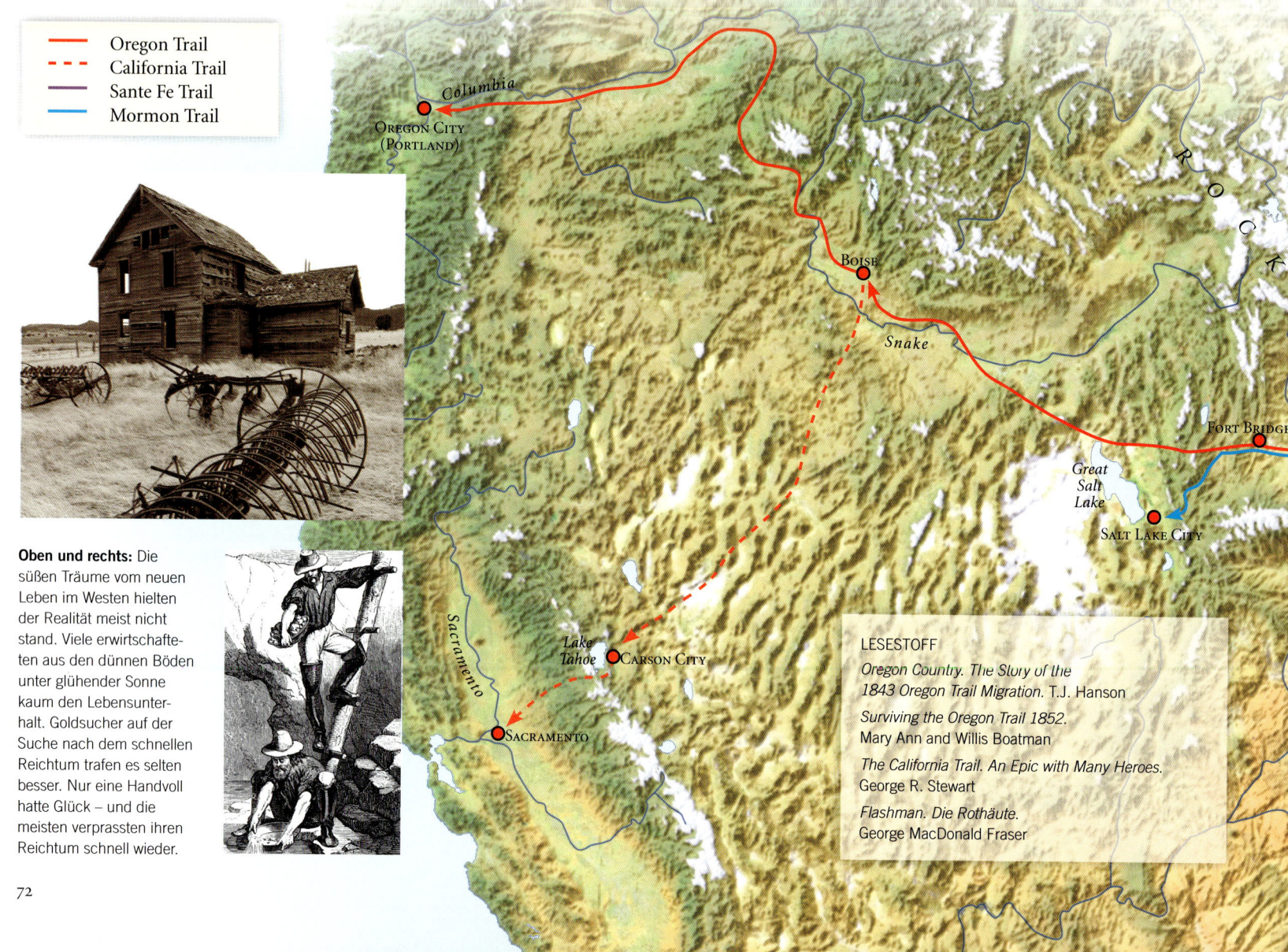

——	Oregon Trail
- - -	California Trail
——	Sante Fe Trail
——	Mormon Trail

Columbia

OREGON CITY
(PORTLAND)

BOISE

Snake

R
O
C
K

FORT BRIDGE[R]

*Great
Salt
Lake*

SALT LAKE CITY

Sacramento

*Lake
Tahoe* CARSON CITY

SACRAMENTO

Oben und rechts: Die süßen Träume vom neuen Leben im Westen hielten der Realität meist nicht stand. Viele erwirtschafteten aus den dünnen Böden unter glühender Sonne kaum den Lebensunterhalt. Goldsucher auf der Suche nach dem schnellen Reichtum trafen es selten besser. Nur eine Handvoll hatte Glück – und die meisten verprassten ihren Reichtum schnell wieder.

LESESTOFF

*Oregon Country. The Story of the
1843 Oregon Trail Migration.* T.J. Hanson

Surviving the Oregon Trail 1852.
Mary Ann and Willis Boatman

The California Trail. An Epic with Many Heroes.
George R. Stewart

Flashman. Die Rothäute.
George MacDonald Fraser

Empfohlener Proviant
für den Oregon Trail
(pro Erwachsener):

Mehl 68 kg
Maismehl 9 kg
Speck 23 kg
Bohnen 7 kg
Reis 2,25 kg
Zucker 18 kg
Trockenobst 7 kg
Salz 2,25 kg
Kaffee 4,5 kg
Tee 0,9 kg

Hinzu kam das Fleisch von
Bisons, die in großer Zahl
geschossen wurden.

Der Preis für den Weg nach Westen

Der Weg im Wagentreck nach Westen war teuer. Er kostete für eine durchschnittliche Familie rund 1000 US-Dollar zuzüglich 400 US-Dollar für den Wagen. Die in der Regel mehrere hundert Planwagen starken Trecks führte ein gewählter *Wagon Master*, dem ein Scout zur Seite stand, meist ein Indianer. Hinzu kamen häufig bis zu 2000 Stück Vieh und 10 000 Schafe – ein solcher Treck wirbelte eine riesige Staubwolke auf. Auf den Wagen transportierte man Proviant und den Hausstand, kleine Kinder und alte Leute, doch wurden die Wagen oft zurückgelassen, wenn sie zu langsam vorankamen. Manche Siedler ritten, die meisten gingen jedoch zu Fuß. Da man so im Durchschnitt nur rund 15 Kilometer am Tag vorankam, mussten die Trecks unbedingt im Frühjahr losziehen, um vor dem ersten Schnee die Rocky Mountains zu überqueren. Die größten der vielen Gefahren waren Krankheiten, vor allem die Cholera. Die Opfer wurden hastig verscharrt oder einfach ihrem Schicksal überlassen, um den Treck nicht aufzuhalten.

»Es ist unser offensichtliches Schicksal, den uns von der Vorsehung zugewiesenen Kontinent zu überziehen, damit sich unsere jährlich vervielfachenden Millionen frei entwickeln können.«
John L. O'Sullivan, 1845

Rechts: Die Rocky Mountains waren ein riesiges Hindernis – und sehr gefährlich, wie das Schicksal der Donner Party zeigt. Die Gruppe war im Mai 1846 losgezogen, erreichte die Berge viel zu spät und musste ein notdürftiges Camp errichten. Von den 15 Personen, die Mitte Dezember Hilfe holen wollten, überlebten nur sieben, der Rest der Gruppe konnte gerettet werden. Von 87 Teilnehmern des Trecks starben insgesamt 39.

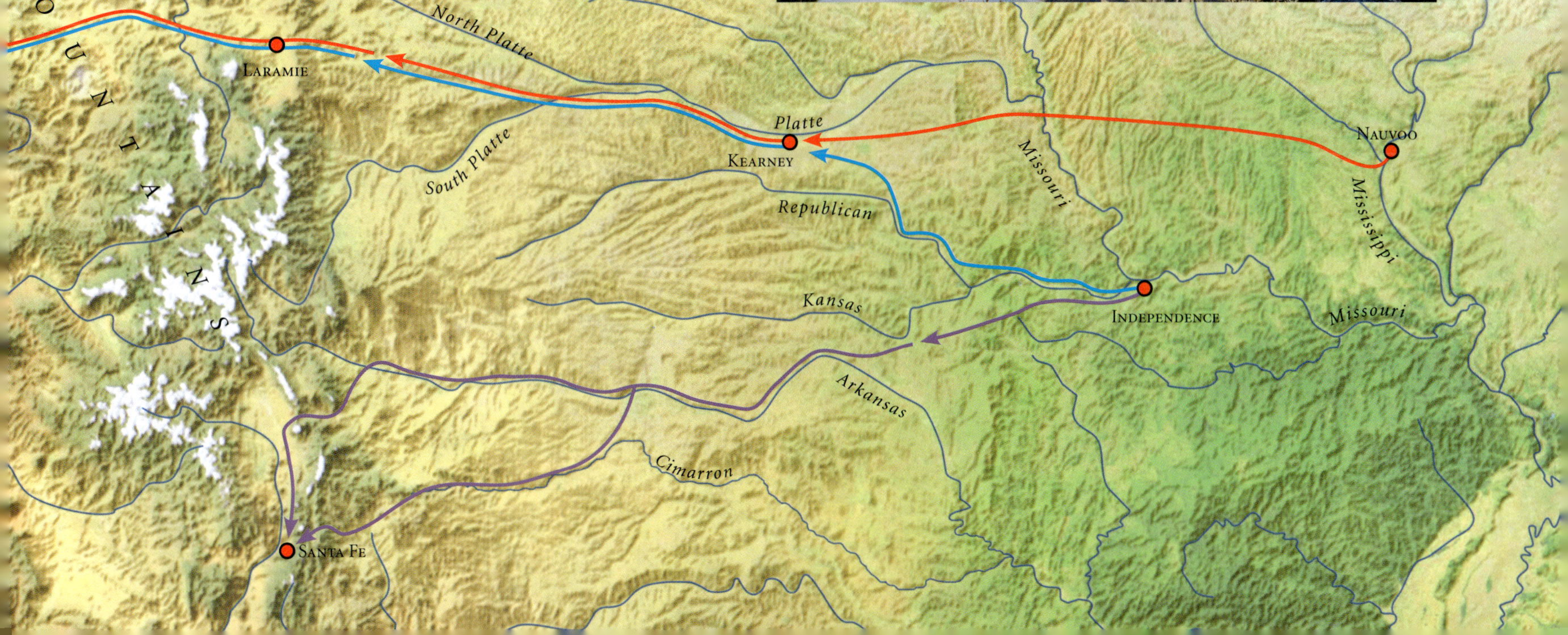

DER LANGE MARSCH
Der Lange Marsch der Roten Armee

Durch den Langen Marsch retteten sich die eingekreisten Truppen der Kommunistischen Partei Chinas in dem grausamen Bürgerkrieg, der China in den 1920er- und 1930er-Jahren erschütterte. Der Gewaltmarsch führte die zerlumpten Überreste der Roten Armee von ihrem Stützpunkt im südchinesischen Jiangxi nach Westen und Norden in das nordchinesische Shaanxi. Er dauerte ein Jahr und fünf Tage und war, zumindest offiziell, rund 12 500 Kilometer lang. Trotz entsetzlicher Verluste – von ursprünglich 86 000 erreichten nur 8000 Soldaten das Ziel – blieben die chinesischen Kommunisten durch den Marsch als Kampftruppe vereint. Zudem stieg ein neuer Mann als ihr Führer auf: Mao Zedong.

Links: Der Lange Marsch barg auf jeden Fall zahllose Gefahren, etwa die Überquerung des Flusses Xiang. 2003 überprüften die Briten Ed Jocelyn und Andrew McEwan die Strecke und kamen zu dem Schluss, dass die Kommunisten etwa 6000, und nicht, wie in offiziellen Berichten angegeben, rund 12 5000 Kilometer zurücklegten.

Der Lange Marsch war für die kommunistische Propaganda Beweis für den unumgänglichen Triumph des Kommunismus über die Nationalisten Chiang Kai-sheks (**links**). Die offizielle Berichterstattung ist jedoch nur teilweise beweisbar, und Maos (**oben**) Rolle ist undurchsichtig. Angeblich kämpfte er sich nicht zu Fuß voran, sondern wurde in einer Sänfte getragen.

Bei der Ankunft in Shaanxi (**oben** und **rechts**) war Mao nach erbitterten internen Machtkämpfen bereits zum unangefochtenen Führer der KP Chinas aufgestiegen. Sein Führungsanspruch blieb danach unumstritten. Maos Herrschaft in China dauerte von 1949 bis 1976 und wurde durch einen grotesken Personenkult unterstützt.

Der Kampf um die Macht

Seit dem Fall der Manchu-Dynastie 1911 tobten in China Unruhen, rangen rivalisierende Gruppen um die Macht, nahmen Chaos und Gewalt zu. Ende der 1920er-Jahre hatte die Nationalpartei Kuomintang unter Chiang Kai-shek eine Vormachtstellung inne. Für Chiang Kai-shek galt es nun, seine einzigen verbliebenen Rivalen zu vernichten, die Kommunisten. Diese wurden ab 1930 aus den Städten in den gebirgigen abgelegenen Süden des Landes vertrieben und waren schließlich im September 1933 von den zahlenmäßig überlegenen Truppen der Kuomintang eingekreist. Angesichts der Verluste an Menschen und Land startete die Erste Rote Armee am 16. Oktober 1934 einen kühnen Ausbruch. Sie wollte sich mit der Zweiten Roten Armee verbinden, die sie in Hubei im Nordwesten vermutete. Diese war jedoch schon auf dem Weg nach Westen – der Lange Marsch hatte begonnen.

Von Jiangxi nach Shaanxi

Die Kommunisten hatten schier überwältigende Schwierigkeiten zu überwinden: Nahrung, Bewaffnung, Unterkunft für die Truppen und die verschiedenen Begleiter des Marsches, darunter viele Frauen und Kinder, mussten beschafft werden, auch war das Terrain nur allzuhäufig fast unpassierbar. Zudem mussten sie gegen die nationalistischen Verfolger kämpfen. Ende November wurden die Kommunisten fast vollständig von den nationalistischen Truppen am Fluss Xiang aufgerieben. Sie verloren 40 000 Soldaten und alle 11 000 Träger. Im folgenden Mai überquerten sie, auf 25 000 Mann geschrumpft, unter ihrem neuen Führer Mao den Jangtse. Der zerlumpte Haufen musste noch durch die eisigen Öden am Rand des Himalayas, bis er endlich am 19. Oktober 1935 Shaanxi erreichte.

»Der Lange Marsch ist ein Manifest. Er hat der Welt kundgetan, dass die Rote Armee eine Armee der Helden ist, während die Imperialisten und ihre Hunde, Chiang Kai-shek und seinesgleichen, unfähig sind. Er hat ihr komplettes Unvermögen gezeigt, uns einzukreisen, zu verfolgen, aufzuhalten und abzufangen.«
Mao Zedong, 1935

LESESTOFF
Maos langer Marsch. Sun Shuyan

Mao. Das Leben eines Mannes, das Schicksal eines Volkes. Jung Chang, Jon Halliday

The Long March. Ed Jocelyn, A. Ewan

NINGXIA

SUIVUAN

BEIJING

Huang He

KOREA

SHAANXI

GANSU

QINGHAI

GELBES MEER

SHAANXI

HENAN

SICHUAN

Jangtse

HUBEI

SHANGHAI

TIBET

LUDING

ZHEJIAN

ZUNYI

HUNAN

JIANGXI

FUJIAN

YUNNAN

GUANGDENG

MYANMAR (BURMA)

GUANGXI

HONGKONG

TAIWAN

VIETNAM

Hainan

SÜD-CHINESISCHES MEER

LAOS

Die im Folgenden beschriebenen zehn Expeditionen über Land beleuchten ein zentrales Element beinahe aller solcher Unterfangen in fast allen Zeiten: Sie erforderten nicht nur großen Wagemut, sondern auch innere Stärke, Zivilcourage und Entschlossenheit. Bei diesen Expeditionen waren in einem schier unvorstellbaren Maß Entbehrungen an der Tagesordnung.

AUF ENTDECKUNGSREISE
Anspruchsvolle Touren für den kühnen Reisenden

Über seine beiden Reisen durch die riesige arabische Sandwüste Rub al-Chali, das »Leere Viertel«, in den Jahren 1946/47 und 1948/49 schrieb der englische Forscher Wilfred Thesiger: »… wir hatten fast ständig Hunger und, schlimmer noch, Durst.« Diese Erfahrung teilte er mit den meisten in diesem Kapitel vorgestellten ungewöhnlichen Personen. Wie fast alle Erforscher der riesigen ariden Einöde im Inneren Australiens litten Edward Eyre, der 1840/41 die Nullarbor Plain, und John Stuart, der 1862 Australien von Norden nach Süden durchquerte, an quälendem Durst, und die Suche nach Wasser bestimmte fast jeden Moment ihrer haarsträubenden Trecks.

Wassermangel war nicht das Problem im Afrika des 19. Jahrhunderts – hier warteten andere Qualen. Tropische Krankheiten und feindliche Einheimische bildeten eine fatale Kombination für Mungo Park, als er 1805 den Niger erforschen wollte: Alle Teilnehmer seiner Expedition starben. Henry Stanleys Durchquerung von Afrika 1876/77 kostete 114 afrikanische Führer, Träger und Soldaten das Leben. John Speke, der 1862 die Quelle des Nils erreichte, durchlitt auf seinen Reisen unglaubliche Entbehrungen, die ihn letztlich wohl derart aus dem Gleis warfen, dass er sich 1864 das Leben nahm.

Die spanische Eroberung der Azteken durch Hernán Cortés 1519 bis 1521 und der Inkas durch Francisco Pizarro 1532 zeigt, dass das Aufeinandertreffen von Europäern und den Bewohnern der Gebiete, die sie »entdeckten«, besonders in der Neuen Welt in der Regel zu Krieg und Unterwerfung führten. Mit Waffen und dem uneingeschränkten Willen, diese brutal einzusetzen, eroberten die Europäer ganze Nationen. Selbst die Expedition von Lewis und Clark an den Pazifik trug im Endeffekt zur Zerstörung von Amerikas indigenen Kulturen bei.

Francisco Pizarro
Ins Zentrum des Inka-Reiches

Die spanischen Erkundungen und Eroberungen in der Neuen Welt bekamen 1521 durch Cortés' Unterwerfung Mexikos entscheidenden Auftrieb. Etwas mehr als zehn Jahre später errang Francisco Pizarro mit der Übernahme des Inka-Reiches in Peru einen noch spektakuläreren Sieg: Innerhalb eines guten Jahres besiegten 188 Spanier einen komplex organisierten Staat mit fünf Millionen Einwohnern. Ihr Erfolg beruhte auf überlegenen militärischen Mitteln – Stahl, Gewehre und Rüstungen gegen schlichte geschärfte Steine und gepolsterte Baumwollpanzer der Inkas – und religiösem Eifer. Der Sieg des skrupellosen, ehrgeizigen Pizarro über die Inkas war so unvermeidlich wie erstaunlich.

Nachdem Atahuallpa tot und Cajamarca gesichert war, zog Pizarro auf der Inka-Straße durch verschiedene beeindruckende Berglandschaften (**unten**) südwärts nach Cuzco, der Inka-Hauptstadt in den Anden (**links**). Dort marschierte er am 15. November 1533 ein. Obwohl der Widerstand gegen die Spanier anhielt, kapitulierte das Inka-Reich. Die 27 Pferde in Pizarros Armee waren für die Inkas unbekannte Tiere. Sie hielten sie für schreckenerregende vierbeinige Menschen.

Das Ende des Reiches

Das hochkomplexe Inka-Reich war als Staat noch nicht einmal hundert Jahre alt und schlecht auf ein zielstrebiges Eindringen vorbereitet. Sein insgesamt über 14 000 Kilometer langes Straßennetz erleichterte das Reisen – aber auch das Vordringen von Pizarro. Das Land war zudem durch den 1525 begonnenen Bürgerkrieg geschwächt und geteilt, darüber hinaus rafften von den Europäern eingeschleppte Krankheiten Menschen aus

allen Klassen dahin. Dennoch erschien die Vorstellung, dass sich eine ganze Nation einer so offensichtlich unzureichenden Truppe wie der von Pizarro ergeben würde, absurd, selbst noch, als er Mitte November 1532 Cajamarca erreichte. Pizarro trat jedoch Atahuallpa gegenüber und nahm den Inka gefangen – er rechnete damit, dass eine solch hierarchische Gesellschaft ohne Führer nicht funktionieren würde. Und er hatte recht. Pizarro forderte ein gigantisches Lösegeld für Atahuallpa: so viel Gold und Silber, wie in einen Raum des Palastes passte. Als es gezählt wurde, ließ Pizarro Atahuallpa ermorden.

Die Gier der Spanier kannte keine Grenzen – für die Inkas war dies unerklärlich. Sie schätzten Gold nur aufgrund seiner dekorativen Eigenschaften und nahmen erstaunt an, dass die *Conquistadores* es als Nahrung wollten. Zudem kam es zu ständigen Spannungen unter den Invasoren, vor allem zwischen den Anhängern Pizarros (**rechts**) und seines einstigen Genossen Diego de Almagro. 1541 wurde Pizarro in Lima (**oben**), der Hauptstadt des spanischen Peru, von Anhängern Almagros ermordet.

Isthmus
von Panama

PANAMA

QUITO

TUMBES

SECHORA-
WÜSTE

CAJA-
MARCA

PAZIFIK

LIMA

CUZCO

Oben: Trotz Pizarros erbarmunglosen Eroberungsdrangs verriet das Inka-Reich nicht all seine Geheimnisse. Die hoch in den Anden gelegene Stadt Machu Picchu blieb den Spaniern während ihrer dreihundertjährigen Herrschaft verborgen – erst 1911 wurde ihre Existenz bekannt. Ihre präzise geschichteten Trockenmauern zeugen von einer beeindruckend hoch entwickelten Technologie.

»Als ich zu schreiben anhob … über die Eroberung und Entdeckung, die unsere Spanier hier in Peru getätigt haben, konnte ich nur wiedergeben, dass ich mit den größten Angelegenheiten umging, über die man in der ganzen Schöpfung schreiben konnte.«
Pedro Cieza de León,
Chroniken von Peru, 1553

Der Marsch nach Cajamarca

Ein erster grundlegender Faktor für Pizarros Erfolg war Spaniens Erkundung des Pazifiks, den Balboa als erster Europäer gesichtet hatte. Dieser überquerte auch 1513 den Isthmus von Panama. Pizarro hatte Balboa begleitet, und es war selbstverständlich, dass ein solch rastloser Mann die Führung bei den folgenden spanischen Vorstößen an der südamerikanischen Pazifikküste übernehmen würde. Das Ziel war »eine Provinz namens Birú«, von der erstmals 1522 berichtet wurde.

Von 1524 bis 1527 führte Pizarro zwei Expeditionen nach Peru, die den Reichtum der Region bestätigten. Im Januar 1531 drang er – diesmal mit königlicher Billigung – ein drittes Mal vor. Nach fast zwei Jahren der Erkundung – und des Zögerns – drang Pizarro im September 1532 von seiner Basis in Tangaiaia am Pazifik ins Landesinnere vor, um dem »göttlichen Inka« Atahuallpain Cajamarca im peruanischen Hochland entgegenzutreten.

LEWIS UND CLARK
Die Suche nach der Südsee

US-Präsident Thomas Jefferson (Regierungszeit 1801–09) war sich der riesigen Weiten des Landes westlich seiner gerade flügge gewordenen Republik überaus bewusst. Und es war ihm nicht weniger klar, dass sich das Schicksal Amerikas wahrscheinlich durch sie entscheiden würde. Diese unermesslichen Regionen mit ihren unerhörten Reichtümern waren auf jeden Fall begehrenswert – auch, weil sie möglicherweise eine neue Route zur Südsee und den Schätzen Asiens bargen. Da es dazu jedoch keine zuverlässigen Informationen gab, beauftragte er 1804 eine Expedition, die dies erkunden sollte. Die zweieinhalbjährige Reise des Discovery Corp, das von den beiden Offizieren Meriwether Lewis und William Clark geführt wurde, sollte das Wissen über den Westen von Grund auf ändern.

Eine anstrengende Reise

Die Teilnehmer der Expedition in unbekannte Regionen überstanden die zwei Jahre und vier Monate dauernde, rund 13 000 Kilometer lange Reise bemerkenswert unversehrt. Als Einziger starb Sergeant Charles Floyd am 20. August 1804 an Blinddarmentzündung.

Der anstrengendste Abschnitt war die erste Überquerung der Rockies – der Bitterroot Mountains – im September 1804, die als »die fürchterlichsten Berge« beschrieben wurden. Die Lage der Erkunder wurde durch Proviantknappheit und erste Schneefälle verschlimmert.

Westlich des Mississippi

Lewis' und Clarks 33-köpfige Expedition startete am 14. Mai 1804 in Camp Dubois am Mississippi, das im äußersten Westen der damals bekannten Frontier gelegen war. Sie reisten zwangweise auf dem Fluss und verbrachten über ein Jahr auf dem Missouri

– auf diese Weise kamen sie schneller und zuverlässiger voran als auf dem Landweg; darüber hinaus lautete ein wichtiges Ziel der Mission, herauszufinden, ob es eine schiffbare Flussroute zum Pazifik gab. Neben der Geografie beschrieb die Expedition in detaillierten Berichten Tiere, Pflanzen und die indianischen Kulturen, auf die sie trafen. Man reiste in drei Booten, einem knapp 17 Meter langen Kielboot und zwei plattbodigen Kanus oder *Pirogen*. Den ersten Winter überstand die Gruppe in der bitteren Kälte von North Dakota in dem hastig gebauten Lager Fort Mandan. Die Umstände und das Terrain zwangen die Teilnehmer bisweilen, auf Pferden zu reiten oder in selbst gebauten Einbäumen zu fahren.

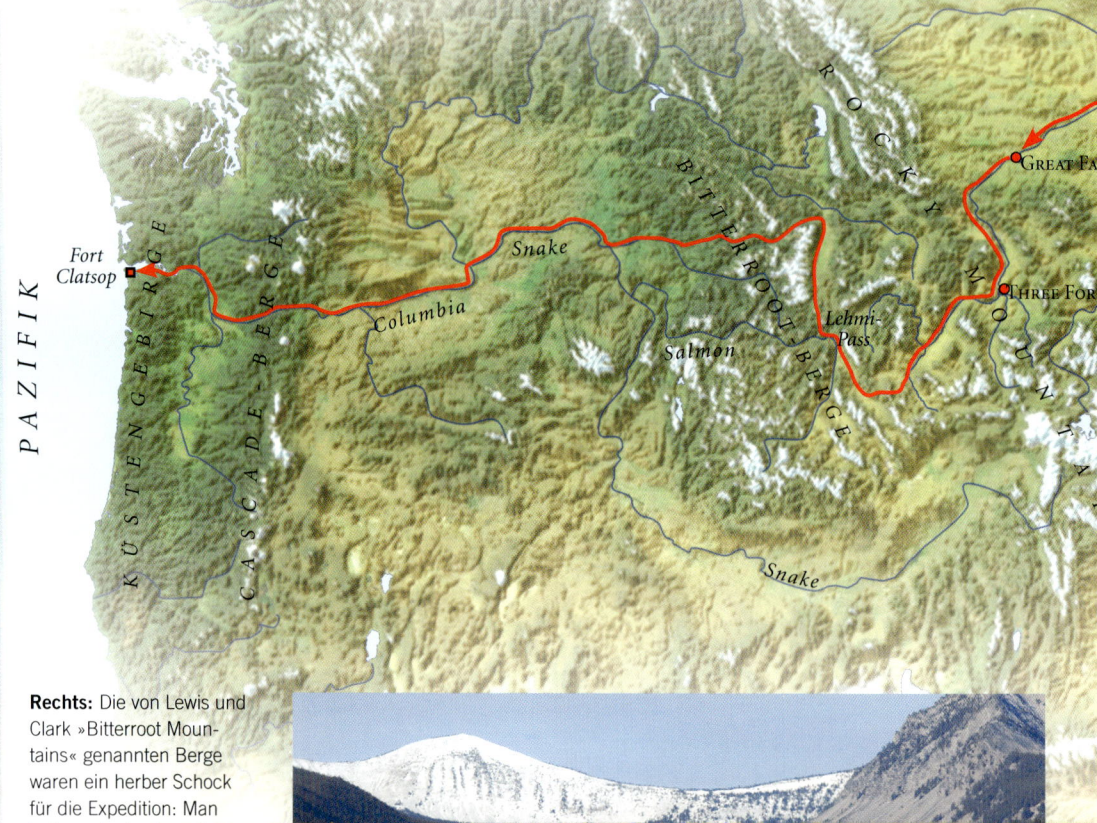

Rechts: Die von Lewis und Clark »Bitterroot Mountains« genannten Berge waren ein herber Schock für die Expedition: Man hatte gedacht, dass die zentralen Ebenen Amerikas – die Plains – sich bis zum Pazifik erstreckten. Doch nun endeten sie plötzlich an den Rocky Mountains, die auf den ersten Blick wie eine unbezwingbare Hürde auf dem Weg nach Westen erschienen.

PAZIFIK · KÜSTENGEBIRGE · CASCADE-BERGE · Fort Clatsop · Columbia · Snake · Salmon · Snake · BITTERROOT BERGE · Lehmi-Pass · ROCKY MOUNTAIN · GREAT FALLS · THREE FORKS

Links: Die Rauheit der nordamerikanischen Landschaft erlebten Lewis und Clark am eigenen Leib in ihrem ersten Winter in den Badlands von North Dakota. Dieser felsige, gnadenlose, im Sommer sengend heiße und im Winter bitterkalte Landstrich zählt bis heute zu den am dünnsten besiedelten Regionen der USA.

Oben: Die Hoffnung, dass der Missouri bis zum Pazifik schiffbar sei, zerschlug sich im Juni 1805, als die Expedition die Great Falls erreichte – fünf Wasserfälle auf einer Strecke von über 30 Kilometern. Es dauerte einen Monat, die Wasserfälle zu überwinden. Dazu mussten die Boote und die Ausrüstung getragen werden.

Rechts: Die Aufnahme aus dem späten 19. Jahrhundert zeigt einen Angehörigen der Blackfeet, die damals durch Krankheiten und Massaker der Weißen bereits dezimiert waren.

Missouri
Yellowstone
Great Plains
Fort Mandan
BADLANDS
PIERRE
Fort Pierre
Missouri
COUNCIL BLUFFS
Mississippi
Camp Dubois
SAINT LOUIS
Missouri

LESESTOFF

Lewis & Clark. Tagebuch einer Entdeckungsreise durch Nordamerika. Hg. Lothar Borowsky

Die große Vision. Thomas Jefferson und der amerikanische Westen. Hartmut Wasser

»Große Freude im Lager, wir erblicken den Ozean, den großen Pazifischen Ozean, den wir so lange sehnsüchtig sehen wollten. Und das Donnern oder Lärmen der Wellen, die sich an der felsigen Küste brechen (nehme ich an), kann man deutlich hören.«
William Clark, 7. November 1805

HERNÁN CORTÉS
In das aztekische Mexiko

Die spanische Eroberung Mexikos 1521 zählt zu den unverfrorensten der Weltgeschichte: Weniger als 600 Mann war die Truppe des visionären, fanatischen Hernán Cortés stark, die eine ganze Nation besiegte. Im Sommer 1519 führte Cortés seine kleine Armee ins Zentrum des aztekischen Mexiko. Jeglicher Widerstand wurde brutal niedergeschlagen, und die besiegten Mexikaner schlossen sich Cortés in Scharen an – diesem wachsenden Heer konnten sich die Azteken nicht widersetzen. Die Eroberung ging jedoch nicht nur glatt voran: Die Spanier waren in der Neuen Welt gespalten, zudem brachte ein Aufstand der Azteken den Siegeszug fast zu Fall. Am Ende war er jedoch so eindeutig wie riskant.

Ein skrupelloser Anführer

Cortés war ein berechnender, skrupelloser, unnachgiebiger Anführer. So versenkte er nach seiner Landung an der Stelle des heutigen Veracruz zehn seiner elf Schiffe, damit die von ihm dort zurückgelassenen Männer ihn nicht »betrügen« und davonsegeln konnten. Er rekrutierte einige Tausend Tlaxcalteken für seine Armee und massakrierte danach seinen Angaben zufolge 3000 Einwohner von Cholula (andere Berichte sprechen von 30 000 Toten). Da ihm Cortés' brutale Absichten nur zu klar waren, blieb dem Aztekenkönig Moctezuma II. wenig übrig, als ihn widerstandslos in die Hauptstadt Tenochtitlán einziehen zu lassen. Weniger als zehn Tage später nahm Cortés Moctezuma gefangen.

Im folgenden Jahr wurden die Spanier durch den Aztekenaufstand vertrieben, und erst ein Jahr später, am 13. August 1521, nahm Cortés die Stadt wieder ein. Zu diesem Zeitpunkt war das von ihm eroberte Gebiet größer als sein Heimatland Spanien.

Oben: Die imposante Pyramide de los Nichos zeugt von der außergewöhnlichen Komplexität der zentralamerikanischen Kulturen. Das Bauwerk aus dem 7. Jahrhundert ist rund 25 Meter hoch und an jeder Seite etwa 35 Meter lang.

Oben: Das Gemälde von 1521 zeigt *Cortés' Einnahme von Tenochtitlan*. Wie später Pizarro gelang es Cortés, eine ganze Nation mit einem anfänglich kleinen Heer – in diesem Fall nur 600 Männer – zu überwältigen.

LESESTOFF

Die Eroberung Mexikos.
Hernán Cortés

Geschichte der Eroberung von Mexiko.
Bernal Díaz del Castillo

Die Azteken. Geschichte - Kultur - Religion.
Hanns J. Prem

GOLF VON MEXIKO

Golf von Campeche

Halbinsel Yucátan

LA HABANA (HAVANNA)

TRINIDAD

KUBA

KARIBISCHES MEER

SANTIAGO DE CUBA

TENOCHTITLÁN (MEXICO CITY)

TLAXCALA

VERACRUZ

Popocatépetl

▲▲ Berggipfel

Golf von Honduras

PAZIFIK

»Vertrauend auf Gottes Größe und kraft Ihrer Hoheit königlichen Namens entschloss ich mich, [den Aztekenhäuptling] zu suchen, wo immer er auch sein mochte.«
Hernán Cortés, 1519

Mungo Park
Westafrika

Ende des 18. Jahrhunderts bot der Lauf des Niger für Europäer ein quälendes geografisches Rätsel. Die Neugierde war zu einem kleinen Teil akademisch, zu einem sehr viel größeren Teil auf Habgier begründet: Es schien naheliegend, die erträumten Schätze aus den legendären Goldgruben Westafrikas auf dem Niger zu transportieren. Der schottische Arzt Mungo Park erkundete den Strom 1795 als erster Europäer und entdeckte bei seiner Anreise vom Fluss Gambia aus über Land zu seinem Erstaunen, dass der Niger nach Osten floss. Auf einer zweiten Expedition 1805 wollte er den Strom bis zur Mündung befahren, doch das Unternehmen endete in der Katastrophe: Park wurde nie mehr gesehen.

Rechts: Erst 1830 konnte Richard Lander zeigen, dass der Niger nach Süden und Westen in den Golf von Guinea floss. Davor glaubte man, dass er entweder irgendwo in der Sahara verdunste, in den Nil flösse oder – wie Mungo Park annahm – in den Kongo. Langsam verschwanden jedoch mehr und mehr die weißen Flecken auf der Landkarte.

Eine gescheiterte Expedition

Die britische Regierung finanzierte Parks zweite Expedition üppig. In Begleitung von 40 Soldaten, vielen Trägern und Führern reiste er erneut vom Gambia an. Als sie nach vier Monaten den Niger erreichten, waren alle bis auf elf Europäer

an der Ruhr oder an Fieber gestorben. Weitere sechs starben, bis Park zusammen mit den vier verbliebenen Soldaten, einem Führer und drei Sklaven, in einem umgebauten, zwölf Meter langen Kanu auf dem Niger ablegte. Erst Mitte der 1820er-Jahre konnten die britischen Forscher Hugh Clapperton und die Brüder Richard und John Lander den Bericht eines einheimischen Führers bestätigen, der als Einziger die Expedition überlebt hatte. Ihm zufolge fuhren Park und seine Begleiter etwa 1600 Kilometer auf dem Strom, bevor ihr Boot auf Grund lief und die Europäer – auch Park – ertranken oder von Einheimischen getötet wurden.

LESESTOFF

Reisen ins innerste Afrika 1795–1806.
Mungo Park

Wassermusik.
T. C. Boyle

Two Rivers. Travels in West Africa on the Trail of Mungo Park.
Peter Hudson

Mungo Park 1771 - 1806. Ein Leben für Afrika.
Kenneth Lupton

Erste Reise 1795–97
Zweite Reise 1805–06

»Ich werde die Segel gen Osten setzen mit dem festen Entschluss, das Ende des Nigers zu entdecken oder bei dem Versuch zu sterben.«
Mungo Park, November 1825

Links und rechts: Westafrika erwies sich für die langsam vorstoßenden Europäer als herbe Enttäuschung. Man entdeckte keinen grenzenlosen Reichtum, sondern verarmte, von Krankheiten geplagte Regionen mit unkooperativen, feindlich gesinnten Bewohnern. Und der Niger war mit seinen zahllosen Untiefen und Stromschnellen für den Fernhandel im Wesentlichen nutzlos.

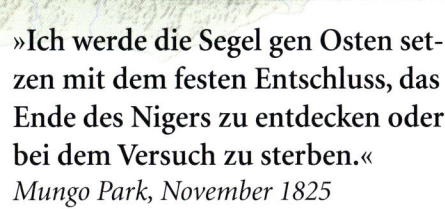

JOHN SPEKE
Die Quelle des Nils

Kein geografisches Rätsel beschäftigte das viktorianische Großbritannien so sehr wie die Quelle des Nils. Diese Frage wurde nicht nur kontrovers diskutiert, sondern entfachte wahre Leidenschaften, furiose Forderungen und wilde Spekulationen. Einerseits wollte man endlich den riesigen weißen Fleck auf der Landkarte füllen, den das äquatoriale Afrika damals darstellte. Andererseits und vor allem war der Nil für Europäer als Geburtsstätte des alten Ägypten fast ein Mythos. Selbstverständlich glaubten nur wenige dem britischen Offizier John Speke, der 1862 den Viktoriasee als Quelle des Nils ausmachte. Erst im April 1875 gelang es Henry Stanley, Spekes Behauptung zu belegen.

Links: Das ruhige Wasser des Viktoriasees verrät nichts von der heftigen Kontroverse über ein »rein« geografisches Problem, und nicht nur das gebildete Bürgertum wurde durch das Drama aufgeschreckt. Burton und Speke entwickelten eine tiefe Feindschaft, und ihr angespanntes Verhältnis war einer der Gründe, warum sich Speke im September 1864 auf einer Jagd in Somerset vermutlich selbst erschoss.

Oben und unten: Der Nil ist zum großen Teil leicht schiffbar. Es war jedoch nur sehr schwer von der afrikanischen Küste aus über Land zu erreichen. Dies gilt besonders für die Zeit nach 1860, als aufgrund der Verbreitung der Schlafkrankheit Tiere für den Transport ausfielen und alle Überlandstrecken zu Fuß bewältigt wurden. Die Europäer waren vollständig abhängig von einheimischen Trägern.

»Der Nil ist bestimmt«

Speke (**links**) reiste zuerst 1857/58 zusammen mit dem legendären Arabienforscher Richard Burton (**unten**) nach Ostafrika. Die beiden erreichten als erste Europäer den Tanganjikasee, den der zeitweise erblindete Speke jedoch nie erblickte. Im August 1858 blieb Burton reiseunfähig im Lager zurück, als Speke nach Norden weiterzog und an das Südufer des Viktoriasees gelangte. Sofort vermutete er in dem Gewässer den Quellsee des Nils.

Mit Unterstützung der Royal Geographical Society kehrte er 1860 mit dem britischen Offizier James Grant zurück und bereiste das Nordufer des Viktoriasees.

Am 28. Juli 1862 erreichte er den von ihm »Ripon Falls« genannten Abfluss des Sees und die wahre Quelle des Nils. »Der Nil ist bestimmt« war denn auch der triumphierende Wortlaut seines ersten Telegramms nach England.

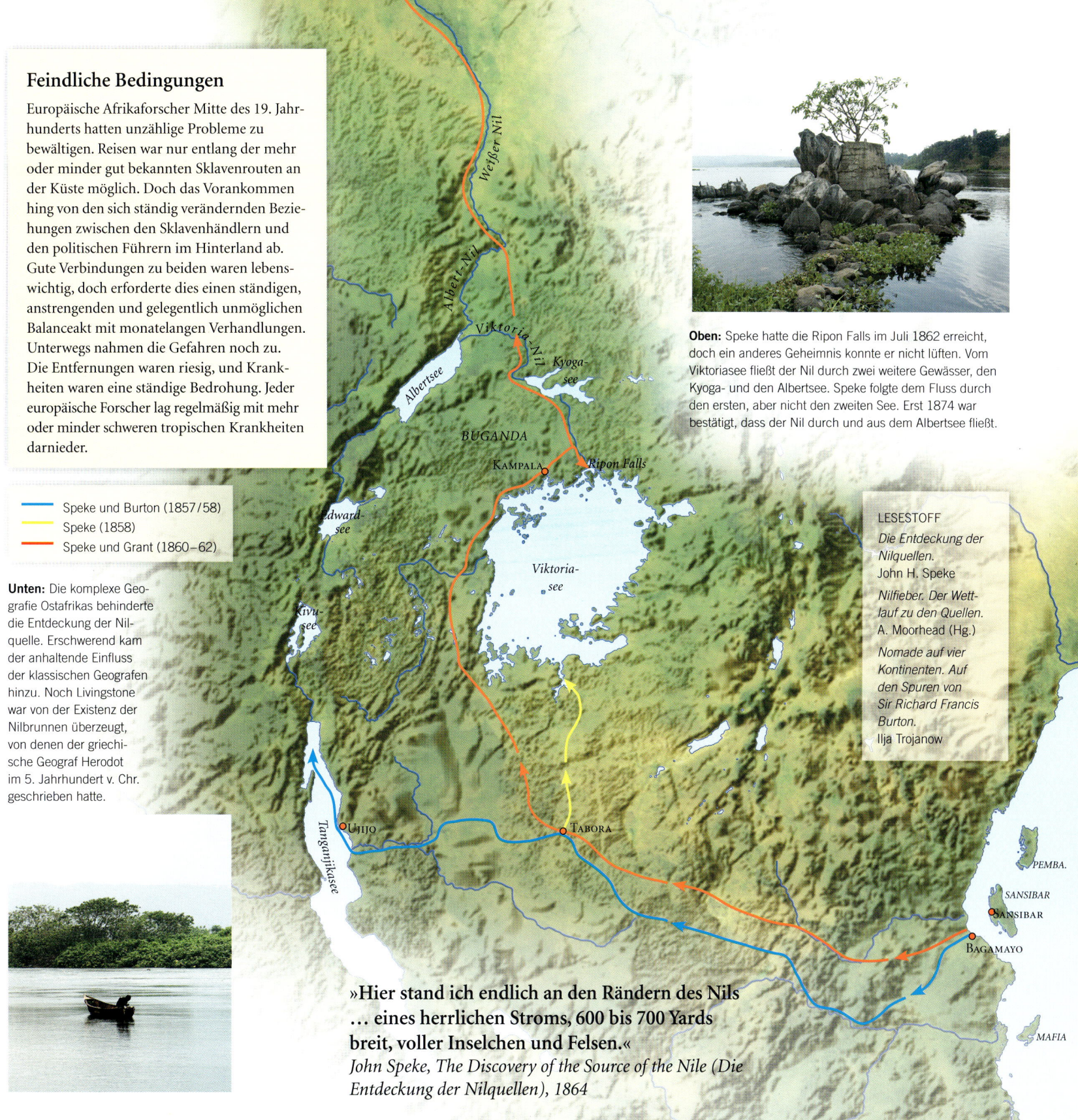

Feindliche Bedingungen

Europäische Afrikaforscher Mitte des 19. Jahrhunderts hatten unzählige Probleme zu bewältigen. Reisen war nur entlang der mehr oder minder gut bekannten Sklavenrouten an der Küste möglich. Doch das Vorankommen hing von den sich ständig verändernden Beziehungen zwischen den Sklavenhändlern und den politischen Führern im Hinterland ab. Gute Verbindungen zu beiden waren lebenswichtig, doch erforderte dies einen ständigen, anstrengenden und gelegentlich unmöglichen Balanceakt mit monatelangen Verhandlungen. Unterwegs nahmen die Gefahren noch zu. Die Entfernungen waren riesig, und Krankheiten waren eine ständige Bedrohung. Jeder europäische Forscher lag regelmäßig mit mehr oder minder schweren tropischen Krankheiten darnieder.

— Speke und Burton (1857/58)
— Speke (1858)
— Speke und Grant (1860–62)

Unten: Die komplexe Geografie Ostafrikas behinderte die Entdeckung der Nilquelle. Erschwerend kam der anhaltende Einfluss der klassischen Geografen hinzu. Noch Livingstone war von der Existenz der Nilbrunnen überzeugt, von denen der griechische Geograf Herodot im 5. Jahrhundert v. Chr. geschrieben hatte.

Oben: Speke hatte die Ripon Falls im Juli 1862 erreicht, doch ein anderes Geheimnis konnte er nicht lüften. Vom Viktoriasee fließt der Nil durch zwei weitere Gewässer, den Kyoga- und den Albertsee. Speke folgte dem Fluss durch den ersten, aber nicht den zweiten See. Erst 1874 war bestätigt, dass der Nil durch und aus dem Albertsee fließt.

LESESTOFF
Die Entdeckung der Nilquellen.
John H. Speke

Nilfieber. Der Wettlauf zu den Quellen.
A. Moorhead (Hg.)

Nomade auf vier Kontinenten. Auf den Spuren von Sir Richard Francis Burton.
Ilja Trojanow

»Hier stand ich endlich an den Rändern des Nils … eines herrlichen Stroms, 600 bis 700 Yards breit, voller Inselchen und Felsen.«
John Speke, The Discovery of the Source of the Nile (Die Entdeckung der Nilquellen), 1864

Weißer Nil
Albert-Nil
Viktoria-Nil
Albertsee
Kyoga-see
BUGANDA
KAMPALA
Ripon Falls
Edward-see
Viktoria-see
Kivu-see
Tanganjikasee
UJIJI
TABORA
PEMBA
SANSIBAR
SANSIBAR
BAGAMAYO
MAFIA

ALFRED RUSSEL WALLACE
In Indonesien

Er ist zwar weitaus weniger berühmt als sein Zeitgenosse Charles Darwin, dennoch leistete der 1823 in Wales geborene Alfred Russel Wallace einen genauso wichtigen Beitrag für die Evolutionstheorie, die er vollkommen unabhängig von Darwin entwickelte. Wie Darwin, dessen erste Ansätze in der Ausarbeitung seiner Theorie auf seiner fünfjährigen Weltreise auf der HMS Beagle erfolgten, war Wallace lang und weit gereist – möglicherweise war er der bedeutendste wissenschaftliche Reisende des 19. Jahrhunderts. Von 1848 bis 1852 hielt er sich am Amazonas auf, bekannter ist jedoch seine Reise im Malaiischen Archipel von 1854 bis 1862. Dort entwickelte er 1858, während er sich von einer Malaria erholte, seine Theorie der natürlichen Selektion.

Natürliche Selektion

Während seiner acht Jahre in Indonesien besuchte Wallace jede große Insel mindestens einmal und legte auf seinen 60 bis 70 Reisen rund 22 500 Kilometer zurück. Nicht weniger eindrucksvoll war die Sammlung, die er bei seiner Rückkehr im Gepäck hatte: neben zwei lebenden Paradiesvögeln »310 Säugetiere, 100 Reptilien, 8050 Vögel, 7500 Muscheln, 13 100 Schmetterlinge, 83 200 Käfer und 13 400 andere Insekten«, insgesamt rund 125 600 Exemplare, von denen über tausend für die Wissenschaft neu waren. Erstaunlicherweise war Wallace Autodidakt. Er hatte schon mit 13 Jahren die Schule verlassen müssen, als sein Vater, ein erfolgloser Anwalt, in wirtschaftliche Schwierigkeiten geriet. In seinen frühen Zwanzigern entdeckte Wallace die Naturgeschichte für sich, und ihre »gigantische Vielfalt« entfachte eine tiefe, andauernde, fast mystische Liebe zur Natur in ihm.

Rechts: Wallace verfocht die Theorie der natürlichen Selektion, glaubte jedoch an einen dahinterstehenden göttlichen Sinn. Er was ein vehementer Gegner des sogenannten Sozialdarwinismus, der soziale Unterschiede ideologisch begründete und Vorrechte als Ergebnis von Tugenden sah. Am Ende seines Lebens war Wallace ein überzeugter Sozialist.

In Darwins Schatten

Ein Schlüsselfaktor in Wallace' Entwicklung der Theorie der natürlichen Selektion war seine Entdeckung, dass die Tiere der westlichen und östlichen Hälfte Indonesiens grundverschieden waren. Im Westen war die Fauna im Wesentlichen asiatisch, im Osten hingegen australisch. Er folgerte daraus, dass die westlichen Inseln einst zur asiatischen Landmasse gehört haben müssen, die östlichen hingegen zum australischen Festland. Diese Unterscheidung ist umso faszinierender, weil die biogeografische Trennlinie, die seitdem »Wallace-Linie« genannt wird, zwischen den Inseln Bali und Lombok verläuft, deren geringste Entfernung nur rund 30 Kilometer beträgt. Dass sich die Unterscheidung auch auf viele Vogelarten erstreckt, war für Wallace ein deutlicher Beleg für deren natürliche Abneigung, selbst relativ schmale Gewässer zu überfliegen.

MALAYSIA

SINGAPUR

Sumatra

Südchinesisches Meer

INDISCHER OZEAN

I N

Javasee

Java

Oben und rechts: Das üppig tropische und farbenprächtige Bali war für Wallace eine besondere Quelle der Inspiration. Mit ihren zahllosen Tier- und Pflanzenarten war die Insel ein veritables Paradies für den Naturforscher. Genau wie Darwin fand Wallace unerschöpfliche Freude an den Wundern der tropischen Landschaften, die niemals zuvor wissenschaftlich erforscht worden waren.

»Wahrheit wird in dieser Welt nur unter Schmerzen und Sorgen geboren, und jede neue Wahrheit wird unwillig aufgenommen. Von der Welt zu erwarten, dass sie eine neue Wahrheit oder auch nur eine alte Wahrheit empfängt, ohne sie anzufechten, ist wie nach einem dieser Wunder Ausschau zu halten, die nicht erfolgen.«
Alfred Wallace, 1913

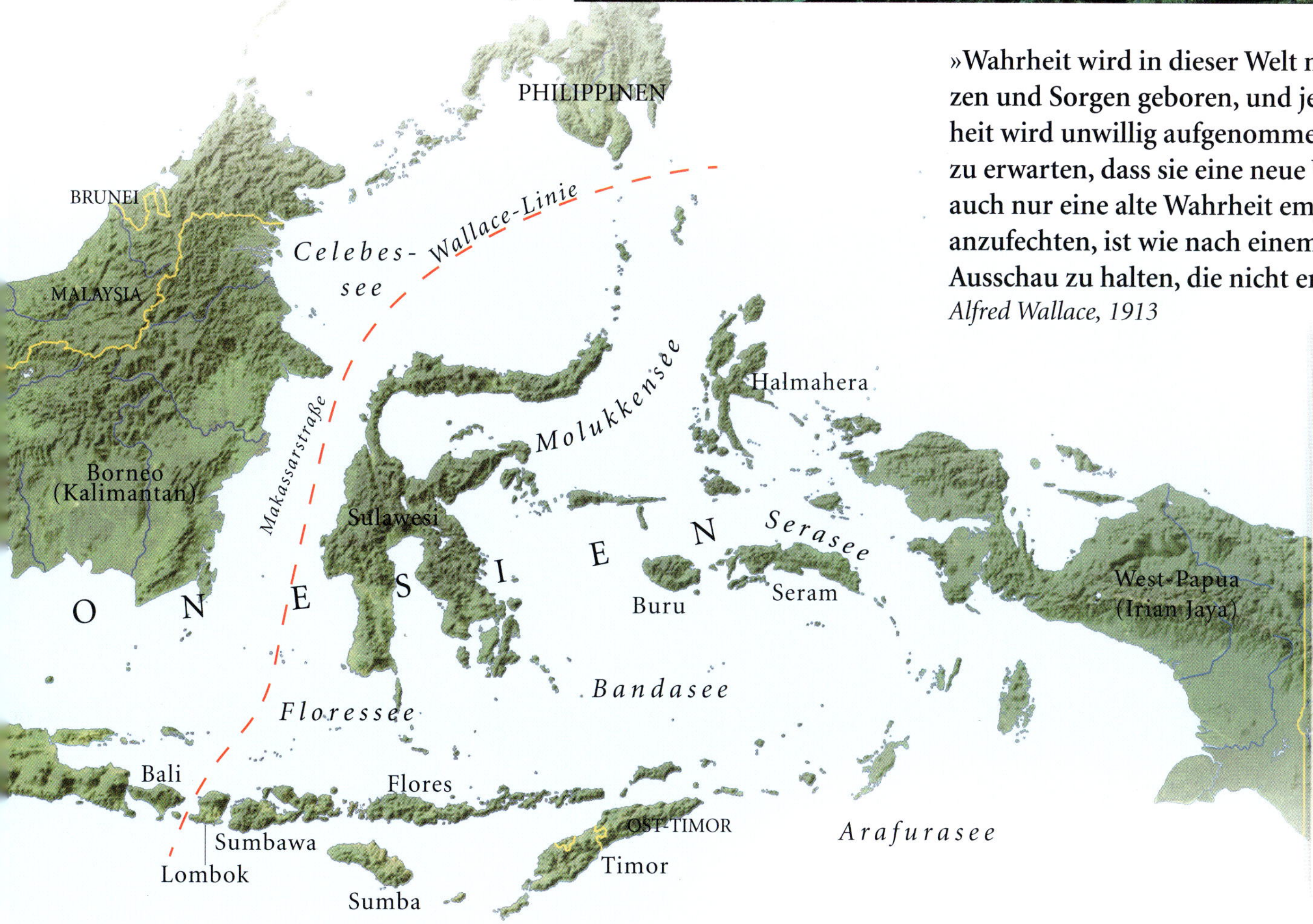

PHILIPPINEN

BRUNEI

Celebes-see

Wallace-Linie

MALAYSIA

Makassarstraße

Borneo
(Kalimantan)

Molukkensee

Halmahera

Sulawesi

Serasee

West-Papua
(Irian Jaya)

O   N   E   S   I   E   N

Buru   Seram

Bandasee

Floressee

Bali

Flores

OST-TIMOR

Arafurasee

Sumbawa

Timor

Lombok

Sumba

LESESTOFF

Die geographische Verbreitung der Thiere.
Alfred Russel Wallace

Der Malaiische Archipel.
Alfred Russel Wallace

In Darwin's Shadow. The Life and Science of Alfred Russel Wallace.
Michael Shermer

Bright Paradise. Victorian Scientific Travellers.
Peter Raby

EDWARD JOHN EYRE
Durch die Nullarbor Plain

Die Erkundung Australiens, die Ende des 18. Jahrhunderts mit vorsichtigen Exkursionen von den ersten Siedlungen im Südosten aus Richtung Hinterland begonnen hatte, offenbarte eine ländliche Idylle, und man nahm an, dass das Zentrum ähnlich einladend sein würde. Dramatische, leidvolle Forschungsreisen im 19. Jahrhundert ergaben jedoch, dass das vermutete Flusssystem schlicht nicht existierte und das Inland eine riesige, feindliche Öde mit Buschland, Wüste und sengenden Temperaturen war, weitgehend unbewohnt und sogar unbewohnbar. Zu den kühnen frühen Pionieren gehörte Edward Eyre. Der erfahrene Forschungsreisende durchquerte 1840/41 die beängstigende Öde der Nullarbor Plain: rund 2000 Kilometer gnadenlose Hitze und ausgedörrtes Buschland.

LESESTOFF

Explorers of Australia.
Geoffrey Badger

In Search of Edward John Eyre.
Geoffrey Dutton

Edward John Eyre. The Hero as Murderer.
Geoffrey Dutton

Waterless Horizons. The Extraordinary Life of Edward John Eyre.
Malcolm Uren and Robert Stephens

Journal of Expeditions into Central Australia.
Edward Eyre

Die Küste entlang

Eyre hatte ein praktisches Ziel: Er wollte herausfinden, ob eine es eine brauchbare Viehroute zwischen Adelaide und dem Westen des Landes gab. Als er am 3. November 1840 aufbrach, wusste er bereits, dass keine zuverlässige Route nach Norden existierte, deshalb entschloss er sich, entlang der Küste der Großen Australischen Bucht zu reisen. Am 7. Januar 1841 erreichte seine Gruppe, zu der neun Europäer, zwei Aborigines, 13 Pferde und 40 Schafe gehörten, nach einem dramatisch erschöpfenden Marsch über widerspenstige Sanddünen die Wasserstellen von Yeer Kumban Kauwe. Eyre erkannte, dass die Gruppe zu groß war, um sicher weiterzukommen. Sie kehrte um und erreichte ihren Ausgangsort, Fowler's Bay, am 23. Februar. Zwei Tage später brachen Eyre, John Baxter und drei Aborigines erneut nach Westen zu einer Expedition auf, die von der immer verzweifelteren Suche nach Wasser dominiert wurde.

Rechts: Eyres spätere Karriere war umstritten. Nachdem er in Neuseeland in der Verwaltung gearbeitet hatte, wurde er Gouverneur von Jamaika. Dort ließ er 1865 den Morant-Bay-Aufstand brutal niederschlagen. Von den über 2000 Jamaikanern, die gegen die wirtschaftlichen Verhältnisse rebellierten, wurden 439 getötet und weitere 354 hingerichtet. Die Empörung in Großbritannien beendete Eyres Karriere.

Nullarbor-Route
Östliche Forschungsreisen
Albany-Freemantle-Route

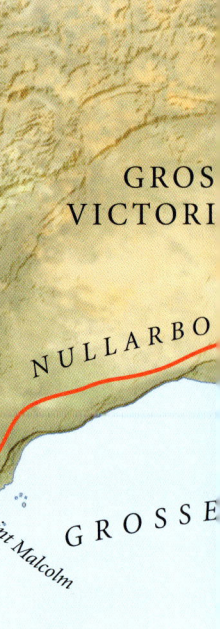

FREEMANTLE

Cape Leeuwin

ALBANY

GROS
VICTORI

NULLARBO

Rossiter Bay
(Lucky Bay)

Point Malcolm

GROSSE

Eyre respektierte die Aborigines (**links**), weil ihm so viele spontan halfen und ihm vor allem zeigten, wo man in den unwirtlichsten Regionen Wasser fand. Er achtete sie aber auch, weil er erkannte, dass das Vorrücken der Europäer nur die Ausrottung der Aborigines bedeuten konnte. »Es ist bedauernswert«, schrieb er, »zu erkennen, dass der Fortschritt und das Wohlergehen einer Rasse zum Untergang und Ruin einer anderen führt.«

»Im wildesten und unwirtlichsten Ödland Australiens ... war ich mit einem Eingeborenen zurückgelassen ... der möglicherweise im Bunde war mit den anderen beiden, die vielleicht gerade jetzt herumschlichen in der Hoffnung, mich zu töten.«
Edward Eyre über den Tod von John Baxter

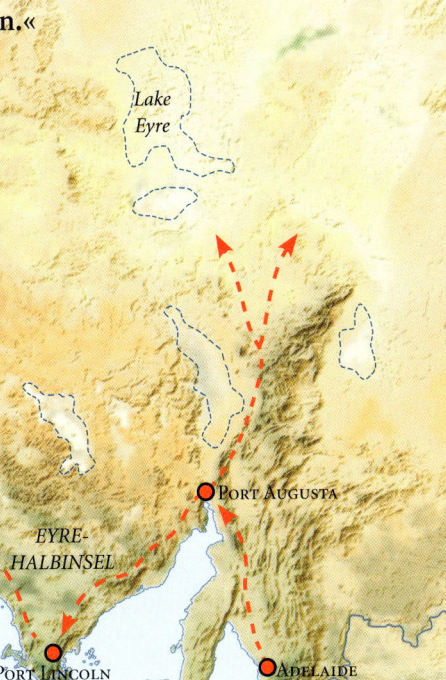

Zum King George Sound

Der Tiefpunkt war am 29. April 1841 erreicht. Grimmige Verzweiflung übermannte die Gruppe, die Tau mit Schwämmen aufsammelte und Wallabys und gebratene Eukalyptuswurzeln (und einmal Adlereintopf) aß. Zwei Aborigines waren schon davongelaufen und mit beschämten Gesichtern zurückgekehrt, nur um fünf Tage später Baxter zu ermorden und sich sterbenshungrig mit den meisten Vorräten davonzumachen. Die Kalksteinfelsen, die sie gerade bezwangen, waren so hart, dass Eyre und der verbliebene Aborigine, Wylie, Baxter nicht einmal verscharren konnten – sie ließen ihn in Stoff gehüllt zurück. Mitte Mai quälten Eyre und Wylie »kriechende Apathie und Dumpfheit«, ihr einziger Trost war eine bekannte Wasserstelle in der Lucky Bay. Doch fanden sie dort keine Quelle, sondern ein französisches Walfangschiff – die Rettung. Nach zwölf Tagen Essen, Trinken und Erholung nahmen sie mit eisernem Willen die letzten rund 500 Kilometer in Angriff. Ironischerweise waren sie nun nicht durch Wassermangel am meisten gefährdet, sondern durch bitterkalten Regen, der sie durchnässte und unterkühlte. Sie erreichten ihr Ziel, den King George Sound, am 6. Juli.

Lake
Eyre

WÜSTE

Yeer Kumban Kauwe
Wasserstellen

PLAIN

Head of Bight

Fowlers Bay

EYRE-
HALBINSEL

○ Port Augusta

AUSTRALISCHE BUCHT

Port Lincoln ●

Adelaide ●

John McDouall Stuart
Von Adelaide nach Darwin

Obwohl man langsam erkannte, dass das riesige Herz Australiens keineswegs so fruchtbar und wasserreich wie die gemäßigteren Küstenregionen, sondern ein durch äonenlange Erosion abgeflachtes Ödland ohne Wasser war, gingen die Entdeckungstouren weiter. Die bedeutendste Figur dieser leidvollen Erkundungen war der Schotte John Stuart, der zwischen 1858 und 1862 sechs große Expeditionen nach Norden ins Zentrum des Kontinents und schließlich durch ganz Australien bis zum Indischen Ozean führte. Seine Motive waren praktischer – die Suche nach einer Route für eine Nord-Süd-Telegrafenverbindung – und geografischer Natur: Mit typisch viktorianischer Entschlossenheit wollte er die immer noch zahlreichen weißen Flecken auf der Karte Australiens beseitigen.

Durch das Herz Australiens

Stuart lernte erstmals 1844/45 bei Charles Sturts Expedition von Adelaide Richtung Norden die gnadenlosen Bedingungen von Überlandreisen im australischen Hinterland kennen. Anstelle des vermuteten großen Binnengewässers fand man damals nur Ödland: Hunger und quälender Durst waren von Beginn an ständige Begleiter und Skorbut die unvermeidliche Katastrophe. Stuart musste sich von diesen Strapazen ein Jahr lang er-

holen. Dennoch erkundete er zwischen Mai 1858 und Januar 1861 auf fünf Expeditionen eine praktikable Route von Adelaide nach Norden und drang langsam nach Alice Springs, über die MacDonnell Ranges nach Tennant Creek und bis Newcastle Waters im Northern Territory vor. Da er eine Route finden wollte, entlang der eine Telegrafenleitung gelegt werden konnte, wurde er von der Regierung unterstützt und konnte am 25. Oktober 1861 zur South Australian Great Northern Exploring Expedition, seiner sechsten und letzten Expedition, aufbrechen. Nach neun Monaten und über 3000 Kilometern quer durch Australien erreichten Stuart und seine Mitstreiter am 24. Juli 1864 den Indischen Ozean.

Tennant Creek (**oben**) war nur wenig mehr als eine ausgetrocknete Wasserstelle, und auch für die Aborigines (**links**) war das Leben hart. Stuart überwand bei der Rückkehr nach Adelaide die letzten rund 1000 Kilometer teilweise erblindet und wurde auf einer Trage geschleppt. Seine Gesundheit war so ruiniert, dass er vier Jahre später 50-jährig starb.

LESESTOFF

Mr Stuart's Track. John Bailey

Explorers of Australia. Geoffrey Badger

The Heroic Journey of John McDouall Stuart. Ian Mudie

John McDouall Stuart. Mona Stuart Webster

DARWIN

Van Diemen Golf

Stuart Point

ARNHEM LAND

Golf von Carpentaria

DALY WATERS

NEWCASTLE WATERS

TENNANT CREEK

Oben: Alice Springs, fast am geografischen Mittelpunkt von Australiens riesigem ariden Ödland gelegen, ist typisch für das unwirtliche Hinterland des Kontinents. Es war nicht das erhoffte »Promised Land«, dennoch wurden 1850 und 1900 mehrere Viehrouten durch den Großteil des Landes angelegt. Zudem konnte trotz der schwierigen Zugänglichkeit der Mineralienschatz der Region ausgebeutet werden.

ALICE SPRINGS

MACDONNELL RANGES

▲▲
Uluru (Ayers Rock)

SIMPSON-WÜSTE

OODNADATTA

Lake Eyre

Lake Torrens

»Hielt die Pferde an, um den Weg frei zu machen, während ich ein paar Yards Richtung Strand vorankam, erblickte ich zufrieden und erfreut die Wasser des Indischen Ozeans im Van Diemen's Golf ... Ich kehrte in das Tal zurück, wo ich meine Initialen (J.M.D.S.) in einen großen Baum geschnitten hatte.«
John Stuart, 24. Juli 1862

MARREE

PORT AUGUSTA

EYRE-HALBINSEL

Spencer-Golf

ADELAIDE

Überleben im Outback

Stuarts Erfolg beruhte auf einer Reihe von bedeutenden Erkenntnissen. Es war überlebenswichtig, schnell voranzukommen, und dies gelang nur mit einer kleinen Gruppe. Auf seiner ersten Expedition 1858 reiste er nur mit zwei Weggefährten, auf den folgenden Expeditionen nahm er nie mehr als zwölf Personen mit. Auch war es unmöglich, das Outback zu Fuß zu überleben, deshalb bestand er auf vielen Pferden. Auf seiner letzten Expedition nahm er nur zehn Männer, aber 72 Pferde mit, von denen 30 eingingen. Erkundungen beschränkten sich auf das Suchen nach der richtigen Route. Unnötige Risiken wurden genauso vermieden wie bewusstes Heldentum – nur das Überleben zählte. Er setzte alles daran, sich die Aborigines nicht zum Feind zu machen, da sie für sein Überleben unabdingbar sein könnten – die Wüste war schon feindlich genug. Darüber hinaus hatte er einen fast genialen Spürsinn für Wasser, das wichtigste Element, um in der grenzenlosen Trockenregion zu überleben. »Ich muss dahingehen, wo mich das Wasser hinführt«, schrieb er.

Oben: Im Inneren Australiens liegen zahllose seichte temporäre Seen, wie dieser in den MacDonnell Ranges. Der größte See Australiens, Lake Eyre, ist meist ausgetrocknet und nur in extrem nassen Jahren aufgefüllt – durchschnittlich in vier von hundert Jahren. Seine maximale, 1974 aufgezeichnete Wassertiefe betrug unter sechs Meter. Zu anderen Zeiten erstreckt sich an seiner Stelle ein salzverkrustetes Ödland mit kleinen, abgestandenen Wasserstellen.

▲▲ Berggipfel

Henry Morton Stanley
Eroberung des Kongo

Henry Morton Stanley wurde nach seinem berühmten Treffen mit Livingstone am Tanganjikasee im Oktober 1871 weltbekannt. 1874 kehrte er nach Afrika zurück und reiste von Sansibar ins Landesinnere. Er wollte den Viktoriasee als Quelle des Nils bestätigen und herausfinden, ob der große Fluss Lualaba, den Livingstone 1871 erreicht hatte, tatsächlich der Kongo war. Deshalb plante er, den Fluss von Zentralafrika bis zu seiner Mündung in den Atlantik zu befahren. Mit diesem erstaunlichen Unternehmen verfolgte Stanley im Gegensatz zu früheren Forschern, die geografischer Wissensdrang und missionarischer Eifer antrieb, eindeutig imperialistische Ziele.

Links: Stanleys Trumpfkarte war das zwölf Meter lange, zerlegbare Schiff Lady Alice. Es leistete ihm entscheidende Dienste bei der Erkundung der Seen und des Kongos. Der Transport des Schiffes durch den Urwald und um die vielen Stromschnellen des Flusses war jedoch ein Albtraum und erschöpfte die Träger zu Tode..

7000 Meilen am Kongo

Stanley war außergewöhnlich zielstrebig und finanziell hervorragend ausgestattet. Er trieb eine riesige Karawane mit 250 Trägern und Führern, die sich fast zu einer »Privatarmee« auswuchs, quer über den ganzen Kontinent. Zuerst umsegelte er erfolgreich den Viktoriasee – wo er an einem Ort mindestens 33 Afrikaner als »Bestrafung« erschoss – und erkundete dann den Tanganjikasee. Danach befuhr er ab November 1876 den Lualaba. Die Bedeutung des Flusses lag auf der Hand: Wenn er tatsächlich der Kongo war, dann würde er einfachen Zugang zu den Reichtümern Zentralafrikas und deren Abtransport bieten. In der Swahili-Siedlung Nyangwe rekrutierte er vom faktischen Herrscher der Region, dem berühmten Skavenhändler Tippu Tip, für 5000 US-Dollar 300 Soldaten, die ihn flussabwärts begleiteten.

Die Karawane durchlitt in den folgenden neun Monaten Entbehrungen, Hunger und Krankheit, wurde wiederholt von bis zu 2000 Mann starken lokalen Truppen angegriffen und musste riesige Wasserfälle überwinden, deren größter, die Livingstone Falls, aus 32 felsigen Stromschnellen besteht. Nach exakt 999 Tagen, über 11 000 Kilometern und 114 Todesfällen erreichte Stanleys Expedition am 5. August 1877 endlich den Atlantik.

»Nur weil ihr Wasungu [Weiße] euer Leben wegwerfen wollt, gibt es keinen Grund, warum wir Araber dies tun sollten ... ihr sucht nur nach Flüssen und Seen und Bergen und vergeudet euer Leben wegen nichts ...«
Tippu Tip zu Stanley

Stanley agierte auf seiner Fahrt den Kongo hinab in vielerlei Hinsicht wie ein Getriebener. Er fegte Hindernisse mit enormer Energie und fast ohne jedes Gefühl für Anstand beiseite.

LESESTOFF
Henry Morton Stanley. Die Biographie. P. Werner Lange

Blood River. A Journey to Africa's Broken Heart. Tim Butcher

Imperial Footprints. Henry Morton Stanley's African Journeys. James L. Newman

WILFRED THESIGER
Durch das Leere Viertel

Arabiens Leeres Viertel, die *Rub' al Chali*, ist die größte Sandwüste der Welt, eine rund 650 000 Quadratkilometer große unberührte aride Wildnis, in der sich gigantische Sanddünen endlos bis zum Horizont erstrecken. In dieser extrem lebensfeindlichen Umwelt gibt es fast keine Überlebenschance – dennoch durchquerte der Brite Wilfred Thesiger, der das 20. Jahrhundert und seine Erzeugnisse zutiefst verabscheute, 1946 und 1949 genau diese öde Landschaft. Ihn lockten nicht nur die unberührte Leere, sondern in gleichem Maße ihre Bewohner, die Bedu, für die er ganz nach seinem Motto »Je härter das Leben, desto feiner die Menschen« höchste Bewunderung hegte.

Flucht aus der modernen Welt

Thesigers Durchquerungen des Leeren Viertels, die er jeweils mit wenigen Bedu unternahm, boten ihm die intensiven Erfahrungen, die er sein Leben lang in unwirtlichen, abgelegenen Regionen und »primitiven« Kulturen suchte. Über der Wüste »lag eine Stille, die wir heute aus unserer Welt vertrieben haben«. Das Überleben hing von einer Handvoll Wasserstellen ab, deren bitteres Wasser fast ungenießbar war. Durst war ein ständiger Begleiter, und der Hunger »fast unaufhörlich«. Nachts fielen die Temperaturen unter den Gefrierpunkt, tagsüber heizte sich der Sand auf sengende 80 °C auf. Entfernungen wurden in »Stunden auf dem Rücken des Kamels« gemessen. Auf seiner ersten Tour mussten ihn seine Begleiter drei Tage auf der Suche

nach Nahrung verlassen. Thesiger, dem Hungertod nahe, verbrachte die Zeit in einem Zustand am Rande des Deliriums. Bei beiden Expeditionen war er sich genau bewusst, dass diese Welt verschwinden würde: Die Wende zum stets Schlechteren konnte nicht aufgehalten werden, und der Reichtum durch Öl würde einen jahrhundertealten Lebensstil beenden. In vieler Hinsicht waren seine beiden Wüstendurchquerungen die letzten reinen Erkundungstouren des 20. Jahrhunderts.

»Diese Reisen im Leeren Viertel wären für mich sinnlose Buße gewesen ohne die Kameradschaft meiner Bedu-Begleiter ... sie begegneten jeder Herausforderung, jeder Not mit dem stolzen Hochmut: ›Wir sind Bedu‹.«
Wilfred Thesiger, The Life of My Choice, 1987

Oben: Thesiger liebte die Leere und die urtümliche Erhabenheit des Leeren Viertels. Je größer die Einsamkeit, desto größer war für ihn die Reinheit und der Wert der Erfahrung. Seiner Meinung nach plünderte die Zivilisation des 20. Jahrhunderts die Welt und ihre Menschen aus.

LESESTOFF

Die Brunnen der Wüste. Mit den Beduinen durch das unbekannte Arabien.
Wilfred Thesiger

Mein Leben in Afrika und Arabien.
Wilfred Thesiger

Im Leeren Viertel.
B. Kirkby, M. Pascher

1946/47
1947/48

ROTES MEER

PERSISCHER GOLF

Straße von Hormus

Golf von Oman

QATAR

VEREINIGTE ARABISCHE EMIRATE

MEDINA

RIAD

SAUDI-ARABIEN

MASKAT

Liwa-Oase

DSCHIDDA   MEKKA

OMAN

ar-Rub' al-Chali (Leeres Viertel)

MUGHSHIN

Dhofar

Hadramout

JEMEN

AL MUKALLA

ADEN

Golf von Aden

INDISCHER OZEAN

Schreiben und reisen passt naturgemäß zusammen. Doch stellen wir an dieser Stelle Literatur vor, die weit über bloße Reisebeschreibungen hinausgeht. Vielmehr geht es um Werke, die den Genius Loci so intensiv einfangen, dass sie den Blick der Leser auf eine Landschaft prägen und diese in der Folge fast unweigerlich zumindest teilweise mit den Augen des Autors gesehen wird.

LITERARISCHE REISEN
Inspiriert von berühmten Schriftstellern

Dieses Kunststück gelang zum Beispiel drei US-Autoren. So prägte Mark Twain durch das bunte, eigenwillige Leben seiner Helden das Bild des Mississippi in der Vorstellung der westlichen Welt so stark, dass der große Strom unauslöschlich mit Huckleberry Finn und Tom Sawyer assoziiert wird. John Steinbeck lieferte eine eindrückliche Darstellung Nordkaliforniens in den zugleich optimischen und verzweifelten 1920er- und 1930er-Jahren. Und Ernest Hemingway schrieb so leidenschaftlich über Spanien, das ihn so sehr faszinierte, dass sich seine Verehrer noch heute auf die Suche nach den Personen und Schauplätzen seiner Bücher aufmachen.

Viel weniger intensive, aber kaum weniger präzise Bilder von Englands lieblichen Landschaften gelangen Jane Austen, Chronistin der menschlichen Schwächen der Landbesitzerklasse des 18. Jahrhunderts. Ihre Welt besteht aus eleganten Parklandschaften und Landsitzen. Vom wachsenden Gefallen, den man in dieser Ära an wilderen, romantischeren Landschaften fand, zeugen – nicht weniger wichtig – die *Lake Poets* Wordsworth, Coleridge und Southey. Sie brachten die »Erhabenheit« der Natur in das allgemeine Bewusstsein.

Reiseliteratur im eigentlichen Sinn liefern an dieser Stelle zwei ungewöhnliche, um nicht zu sagen exzentrische Touren: Samuel Johnsons und James Boswells Reise zu den Highlands und Inseln Schottlands 1773 sowie Eric Newbys Expedition in den Hindukusch, die der Modeverkäufer und furchtlose, leider inkompetente Abenteurer fast 200 Jahre später unternahm. Eine Kultur- und Lehrreise dagegen war für junge Aristokraten des 18. Jahrhunderts die *Grand Tour*. Und Jules Vernes Klassiker *In 80 Tagen um die Welt* sieht mit dem typischen Blick des 19. Jahrhunderts die Welt durch Technik, Dampfschiff und Zug dramatisch kleiner werden.

Jules Verne
In achtzig Tagen um die Welt

Die Veröffentlichung von Jules Vernes Roman *In 80 Tagen um die Welt* im Jahr 1873 fällt fast genau mit der Geburt des modernen Tourismus zusammen. War zuvor nahezu jede Reise, allen voran freilich Weltreisen, anstrengend, langsam und gefährlich gewesen, war man nun, wenn man es sich leisten konnte, mit Dampfschiff und Zug sicher, bequem, bisweilen sogar luxuriös, und vor allem schnell unterwegs. Fast auf einen Schlag rückte die weite Welt in erreichbare Nähe. Doch wie der charmante Schelmenroman zeigt, bot das Reisen auch im viktorianischen Zeitalter der Dampfmaschinen Unwägbarkeiten: Der Held Phileas Fogg erreicht sein Ziel nur Sekunden vor Ablauf des Ultimatums.

Foggs geplante Reiseroute

London–Suez	Zug, Dampfer	7 Tage
Suez–Bombay	Dampfer	13 Tage
Bombay–Kalkutta	Zug	3 Tage
Kalkutta–Hongkong	Dampfer	13 Tage
Hongkong–Yokohama	Dampfer	6 Tage
Yokohama–San Francisco	Dampfer	22 Tage
San Francisco–New York	Zug	7 Tage
New York–London	Dampfer	9 Tage

VEREINIGTE STAATEN VON AMERIKA

CHICAGO

NEW YORK CITY

SAN FRANCISCO

PAZIFIK

ATLANTIK

GROSS-BRITANNIEN

LONDON

PARIS

FRANK-REICH

Mitte...

Eine äußerst britische Angelegenheit

Jules Verne war Franzose, der Held seines Buches ist jedoch ein Brite: der Respekt gebietende, kultivierte, korrekte Phileas Fogg, der sich aufgrund einer Wette ins Abenteuer stürzt. Er will beweisen, dass man in 80 Tagen einmal um die Welt reisen kann. Wie für viele Franzosen des späten 19. Jahrhunderts war der viktorianische Gentleman und finanziell unabhängige Müßiggänger für Verne eine legendäre, für ihre Kaltblütigkeit und tadellosen Manieren bewunderte Figur. Das Buch durchzieht jedoch noch ein weiteres britisches Thema: Es ist fast ein Reiseführer durch das Empire, das zu jener Zeit seinen Zenith erreichte. Für Verne zählte der zivilisatorische Effekt der Technik zu den vielen Tugenden des riesigen Reiches. Er sah etwa die Einführung der Eisenbahn in Indien als selbstverständliche logische Folge der Verpflichtung der Europäer, ihre Vorstellungen von Gerechtigkeit und Handel sowie das Christentum unter den zwar farbenfrohen, aber heidnischen Primitiven zu verbreiten.

Oben: *In 80 Tagen um die Welt* beflügelte von Anfang an die Fantasie. Das Buch wurde noch berühmter, als es 1956 mit Starbesetzung verfilmt wurde. In diesem Kassenschlager wie auch in einem Film von 2004 fährt Fogg in einem Ballon – im Buch benutzt er dieses Transportmittel nie.

»Ein Engländer scherzt niemals über etwa so Wichtiges wie eine Wette. Ich wette hiermit mit jedem, der will, um 20 000 Pfund, dass ich in 80 oder weniger Tagen, d. h. in 1920 Stunden oder 115 200 Minuten, um die Welt reisen werde. Nehmen Sie die Wette an?«
Phileas Fogg

Weltreisen

Im Jahr vor der Veröffentlichung von *In 80 Tagen um die Welt* bot der Engländer Thomas Cook die erste Reise um die Welt an. Der Preis von 200 Guineen für die 222 Tage lange Reise beinhaltete alle Fahrt- und Unterkunftskosten. Diese Pauschalreise war Jules Vernes verwirklichte Vision, auch wenn sie viel länger als 80 Tage dauerte. Genauso bedeutend war das Vorbild des exzentrischen Amerikaners – Nomen est Omen – George Francis Train, der 1870 tatsächlich in 80 Tagen einmal um die Welt reiste – und zehn Jahre später sogar in nur 67 Tagen. »Jules Verne hat mir die Schau gestohlen«, erklärte Train später verärgert. »Ich bin Phileas Fogg.«

Links: Im späten 19. Jahrhundert war London die wichtigste Stadt der Welt – nicht nur die größte oder reichste, sondern die Hauptstadt des weitläufigsten Reiches, das die Welt jemals gesehen hatte. Entscheidungen, die in dieser Finanz-, Handels- und Geschäftsmetropole getroffen wurden, wirkten sich auf die ganze Welt aus. Franzosen wie Jules Verne betrachteten sie fasziniert und voller Ehrfurcht.

Suezkanal
SUEZ

ÄGYPTEN

Rotes Meer

Golf von Aden

INDIEN

BOMBAY
(MUMBAI)

Golf von Bengalen

KALKUTTA
(KOLKATA)

CHINA

HONGKONG

Ost-chinesisches Meer

JAPAN
YOKOHAMA

PAZIFIK

Süd-chinesisches Meer

INDISCHER OZEAN

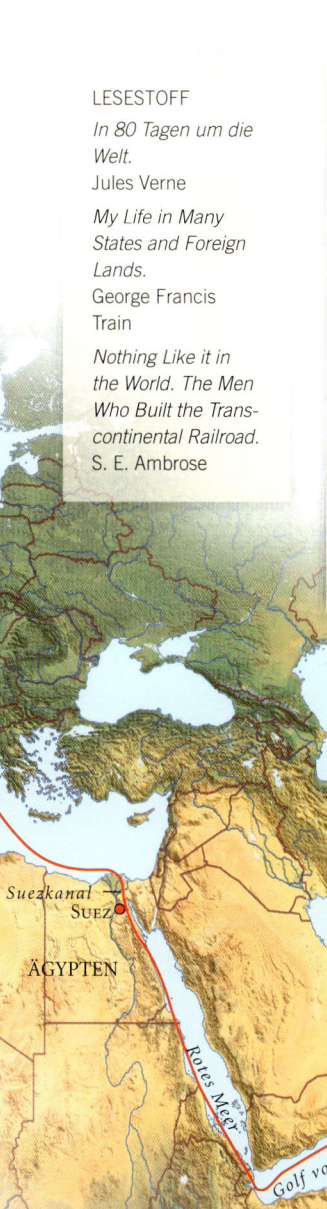

Links: Der Suezkanal revolutionierte ab 1869 das Reisen zwischen Europa und Asien. Die Fahrtzeiten nach Indien, das zuvor über das Kap der Guten Hoffnung erreicht worden war, halbierten sich – der Kanal wurde so zu einem Triumph europäischen technischen Fortschritts.

Oben: 1860 bedeutete die Eröffnung der Union Pacific Railroad – der ersten transkontinentalen Eisenbahn der USA –, dass eine zuvor gefährliche und Monate dauernde Reise in wenigen Tagen unternommen werden konnte.

DIE GRAND TOUR
Eine klassische Reise

Vom ausgehenden 17. bis ins späte 18. Jahrhundert war die *Grand Tour* in Großbritannien, Deutschland, Skandinavien und Amerika ein unabdingbares Element der Ausbildung jeden jungen Mannes mit dem nötigen Kleingeld. Diese »Kavalierreise« in das kontinentale Europa konnte von wenigen Monaten bis zu mehreren Jahren dauern. Sie sollte den Horizont der jungen Männer erweitern und ihnen die Kultur und das hochkomplizierte Hofleben des vorrevolutionären Frankreichs sowie Rom und die ruhmreiche Klassik und Renaissance Italiens nahebringen. In Großbritannien zeigte die *Grand Tour* große Wirkung in der Kunst, festigte sie doch die Vorrangstellung des Klassizismus.

Oben: Manch junger *Grand Tourist* konnte den Verlockungen der körperlichen Freuden einer freizügigen Hafenstadt wie Marseille nicht widerstehen.

Unten: Ab Mitte des 18. Jahrhunderts wurden die Alpen nicht mehr als gefährliches Hindernis, sondern als großartige, für ihre Wildheit bewunderte Landschaft gesehen.

Rechts: Roms übte im 18. Jahrhundert eine ungebrochene Faszination aus – die Stadt und ihre Kultur definierten Europa. Nur wer ihre Geschichte kannte – und ihre Sprache, die Generationen unwilliger Schuljungen eingebläut wurde –, konnte sich als wohlhabender Mann auch als gebildet betrachten. Im 18. Jahrhundert kopierten englische Aristokraten nach diesem dauerhaften Vorbild ein ländliches Idyll, so wie sie es sich vorstellten. Der Park von Stourhead (**oben**) in Wiltshire ist ein wiedergeborenes Rom in kühlerem Klima.

Die ersten Touristen

Die *Grand Tourists* folgten keiner bestimmten Route: Neben Frankreich und Italien besuchten viele Deutschland, Österreich und die Niederlande, gegen Ende der Epoche auch häufig Griechenland. Dennoch standen einige Etappen fest. Nach der Überfahrt von Dover über den Ärmelkanal nach Calais war Paris das erste große Ziel. Danach erreichte man im

Allgemeinen per Schiff via Marseille oder Nizza Italien, üblicher war jedoch eine Alpenüberquerung – damals ein gefährliches, geradezu spektakuläres Unterfangen. Das für seinen zügellosen Karneval berühmte Venedig war das nächste Ziel, gefolgt von Florenz, Rom und Neapel. Eine Folge dieser panitalienischen Reisen war ein umfangreicher Kunsthandel zwischen Italien und Großbritannien, durch den ganze italienische Malschulen florierten. Auch (echte wie gefälschte) Antiquitäten wurden in riesigen Zahlen exportiert. So kehrte etwa Lord Burlingtone 1719 mit 878 Gepäckstücken nach England zurück, und Charles Townleys Sammlung römischer Antiquitäten bildete einen Grundstock des British Museum.

»Sir, ich verstehe, dass Ihr Eton verlassen habt und wahrscheinlich beabsichtigt, auf eine dieser Sünden-schulen zu gehen, die Universitäten. Wenn Ihr Euch jedoch entschließt, auf Reisen zu gehen, gebe ich Euch 500 Pfund per annum.«

Brief an Thomas Coke, 1st Earl of Leicester, von seiner Tante, um 1712

NORD-SEE

ENGLAND

DOVER
CALAIS
DEN HAAG
AMSTERDAM
BRÜSSEL

DEUTSCHLAND

Rhein

HEIDELBERG

Donau

MÜNCHEN

WIEN

Seine
PARIS

Loire

FRANKREICH

DIJON

SCHWEIZ

A L P E N

GENF

LYON

Rhône

MAILAND

VENEDIG

TURIN

Po

GENUA

PISA

FLORENZ

Tiber

MARSEILLE

NIZZA

ITALIEN

MITTELMEER

ROM

NEAPEL ▲▲ *Pompeji*

Gefährliches Europa

Auch die reichsten Reisenden waren nicht vor den Gefahren im Europa des 18. Jahrhun-derts gefeit. Deutschland hatte den vielleicht schlimmsten Ruf, der sich auf Schlammstra-ßen voller Schlaglöcher, wanzenverseuchte Gasthäuser mit katastrophalem Essen und störende tyrannische Beamte gründete. Doch waren die Straßen überall schlecht, staubig im Sommer und kaum passierbar im Winter. Selbst in Frankreich waren die Gasthäuser oft unerschwinglich und schmutzig. Man fürchtete sich besonders vor Krankheiten und vor Banditen. Ihretwegen reiste fast niemand mit Bargeld, sondern mit Kreditbriefen. Zwei unverzichtbare Utensilien aller *Grand Tourists* waren das Fernrohr (um Ruinen zu bewundern) und die Pistole, um *banditi* zu vertreiben. Weitaus tückischer waren jedoch andere Gefahren: Für viele junge Männer war die Mittelmeerregion weniger wegen ihrer Kultur als durch ihre Möglichkeit, sich dem Trunk und dem Müßiggang zu ergeben, reiz-voll – und zwar so sehr, dass angeblich sogar Russen von der heldenhaften Trinkfestigkeit der Engländer beeindruckt waren.

Links: Venedig galt als Inbegriff italienischer Kultur und berauschender Exotik des Orients. Den Lebensstil der Stadt prägten Promiskuität und Jagd nach Genuss – diesen Verlockungen aristokratischer Vergnügun-gen konnten nur wenige junge Männer auf Reisen widerstehen.

WORDSWORTH, COLERIDGE UND SOUTHEY
Die Lake Poets

Als »*Lake Poets*« oder »*Lake School*« der Poeten werden seit 1817 die drei englischen Dichter William Wordsworth (1770–1850), Samuel Taylor Coleridge (1772–1834) und Robert Southey (1774–1843) bezeichnet. Tatsächlich gehörten sie jedoch nicht einer gemeinsamen »Schule« des Denkens oder Schreibens an, vielmehr war ihnen ihr Wohnort gemein: der wunderschöne, abgelegene Lake District im nördlichen England.

Wordsworth stammte aus dem Lake District: Er kam in Cockermouth, Cumberland, zur Welt. 1795 zog er zusammen mit seiner Schwester Dorothy nach Dorset, wo er erstmals Coleridge und Southey traf. Wordsworth und Coleridge wurden enge Freunde, und als Wordsworth 1799 nach Nordengland in das Dove Cottage in Grasmere zog, folgten ihm ein Jahr später Coleridge und seine Frau Sarah Fricker zu den Seen, ins nahe Greta Hall, Keswick. Als sich ihnen 1802 die Familie Southey anschloss (die Frauen der Dichter waren Schwestern), war das später »*Lake Poets*« genannte Trio komplett.

Links: Die Berge und Täler des Lake District in Cumbria dienten als Inspiration für einige der schönsten romantischen englischen Dichtungen, besonders für Wordsworths autobiografisches Meisterwerk *Präludium*.

Rechts: Samuel Coleridge Taylor kämpfte fast ein Leben lang gegen seine Opiumsucht. Als sich dies auf seine Ehe mit Sarah Fricker auszuwirken begann, zogen Southey und seine Frau (Sarahs Schwester) nach Greta Hall.

Der Lake District

Der knapp 2300 Quadratkilometer große Lake District liegt im County Cumbria im Nordwesten von England und ist eine der wenigen Gebirgsregionen des Landes. Die Landschaft bietet ein beeindruckendes Nebeneinander von Bergen – darunter Englands höchster Gipfel, Scafell Pike – und Seen. Hier finden sich zwölf der größten Gewässer des Landes – und mit Wastwater auch das tiefste.

Der Lake District gehört zu den spektakulärsten Landschaften Englands und kann auf einem insgesamt rund 3500 Kilometer langen Wanderwegenetz erkundet werden.

Links: Southey war Coleridges Freund, Schwager und Ziehvater für dessen Kinder, die ihn zu seinem klassischen Märchen *Goldlöckchen und die drei Bären* inspirierten. Von 1813 bis zu seinem Tod war er Poet Laureate, danach wurde Wordsworth dieses Amt verliehen.

Links: Im Dove Cottage in Grasmere lebten William Wordsworth und seine Schwester Dorothy ab 1799.

Unten: Der Reisende, den das Wandern in den Fells (Berge) weniger lockt, kann vor ihrer imposanten Kulisse auf den herrlichen Seen des Lake District segeln, Wasserski oder Kanu fahren.

JANE AUSTENS ENGLAND
Die Romantik des Landlebens

Jane Austen (1775–1817) wurde in Hampshire in dem Dof Steventon geboren, wo ihr
Vater als Geistlicher arbeitete. Sie wurde überwiegend zu Hause ausgebildet und liebte
Lesen, Tanzen und Landspaziergänge – was sich in ihren Romanen widerspiegelt. Als ihr
Vater 1801 in den Ruhestand ging, zog die Familie nach Bath, wo Austen wenig produktiv
war. Nach dem Tod des Vaters überließ Janes Bruder George ihr und ihrer Mutter 1809
ein Cottage in Chawton in Hampshire. In dieser ruhigen, fruchtbaren Periode überarbeitete Austen frühere Bücher, verfasste drei neue und vollendete den Roman *Überredung*,
der postum mit einer überarbeiteten Version der *Abtei von Northanger* erschien. Austen
erkrankte 1816 und zog im Mai 1817, als sie an *Sanditon* schrieb, zur medizinischen Be-
handlung nach Winchester. Nach ihrem Tod am 18. Juli wurde sie dort in der Kathedrale
begraben. Jane Austens Romane sind ein liebevolles, aber auch satirisches Porträt der Be-
findlichkeiten, Sitten und Macken der Gesellschaft im südlichen England.

Hauptschauplätze in Jane Austens Romanen

Jane Austen verwendete reale
und fiktive Schauplätze.

Abtei von Northanger (1798):
Bath, Northanger Abbey,
Somerset.

Verstand und Gefühl (1811):
Norland Park, Sussex; Barton
Park und Delaford, Devonshire;
London.

Stolz und Vorurteil (1813):
Netherfield und Longbourn,
Hertfordshire; Rosings, Kent;
Derbyshire; Beschreibungen von
London und Brighton.

Mansfield Park (1814): Mansfield
Park, Sotherton und Thornton
Lacey, Northamptonshire; Ports-
mouth, Hampshire; Beschreibungen von Bath und London.

Emma (1815): Hartfield in
Highbury, Donwell Abbey und
Randalls, Surrey.

Überredung (1817): Kellynch
Hall, Somerset; Beschreibungen
von Bath.

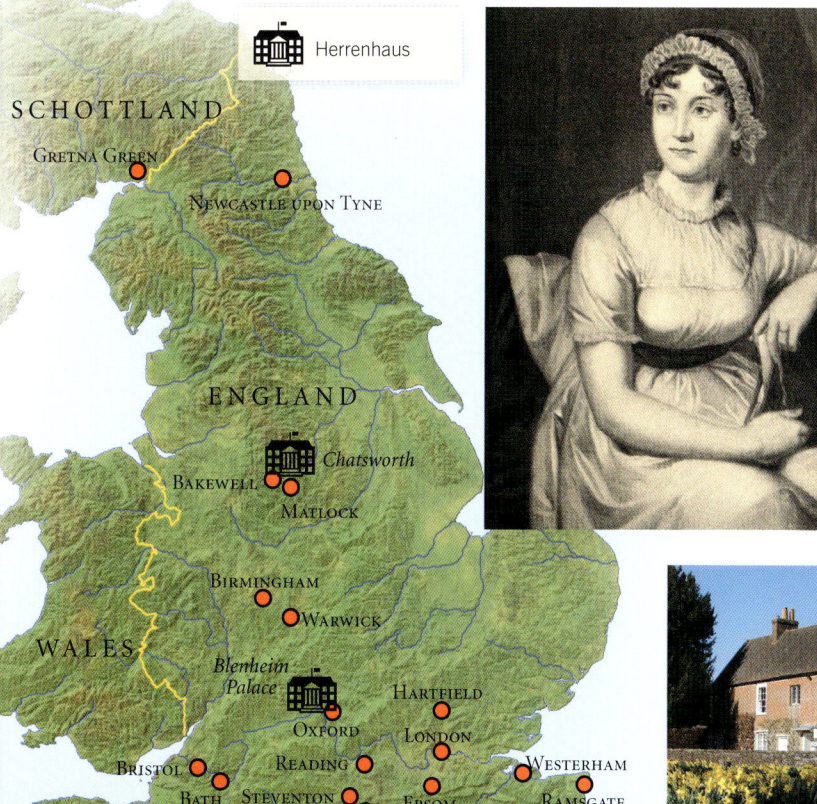

Herrenhaus

SCHOTTLAND
GRETNA GREEN
NEWCASTLE UPON TYNE
ENGLAND
BAKEWELL — *Chatsworth*
MATLOCK
BIRMINGHAM
WARWICK
WALES
Blenheim Palace
HARTFIELD
OXFORD
LONDON
BRISTOL
READING
WESTERHAM
BATH
STEVENTON
EPSOM
RAMSGATE
WINCHESTER
CHAWTON
SOUTHAMPTON
LYME REGIS
BOURNEMOUTH
BRIGHTON

Oben: In der ländlichen
Umgebung von Hampshire
erlebte Jane Austen eine
ihrer produktivsten Phasen.

Links: Jane Austens
literarisches Werk unter-
hält auch ein modernes
Publikum durch TV- und
Kinoadaptionen von Klas-
sikern wie *Stolz und Vorurteil*, *Emma* und *Gefühl
und Verstand*.

Unten: In diesem Haus
aus dem 17. Jahrhundert
in Chawton (Hampshire)
lebte Jane Austen von
1809 bis kurz vor ihrem
Tod 1817.

MARK TWAIN
Von Hannibal nach New Orleans

Ob man ihn nun »Big River«, »Big Muddy«, »Ole Man River« oder »Moon River« nennt, der mächtige Mississippi strömt wie kein anderer Fluss durch unser kollektives Bewusstsein. Zusammen mit seinen Hauptzuflüssen Missouri, Jefferson, Ohio und Arkansas ist der Strom über 6000 Kilometer lang, und sein Einzugsgebiet erstreckt sich fast über den ganzen amerikanischen Mittleren Westen von den Appalachen im Osten bis zu den Rocky Mountains im Westen – es ist das zweitgrößte Flusssystem der Welt. Und wer könnte einen besser über die Gewässer des unteren Mississippi führen als der ehemalige Steuermann eines Flussdampfers und geistreiche Geschichtenerzähler Mark Twain?

Links: Wie heute bevölkerten auch zu Twains Zeiten von Ruderbooten bis Frachtkähnen zahllose Wasserfahrzeuge den Ohio, Missouri und Mississippi. Oft trieben sie mit der Strömung flussabwärts und wurden dann von Pferden wieder zurückgezogen.

Rechts: Unter den ersten Siedlern im Mittleren Westen ließen sich Franzosen an der Flussmündung 1718 in New Orleans nieder. **Unten:** Ca. 40 Meilen westlich von New Orleans liegt die 1839 erbaute Pflanzerresident Oak Alley Plantation.

Von Hannibal nach New Orleans

Unsere Reise beginnt – wie für Mark Twain und Huckleberry Finn – in der historischen Stadt Hannibal (die Twain »Petersburg« nannte). Von dort fahren wir rund 160 Kilometer flussabwärts nach St. Louis. In diesem »Tor zum Westen« sammelten sich die frühen Siedler zu Tausenden und zogen weiter durch Ödland und Prärien. Über 300 Kilometer flussabwärts treffen wir bei Cairo (einer der vielen Orte, denen die ersten protestantischen Siedlern in den Staaten des oberen Mittleren Westens biblische Namen gaben) auf den Zusammenfluss von Mississippi und Ohio. Danach gleiten wir auf verschlungenen Mäandern gemächlich nach Memphis, der Geburtsstadt des Rock 'n' Roll, und weiter in den Deep South, den Tiefen Süden. Eine Entscheidungsschlacht im amerikanischen Bürgerkrieg tobte um das belagerte Vicksburg, hier erreichen wir das Land des Blues. New Orleans liegt im Vogelfuß-Delta an der Mündung des großen Stroms zwar im Hinterland, ist aber dennoch Gefahren durch Hurrikane und Stürmen ausgesetzt, wie die Katastrophe von 2005 bewies.

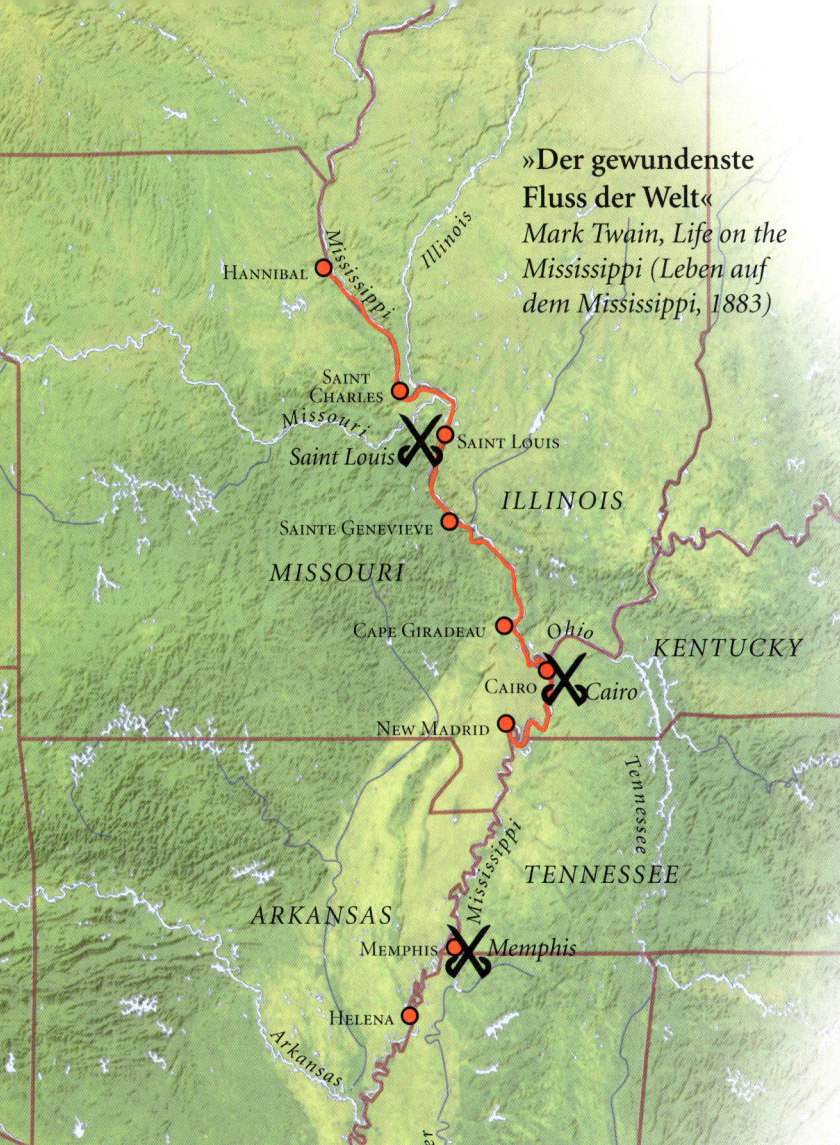

»Der gewundenste Fluss der Welt«

Mark Twain, Life on the Mississippi (Leben auf dem Mississippi, 1883)

HANNIBAL

SAINT CHARLES

SAINT LOUIS

Saint Louis

SAINT LOUIS

SAINTE GENEVIEVE

ILLINOIS

MISSOURI

CAPE GIRADEAU

Ohio

CAIRO

Cairo

KENTUCKY

NEW MADRID

Tennessee

TENNESSEE

ARKANSAS

MEMPHIS

Memphis

HELENA

Arkansas

Deer

MISSISSIPPI

Mississippi

✗ Schlachtfeld

Vicksburg

LOUISIANA

Mississippi

Red

LESESTOFF

Leben auf dem Mississippi.
Mark Twain

Die Abenteuer des Tom Sawyer.
Mark Twain

Die Abenteuer des Huckleberry Finn.
Mark Twain

Mississippi.
Jonathan Raban

Fort Hudson

BATON ROUGE

NEW ORLEANS

Fort Jackson

Mark Twain

Mark Twain (1835–1910) kam als Samuel Langhorne Clemens in Florida, Missouri, zur Welt. Bald darauf zog seine Familie in die Flussstadt Hannibal. Twain arbeitete als Journalist und später als Dampfschiff-Steuermann – bei dieser Tätigkeit lernte er viele bunte Charaktere kennen, die am Fluss lebten und arbeiteten. Im Amerikanischen Bürgerkrieg begann er Erzählungen und Artikel zu veröffentlichen, die ihm den Ruf eines genauen, amüsanten Beobachters des Alltags einbrachten. In den 1870er-Jahren zog er nach Harford in Connecticut, doch für zahlreiche seiner wichtigen Werke kehrte er an den Mississippi zurück.

Oben: Früher transportierten Hunderte plattbodige Mississippi-Dampfer Fracht und Passagiere zwischen Hannibal und New Orleans.

Links: Im Amerikanischen Bürgerkrieg fanden am Mississippi viele Schlachten statt: Die Unions-Truppen wollten den Konföderierten die Kontrolle über den lebenswichtigen Wasserweg entreißen.

VOLTAIRE, CASANOVA UND MOZART
Die Aufklärung erleben

Die geistige Revolution der Aufklärung, die im 18. Jahrhundert Europa ergriff, veränderte im Westen grundlegend den Blick auf die Welt. Der Rationalität und Humanität verpflichtet, verwarf die Aufklärung den Aberglauben, stand für Bildung ein und kämpfte gegen Privilegien – sie gestaltete entscheidend die moderne Welt. Und sie war wirklich international: Ihre französischen und britischen Leitfiguren wirkten bis Amerika und Russland. Während Voltaire die Aufklärung verkörperte, profitierten Mozart und der umstrittene Casanova von der neuen internationalen Öffnung und reisten als Vertreter, im gleichen Maß aber auch als Nutznießer dieser neuen Geistesströmung durch Europa.

Voltaire

Voltaire (eigentlich François Marie Arouet) zählte zu den meist gefeierten Größen in Europa und wurde nicht nur als einer der führenden Denker seiner Ära, sondern aller Zeiten anerkannt. Ab Anfang zwanzig hatte  er mehr oder minder ständig die nächste Grenze im Blick, die es in Richtung Freiheit zu überwinden gab. Als Erwachsener lebte er nur zweimal längere Zeit in Frankreich. Er verbrachte viele Jahre im Exil und lebte von 1726 bis 1729 in England, 1736 bis 1739 in Holland und 1742/43 in Brüssel. Ab 1750 hielt er sich auf Einladung Friedrichs des Großen in Preußen auf, das als junge, aufstrebende Nation von seinen brillanten Erkenntnissen profitieren sollte.

Oben: Internationalität war ein Wesenszug im Europa des 18. Jahrhunderts. Staatsgrenzen im modernen Sinn standen ebenso zur Diskussion wie auch absolute Grenzen. Wer es sich leisten konnte – oder musste –, konnte relativ einfach durch Europa reisen. Städte wie Paris und London galten gleichermaßen als europäisch wie französisch bzw. englisch.

»Alle Menschen sind gleich; der Unterschied ergibt sich nicht durch Geburt, sondern durch Eigenschaften.«
Voltaire, Eriphile, 1732

Brüssel (**links**) und Venedig (**rechts**) sind Musterbeispiele für die sich ständig verändernden Grenzen im Europa des 18. Jahrhunderts. Brüssel wurde erst 1830 Hauptstadt eines unabhängigen Belgiens – Venedig war im 18. Jahrhundert hingegen zeitweise unabhängige Republik und zeitweise Teil des aggressiv expandierenden österreichischen Habsburgerreichs.

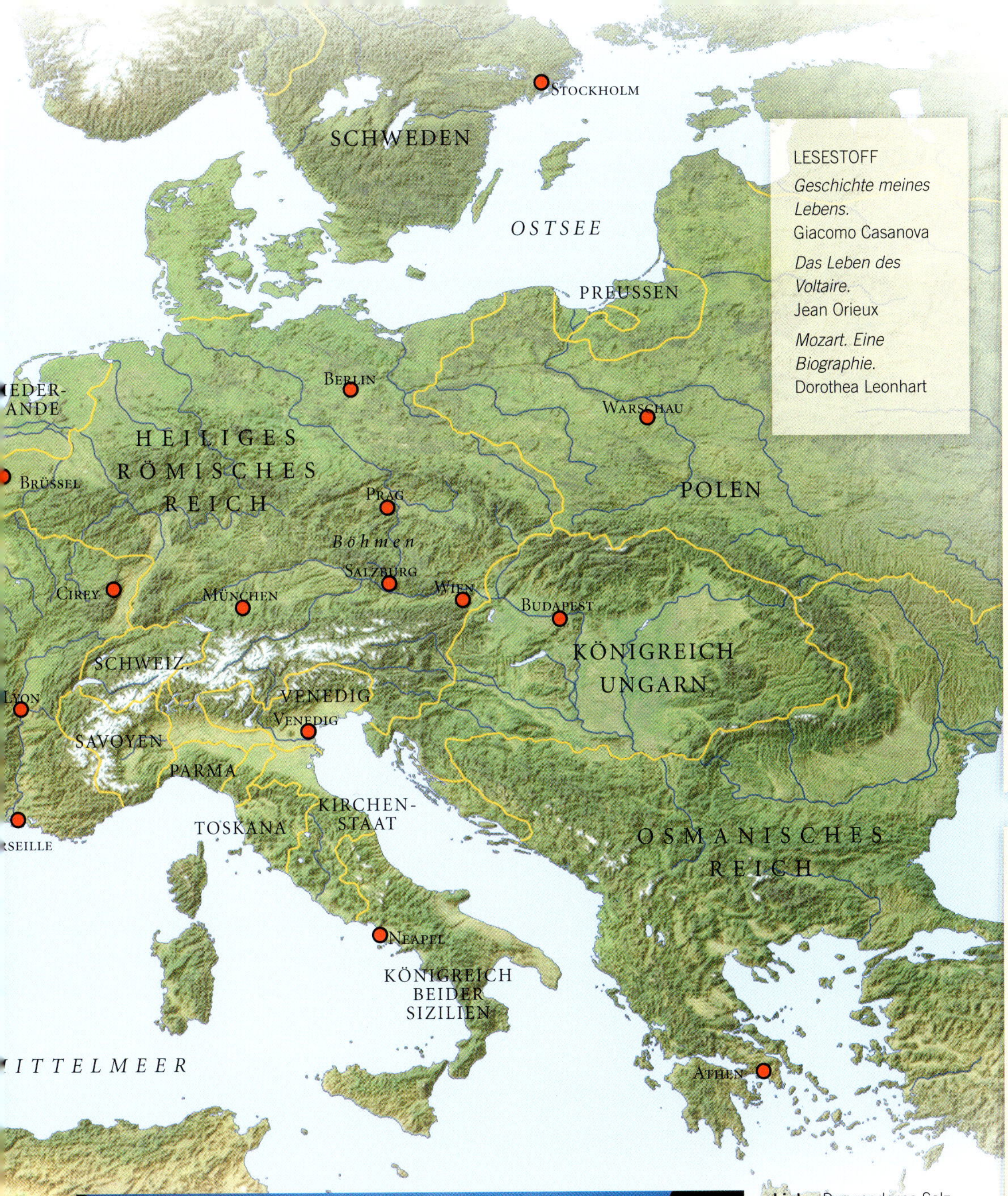

LESESTOFF

Geschichte meines Lebens.
Giacomo Casanova

Das Leben des Voltaire.
Jean Orieux

Mozart. Eine Biographie.
Dorothea Leonhart

Casanova

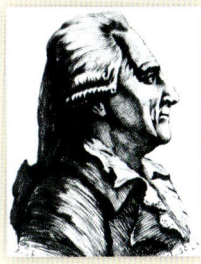

Kaum ein Europäer des 18. Jahrhunderts reiste weiter und häufiger als der Venezianer Giacomo Casanova, der als Priester ebenso auftrat wie als Soldat, Geschäftsmann, Diplomat, Zauberer, Heiler und Lebemann. 1743 musste er im Alter von 18 Jahren aus Venedig fliehen, 1749 noch einmal. Zwischen 1755 und 1774 lebte er im Exil, nachdem er als erster Mensch aus den berüchtigten Bleikammern der Stadt ausgebrochen war, in die er, wegen Zauberei verurteilt, geworfen worden war. 1783 wurde er erneut vertrieben und endete schließlich in Böhmen, wo er die letzten 14 Jahre seines Lebens verbrachte. Insgesamt hatte Casanova – meist mehrere Male – Spanien, Frankreich, England, Holland, Deutschland, Österreich, Polen und Russland besucht.

Mozart

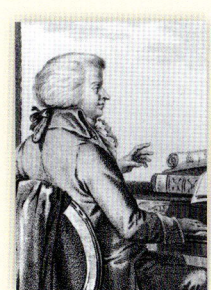

Im Juni 1763 brach Leopold Mozart mit seiner Familie auf eine dreijährige Reise durch Europa auf. Von Salzburg fuhren sie nach Paris, das sie im November erreichten. Im folgenden April reisten sie nach London, wo sie bis zu ihrer Abfahrt in die Niederlande im Juli 1765 blieben. Im Mai 1766 weilten sie erneut in Paris, dann erreichten sie über die Route durch die Schweiz im November wieder Salzburg. Auf dieser Reise sollte Sohn Wolfgang Amadeus präsentiert werden. Er war bei der Abfahrt erst sieben Jahre alt, doch bereits ein musikalisches Wunderkind, seinem Vater Leopold zufolge ein »gottgegebenes Wunder«. Reisen blieben in Mozarts Leben bis zu seinem Tod 1791 ein ständiges Thema: Auf der Suche nach Aufträgen pendelte er vor allem zwischen Salzburg, Wien, München und Prag.

Links: Das moderne Salzburg steht ganz im Zeichen von Mozart – die Erinnerungen an den sicherlich berühmtesten Sohn der Stadt sind allgegenwärtig und lassen nicht zuletzt die Kassen klingeln. Als Reaktion auf seine Frustration am Hof des Salzburger Fürsterzbischofs 1773 bis 1777 hegte der Komponist für seine Geburtsstadt jedoch eher zwiespältige Gefühle.

JOHNSON UND BOSWELL
Im Hochland und auf den Inseln Schottlands

Von August bis November 1773 unternahmen Samuel Johnson und sein Biograf James Boswell eine Schottland-Rundreise, die sie vornehmlich in die Highlands und auf die Inseln Westschottlands führte und deren Start- und Endpunkt Edinburgh war. In einer Zeit, als Reisen ins Ausland mit der *Grand Tour* gleichgesetzt wurde, erschien eine Reise in die entgegengesetzte Richtung in ein kaltes, nasses, abgelegenes und barbarisches Land, um »Einfachheit und Wildnis« zu finden, gleichermaßen paradox und ungewöhnlich. Entstanden sind daraus zwei große Werke der Reiseliteratur: Johnsons *Eine Reise zu den westlichen Inseln von Schottland* und Boswells *Tagebuch einer Reise zu den Hebriden*.

Eine schottische Reise

Boswell und Johnson verließen Edinburgh am 18. August 1773, folgten der Ostküste nach Norden und erreichten am 21. August Aberdeen. Vier Tage später reisten sie weiter nordwärts nach Banff und dann nach Nairn,

einer »Stadt im Zustand armseligen Verfalls«. Von dort ging es nach Inverness, wo sie dem »Luxus des Reisens« Lebewohl sagten. Ab dort stießen sie bis zu ihrer Rückkehr in die Lowlands auf keine gepflasterten, oft sogar auf gar keine Straßen mehr. So reisten sie also hoch zu Ross oder zu Fuß, »erkletterten Klippen und überschritten Sümpfe« auf ihrem Weg entlang des Great Glen Richtung Südwesten nach Fort

Augustus. Von dort ging es westwärts nach Skye, das sie am 2. September erreichten und aufgrund von Stürmen erst wieder am 3. Oktober verließen. Als nun der Herbst schnell voranschritt, fuhren sie in mehreren Etappen mit dem offenen Boot nach Mull, wo sie am 20. Oktober ankamen. Am folgenden Tag setzten sie wieder zum Festland nach Oban über, reisten weiter nach Glasgow und nach Edinburgh, das sie am 12. November erreichten.

LESESTOFF

Johnson and Boswell. The Transit of Caledonia.
Pat Rogers

Eine Reise zu den westlichen Inseln von Schottland.
Samuel Johnson

Tagebuch einer Reise zu den Hebriden.
James Boswell

Oben: Der Schotte Boswell wollte dem Freund sein Heimatland zeigen. Der ältere Johnson wollte »Menschen mit seltsamer Erscheinung« sowie »ein System antiquierten Lebens [und] wilder Tugenden und barbarischer Größe« finden.

»Hinsichtlich des Proviants war die Negativliste sehr umfangreich. Hier gab es kein Fleisch, keine Milch, kein Brot, keine Eier, keinen Wein. Wir äußerten keine große Zufriedenheit.«
Samuel Johnson über schottische Gasthäuser, A Journey to the Western Isles of Scotland, 1775

NORD-SEE

CULLEN
ELGIN
CALDER
INVERNESS
SKYE
FORT AUGUSTUS
ABERDEEN
COLL
SCHOTTLAND
MONTROSE
MULL
OBAN
DUNDEE
INVERARY
ST. ANDREWS
Firth of Forth
DUMBARTON
EDINBURGH
GLASGOW
HAMILTON
AUCHINLECK

John Steinbeck
California dreaming

John Steinbeck (1902–1968) kam südöstlich von San Francisco in Salinas, dem Zentrum der nordkalifornischen Salatwirtschaft, zur Welt. Der ungelenke, schlaksige Einzelgänger finanzierte den Besuch der High School und der Stanford University mit Gelegenheitsjobs und arbeitete auf Obst- und Viehfarmen zusammen mit Fabrik- und Wanderarbeitern, Landstreichern, Träumern und Herumtreibern. Seine Geschichten prägt das Milieu der verarmten Menschen aus der Umgebung von Pacific Grove – Salinas, Monterey, Carmel und Big Sur –, wo seine Familie ein Sommerhaus hatte. Nachdem er in den 1920er-Jahren in New York gelebt hatte, kehrte er 1930 wieder nach Kalifornien zurück. 1935 wurde er mit seinem Roman *Tortilla Flat* bekannt, in dem er Erlebnisse aus Salinas, Monterey und seinem geliebten Pacific Grove verarbeitete. Seine berühmtesten Romane sind *Von Mäusen und Menschen* (1937), der bei Soledad spielt, und *Früchte des Zorns* (1939) über aus Oklahoma geflüchtete Familien in Kalifornien. Letzteren Roman schrieb er in Los Gatos.

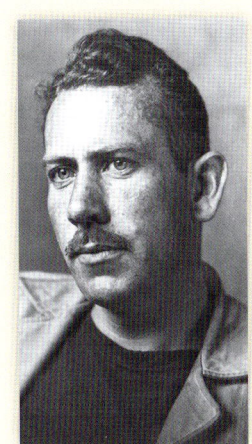

Die schöne Küstenstadt Pacific Grove ist nur wenige Kilometer von Monterey und der Cannery Row entfernt. Sie war der Schauplatz von Steinbecks *Der rote Pony* (1937) und von einigen Szenen in *Die Straße der Ölsardinen* (1945).

»Ich denke, dass wenn du oder ich zwischen zwei Gedanken oder Vorgängen wählen müssen, wir an unser Sterben denken und versuchen sollten, so zu leben, dass unser Tod der Welt keine Freude bereitet.«
John Steinbeck

Links: Steinbeck verewigte die Stimmung und Landschaft seiner kalifornischen Geburtsstadt Salinas in vielen Erzählungen, darunter *Früchte des Zorns* (1939) und *Jenseits von Eden* (1952).

Oben: Ein Standbild aus dem Film *Früchte des Zorns* (1940). Der Film unter der Regie von John Ford basierte auf Steinbecks Roman von 1939 über Wanderarbeiter, die während der Wirtschaftskrise aus Oklahoma wegziehen und im kalifornischen Central Valley eine bessere Zukunft erhoffen.

Patrick Leigh Fermor
Zu Fuß durch Europa

In seinen faszinierenden Büchern *Die Zeit der Gaben* und *Zwischen Wäldern und Wasser* beschrieb Patrick Leigh Fermor präzise die Stimmung im Mitteleuropa der Vorkriegszeit. Sie basierten auf einer Reise von Holland nach Istanbul, die er 1933 bis 1935 fast nur zu Fuß unternahm. Außergewöhnlich waren nicht nur diese Reise an sich und sein jugendliches Alter – 1933 war er gerade mal 18 Jahre alt –, sondern auch seine grenzenlose Neugier. Mit typisch romantischer Hingabe stilisierte er sich selbst als »Wallfahrer [...], umherziehenden Scholar, gebrochenen Ritter«, bestaunte er Kathedralen und Kuhställe gleichermaßen, schien ihm das »unermesslich Alte« so verlockend wie eine »total unbekannte« Welt.«

Gegensätzliche Welten

Der Engländer Leigh Fermor beschrieb sich selbst als »freundlichen Herumtreiber«, und ursprünglich wollte er »nur mit Bauern und Landstreichern« verkehren. Doch ein zufälliges Treffen in München eröffnete ihm eine für ihn

neue, aristokratische Welt. Während des ganzen Sommers 1935 reiste er durch die Tschechoslowakei, Ungarn und Rumänien, er wurde von Familie zu Familie weitergereicht und verbrachte Tage oder gar Wochen in Burgen, Schlössern und Landhäusern. Krasser Gegensatz zu diesem Luxusleben waren die Reisetage auf der Straße und die Nächte unter dem Sternenhimmel in den Bergen, in Schlupfwinkeln von »Bären, Wölfen und Adlern«.

Links: Abenteuer ziehen sich wie ein roter Faden durch Leigh Fermors Leben. Im Zweiten Weltkrieg lebte er nach dem Fall Kretas 1941 zwei Jahre lang auf der von Deutschen besetzten Insel bei Schäfern, organisierte den Widerstand und entführte den deutschen Generalleutnant Kreipe, den er von der Insel schmuggelte.

Oben: 1977 veröffentlichte Leigh Fermor den ersten Band seiner Reisegeschichte, der uns bis an die ungarische Grenze führt. Der zweite Band über die Route durch die Donaustaaten erschien 1986. Ein dritter Band, der mit Fermors Ankunft in Istanbul am 1. Januar 1935 enden sollte, wurde nie publiziert.

Links: Holland war für den jungen Leigh Fermor ein steter Quell der Freude. Die Kanäle und Windmühlen boten ihm ein fast exotisches Vergnügen. Fermor war für die Armee bestimmt, als sich sein Plan, nach Istanbul zu wandern, »mit der Geschwindigkeit und Vollständigkeit einer japanischen Papierblume im Wasser« entfaltete.

Von Rotterdam nach Istanbul

Zu den vielen außergewöhnlichen, um nicht zu sagen, exzentrischen Merkmalen von Fermors Reise gehört ihr Beginn mitten im Winter. Fermor kam am 9. Dezember 1933 in Rotterdam an und wanderte in den folgenden dreieinhalb Monaten bei Schnee und Eis durch Holland, Deutschland, Österreich und die Tschechoslowakei. Diese ungünstigen Bedingungen schreckten ihn nicht ab, sondern machten ihm sein Unterfangen noch reizvoller. Der Rhythmus der Tage wurde durch das Marschtempo und häufige Pausen in Schlössern und an Aussichtspunkten bestimmt. Die Nächte verbrachte er in kleinen Gasthöfen und Scheunen. Sein wöchentliches Budget von einem Pfund reichte für »Brot, Käse und Äpfel ... und einen gelegentlichen Krug Bier«.

Oben und rechts: Leigh Fermor akzeptierte Fahrten nur, wenn »zu Fuß gehen wirklich unerträglich wurde« – mit zwei Ausnahmen: In Deutschland ließ er sich auf einem Rheinfrachter mitnehmen, und im April ritt er auf dem Pferd Malek über eine Woche lang durch das ungarische Tiefland. Die Alpen überquerte er zu Fuß.

»Ich schaudere, wenn ich daran denke, was für eine Nervensäge ich gewesen sein muss. Die Vorstellung, immer willkommen zu sein, ist eine schützende Illusion der Jugend. Gefährlicherweise von keinerlei Zweifeln geplagt, erfreute ich mich an diesen Glücksfällen mit der Begeisterung eines arabischen Bettlers, der vom Kalifen gewandet und bewirtet wird.«
Patrick Leigh Fermor, A Time of Gifts

LESESTOFF

Die Zeit der Gaben.
Patrick Leigh
Fermor

Zwischen Wäldern und Wasser.
Patrick Leigh
Fermor

Words of Mercury.
Artemis Cooper
(Hg.)

DEUTSCHLAND

MAINZ
MANNHEIM
HEIDELBERG
STUTTGART
AUGSBURG
ULM
MÜNCHEN
ROSENHEIM
SALZBURG
ÖSTERREICH
Donau
LINZ
KREMS
WIEN
BRATISLAVA
SLOWAKISCHE REPUBLIK
ESZTERGOM
BUDAPEST
CEGLÉD
UNGARN
MEZŐTÚR
BÉKÉSCSABA
ARAD
ALBA-IULIA
CLUJ-NAPOCA
TÂRGU MUREŞ
FĂGĂRAŞ
SIBIU
CARANSEBEŞ
RUMÄNIEN
Eisernes Tor
TURNU-SEVERIN

ERNEST HEMINGWAY
Eine spanische Affäre

Für den Amerikaner Ernest Hemingway war Spanien das »letzte verbliebene gute Land«. Er verehrte es als Land der Leidenschaft, der Ehre, des Stolzes und der unberührten wilden Landschaften – und vor allem als Land des Stierkampfs. Dieser »alte Stammesritus« war für Hemingway aufgrund der Elemente der Reinheit und des Adels – sowie des Todes – fast anbetungswürdig. Vielleicht mehr als in jedem anderen Land fühlte er sich in Spanien instinktiv ganz und gar zu Hause. Dabei zog ihn nicht die spanische Küste an, sondern das unveränderliche raue Hinterland, sei es Madrid – »Bergstadt mit Bergklima« – oder das »nasse, grüne Baskenland«.

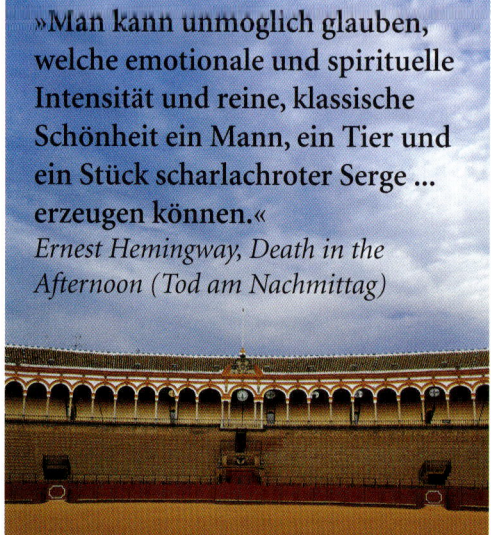

»Man kann unmöglich glauben, welche emotionale und spirituelle Intensität und reine, klassische Schönheit ein Mann, ein Tier und ein Stück scharlachroter Serge ... erzeugen können.«
Ernest Hemingway, Death in the Afternoon (Tod am Nachmittag)

Oben, rechts und unten: Vor Hemingway zog es nur wenige Reisende nach Spanien. Bei seinem ersten Aufenthalt in Pamplona 1923 war er dort vermutlich der einzige englischsprachige Besucher. Durch Hemingway gelangte diese vergessene Ecke Europas auf die Weltkarte.

Rechts: Der Spanische Bürgerkrieg inspirierte Hemingway zu *Wem die Stunde schlägt* und zu seinem Theaterstück *Die fünfte Kolonne*. Darüber hinaus schrieb er das Drehbuch für den Dokumentarfilm *Die spanische Erde*. Orson Welles sollte als Erzähler agieren, hatte jedoch Einwände gegen Hemingways Drehbuch – und die Fäuste der beiden flogen. Die Rauferei und der Streit lösten sich dann über einer Flasche Whisky in Wohlgefallen auf.

Spanische Inspiration

Hemingway kam zum ersten Mal nach Spanien, als das Schiff, auf dem er mit seiner ersten Frau, Hadley, nach Frankreich reiste, im Dezember 1921 kurz in den galicischen Hafen Vigo einlief. Die beiden kehrten 1923, 1924 und 1925 nach Spanien zurück und erlebten bereits auf der ersten dieser Reisen den Stierlauf in Pamplona. Das Erlebnis faszinierte

Hemingway und inspirierte ihn 1932 zu seinem Preisgesang des Stierkampfs, *Tod am Nachmittag*. Der Stierlauf ist auch der Höhepunkt seines ersten Romans, *Fiesta*. Die 1925 in Valencia begonnene Geschichte handelt von entwurzelten, im Ausland lebenden Amerikanern – die sogenannte »verlorene Generation« –, die nach dem Ersten Weltkrieg einen Sinn im Leben suchen. Hemingway kam 1937, während des Spanischen Bürgerkriegs, als Reporter erneut nach Spanien und bezog offen Partei für die antifaschistischen Republikaner. Diese Erfahrung verarbeitete er in der Erzählung *Wem die Stunde schlägt* (1940) über den amerikanischen Sprengstoffexperten Robert Jordan, der bei den Internationalen Brigaden kämpft.

LESESTOFF

Der Abend vor der Schlacht. Stories aus dem Spanischen Bürgerkrieg.
Ernest Hemingway

Gefährlicher Sommer.
Ernest Hemingway

Wem die Stunde schlägt.
Ernest Hemingway

Tod am Nachmittag.
Ernest Hemingway

Fiesta.
Ernest Hemingway

Eric Newby
Durch den Hindukusch

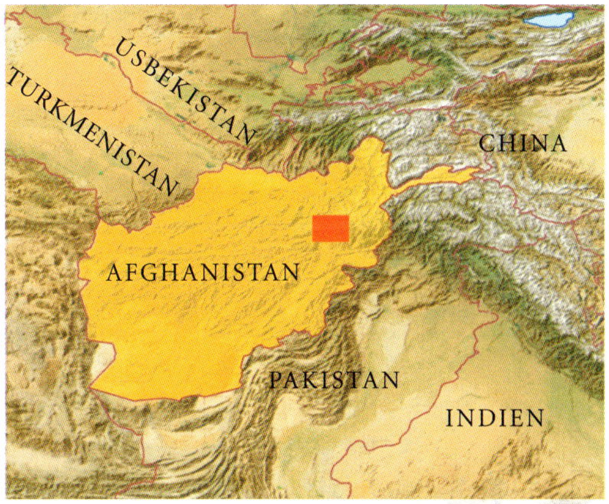

USBEKISTAN
TURKMENISTAN
CHINA
AFGHANISTAN
PAKISTAN
INDIEN

1956 hatte Eric Newby bereits zehn Jahre in der Modebranche gearbeitet, und obwohl dies ein ziemlich ungewöhnliches Feld für einen Möchtegern-Erforscher von »unbekannten Territorien« ist, war er doch immerhin vor dem Zweiten Weltkrieg auf einer viermastigen Bark um die Welt gesegelt. Im Sommer 1956 bereisten Newby und sein Begleiter Hugh Carless eine der abgelegensten Regionen der Welt: die Berge im nordafghanischen Nuristan, wo seit Ende des 19. Jahrhunderts kein Brite mehr gewesen war. Newbys Reisebericht wurde schnell zum Reisebuchklassiker. *Ein Spaziergang im Hindukusch* ist ein lebendiges, witziges Buch über zwei Engländer, die nicht nur eine fremde Landschaft, sondern auch eine fremde Kultur bewältigen müssen.

Ich habe neun Finger ...

Newbys und Carless' Ziel war der 6059 Meter hohe Berg Mir Samir. In der typischen Tradition britischer Amateure bereitete sich Newby, der niemals zuvor geklettert war, mit »einem kurzen Wochenende in den walisischen Bergen« vor. Carless kannte Afghanistan von vielen ausgedehnten Reisen, doch Newby war angesichts der »zerschlagenen Landschaften«, der fast ungenießbaren Nahrung, der eiskalten Nächte in den Höhen und sengenden Hitze bei Tage schnell erschöpft. Außerdem rieben ihm seine Schuhe die Füße blutig, und beide Männer litten unter der Ruhr. Newby tröstete

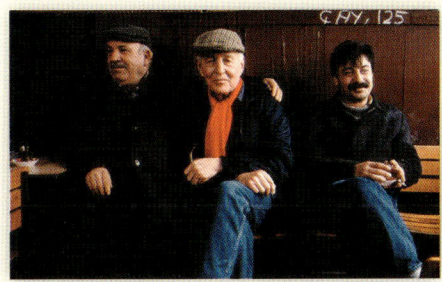

sich mit einem Lehrbuch der Kafir-Sprache von 1901, das solch unergründliche Aussagen enthielt wie: »Ich habe neun Finger, du hast zehn Finger«, oder »Ein Windstoß riss all meine Kleider fort.« Um zu überprüfen, ob seine Uhr, wie er behauptete, wirklich wasserdicht war, versenkten afghanische Männer diese in einer unvergesslichen Szene in einem brodelnden Ziegeneintopf.

LESESTOFF

Ein Spaziergang im Hindukusch.
Eric Newby

A Traveller's Life.
Eric Newby

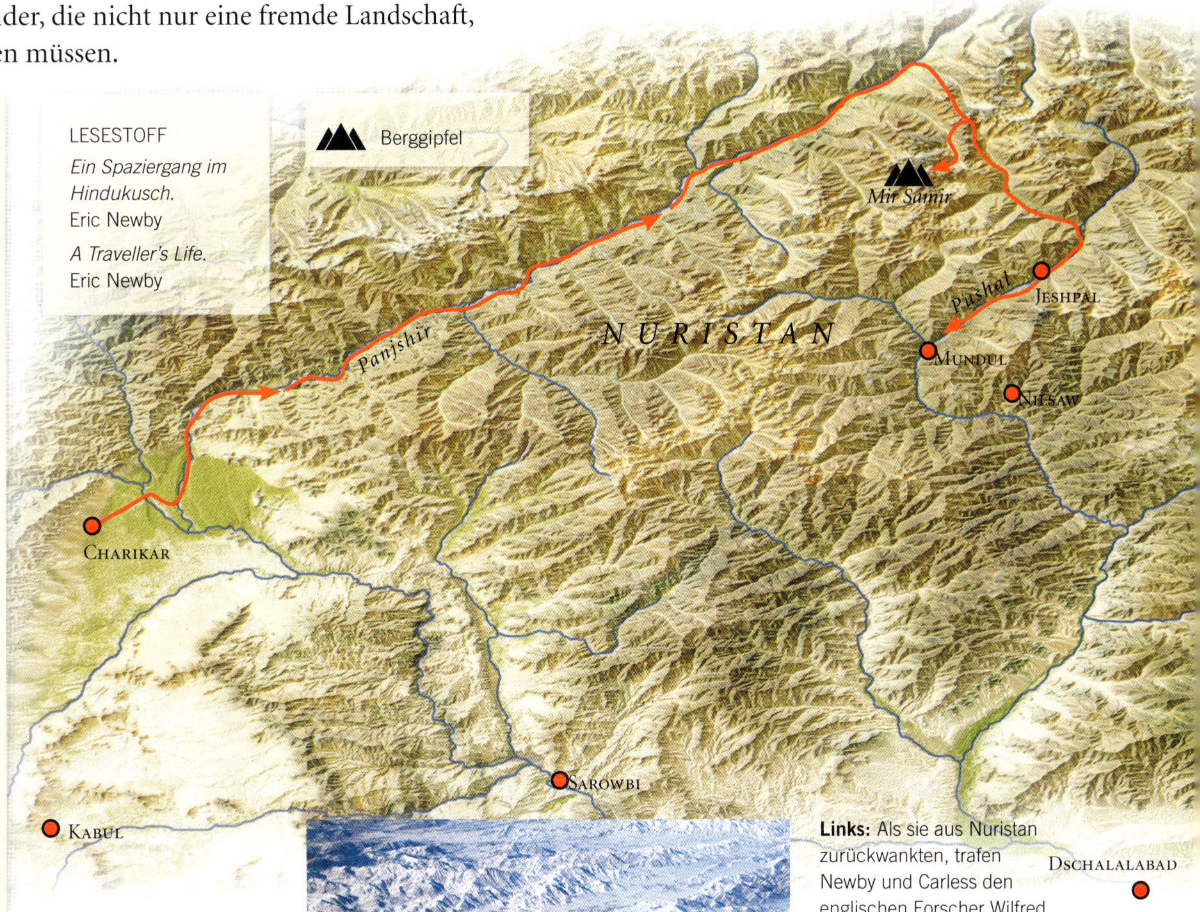

Berggipfel
Mir Samir
Jeshpal
Pushal
NURISTAN
Mundul
Nitsaw
Panjshir
Charikar
Sarowbi
Kabul
Dschalalabad

»Kannst du Juni reisen Nuristan?«
Telegramm von Newby an Carless, 1956

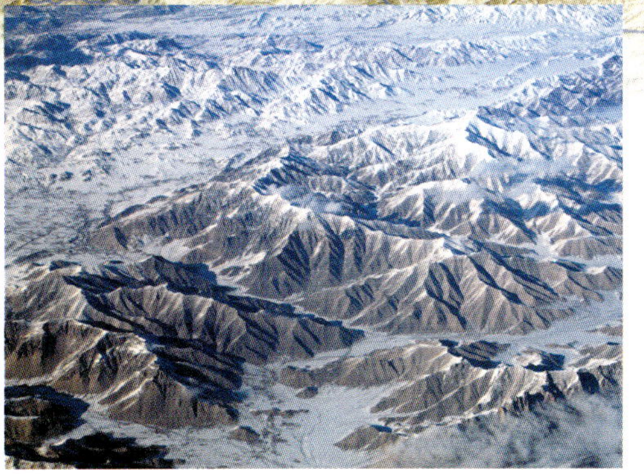

Links: Als sie aus Nuristan zurückwankten, trafen Newby und Carless den englischen Forscher Wilfred Thesiger. In einer urkomischen Szene, in der Newby und Carless für die Nacht im Freien auf Boden »wie Eisen, aus dem spitze Felszacken herausstanden« ihre Luftmatratzen aufbliesen, kommentierte Thesiger dies mit »Mein Gott, was seid ihr nur für Schwächlinge!«

Religion ist ein wichtiger Ansporn zu reisen. Besuche von Schreinen und anderen sakralen Stätten sind ein gemeinsames Element in den verschiedensten Religionen rund um den Erdball, eine heilige Pflicht für Millionen von Pilgern, die sich auf die Suche nach Erleuchtung, Vergebung oder spirituelle Inspiration begeben. Auch wenn sie im Vergleich zu früher an Bedeutung verloren hat, spielt die Pilgerreise auch in der christlichen westlichen Welt noch immer eine wichtige Rolle.

HEILIGE WEGE
Die Pilgerpfade

Der Prophet Mohammed bestimmte, dass jeder Muslim zumindest einmal im Leben in seine Geburtsstadt Mekka pilgern solle. Viele Muslime unternehmen diese Wallfahrt sogar mehrere Male – Millionen Gläubige strömen jedes Jahr aus aller Welt in die Stadt. Einst war dies eine gefährliche, mehrmonatige Reise, die meist zu Fuß erfolgte, doch solche Strapazen gehören heute der Vergangenheit an. Ein größeres Problem ist mittlerweile die Unterbringung der zahllosen Pilger.

Für Hindus übt die auch von Buddhisten verehrte Stadt Varanasi am Ganges eine ähnliche Anziehungskraft aus, verheißt doch das rituelle Bad im »heiligen Fluss«

eine Reinigung von den Sünden. Für Buddhisten hat Lhasa, die heiligste Stadt in Tibet, einen einzigartigen Status. Trotz der bewussten Verwüstungen durch das kommunistische China und des erzwungenen Exils des Dalai Lama zieht die Stadt noch immer die Gläubigen in riesigen Mengen an. Diese trotzen allen Schwierigkeiten, die das Reisen in einem bergigen und armen Land nach sich zieht.

Solch gelebter Glauben angesichts offizieller Verfolgung beeindruckt tief. Im mittelalterlichen Europa waren diese frommen Demonstrationen weit verbreitet. Mühselige Pilgerreisen, sei es nach Rom, in das Heilige Land oder etwa nach Canterbury in England oder Santiago de Compostela in Spanien wurden regelmäßig aus religiöser Pflichterfüllung und in der Hoffnung auf Erlösung unternommen. Der verstaubte, fußlahme Pilger ist eine wiederkehrende Figur jener Zeit, und auch heute ziehen Rom und das Heilige Land Gläubige in großer – und wachsender – Zahl an. Seit den 1980er-Jahren kehren christliche Pilger wieder zu den Wurzeln zurück. Wanderten 1986 noch 2500 auf dem Jakobsweg nach Santiago de Compostela, waren es 2006 bereits 100 000.

AUF DEN SPUREN VON JESUS CHRISTUS
Eine Reise im Heiligen Land

Die historischen Begebenheiten um Jesus sind seit Langem Streitpunkt unter den Gelehrten. Die schriftlichen Berichte, im Wesentlichen die vier Evangelien, widersprechen sich an grundlegenden Stellen und können zudem nicht mit irgendeiner Sicherheit auf Richtigkeit überprüft werden. Sie alle sind Kopien von Kopien, die auf Griechisch und nicht auf Aramäisch, der Sprache von Jesus, verfasst wurden. Jesu Reisen im Heiligen Land während seines ein bis drei Jahre langen Wirkens können nur mit äußerster Vorsicht nachvollzogen werden. Doch ob sie nun wortwörtlich oder als Metapher zu verstehen sind, so lassen sich doch einige wesentliche Stationen seiner Reisen erkennen.

Links: Der 808 Meter hohe Ölberg östlich von Jerusalem ist von großer religiöser Bedeutung. Ab dem 3. Jahrtausend v. Chr. war er einer der wichtigsten Bestattungsplätze der Stadt. Die Himmelfahrtskapelle steht an der Stelle, an der Jesus dem Glauben zufolge zum Himmel auffuhr.

Unten: Wie unsicher die Bestimmung der Orte ist an denen Jesus gewirkt hat, zeigt die Grabeskirche in Jerusalem. Dem Glauben zufolge wurde an ihrem Standort Jesus Christus gekreuzigt und begraben. Möglicherweise fanden an dieser Stelle bereits im 1. Jahrhundert christliche Kulte statt.

Oben: Jesus wuchs in Nazareth auf, zu jener Zeit ein Dorf mit etwa 200 Einwohnern. Die bedeutendste christliche Stätte des Ortes ist die Verkündigungsbasilika. Sie steht über der Höhle, in der laut Überlieferung der Erzengel Gabriel Maria die Geburt des Messias verkündigte.

Das Wirken Christi

In der Zeit seines Wirkens offenbarte sich Jesus der christlichen Überlieferung zufolge als Sohn Gottes und zog bis zu seiner Kreuzigung und Auferstehung mit seiner Anhängerschar predigend und wundertätig durch zwei Gebiete im Heiligen Land. Das erste Gebiet liegt im Norden des heutigen Israel, rund um den See Genezareth.

Jesus verbrachte die ersten 25 oder 30 Jahre seines Lebens in Nazareth, über diese Periode ist nichts bekannt. Dort führte er seine ersten Wunder aus: In Kana verwandelte er Wasser zu Wein, zudem wandelte er auf dem Wasser des Sees Genezareth. Bei Tiberias hielt er die Bergpredigt, und die Speisung der Fünftausend, für die er nur fünf Laibe Brot und zwei Fische benötigte, fand möglicherweise in Bethsaida statt.

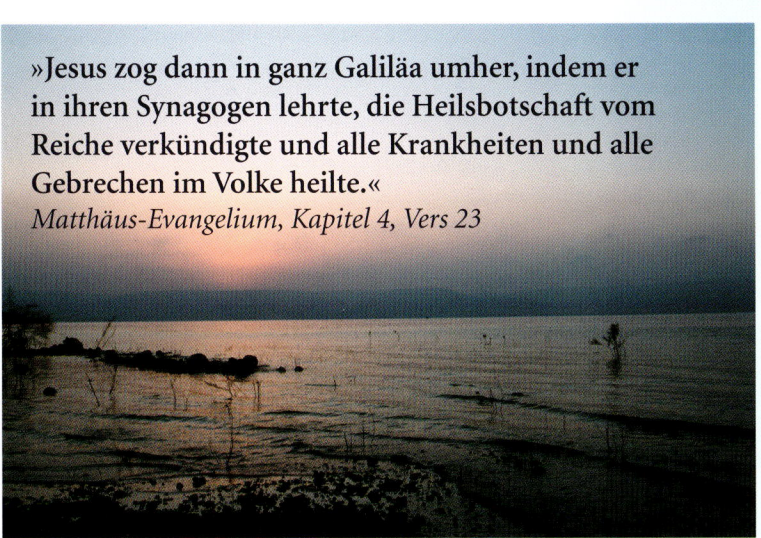

»Jesus zog dann in ganz Galiläa umher, indem er in ihren Synagogen lehrte, die Heilsbotschaft vom Reiche verkündigte und alle Krankheiten und alle Gebrechen im Volke heilte.«
Matthäus-Evangelium, Kapitel 4, Vers 23

🔺🔺 Berggipfel

Das Heilige Jerusalem

Jerusalem, das geistige Zentrum des Judentums und Hauptstadt des römischen Palästina zu Zeiten Christi, war der zweite wichtige Brennpunkt seines Wirkens. Dem Lukas-Evangelium zufolge besuchte Jesus die Stadt zum ersten Mal im Alter von zwölf Jahren und verbrachte hier drei Tage im Tempel, wo er mit den Tora-Lehrern diskutierte. Jesus wirkte zwar vor allem im Norden von Palästina, doch erweckte er in Bethanien Lazarus von den Toten. Zudem waren – nicht minder bedeutsam – Jerusalem und dessen Umgebung Orte der Passion Christi. Hier fanden das letzte Abendmahl, der Verrat, der Prozess, die Kreuzigung und die Auferstehung statt. Der Überlieferung zufolge fuhr Jesus schließlich 40 Tage später vom Ölberg bei Jerusalem in den Himmel auf.

Links: In der christlichen Überlieferung hat Bethsaida große Bedeutung als Stätte der Speisung der Fünftausend und als Geburtsort der drei Apostel Philippus, Andreas und Petrus. Möglicherweise stammten auch die beiden Apostel Jakobus der Ältere und Johannes aus diesem für seine Fischer berühmten Dorf.

LESESTOFF

Unterwegs im Heiligen Land. Das illustrierte Sachbuch zu den Orten Jesu.
Peter Walker

Israel mit der Bibel entdecken.
Beate und Winfried Scheffbuch

Herders großer Bibelatlas.
James B. Pritchard u. a.

SIDON

DAMASKUS

SYRIEN

🔺🔺 Hermon

TYROS

CÄSAREA-PHILIPPI

KAFARNAUM
BETHSAIDA
GENEZARETH
KANA
SEE GENEZARETH
TIBERIAS

NAZARETH

GALILÄA

NAIN

DEKAPOLIS

M I T T E L M E E R

SAMARIA

Jordan

SYCHAR

PERÄA

EMMAUS
BETHANIEN
Gethsemane
JERUSALEM
Ölberg
BETHLEHEM

JUDÄA

TOTES MEER

GAZA

DER HADSCH
Die Pilgerfahrt nach Mekka

Muslime, die dazu körperlich und finanziell in der Lage sind, sollten zumindest einmal im Leben nach Mekka pilgern. »Hadsch« bedeutet: sich nach einem Ort auf den Weg machen«. Die dazugehörigen Rituale, die der Prophet Mohammed im 7. Jahrhundert festlegte, erinnern an das Leben des Propheten Ibrahim, der Jahrhunderte zuvor auf den ersten Hadsch nach Mekka gegangen war. Mohammed bestimmte auch, dass zur Kaaba, zuvor Ziel von Pilgern vieler Religionen, nur noch Muslime pilgern dürfen. Heute strömen im *Dhu l-Hidscha*, dem zwölften Monat des islamischen Kalenders, bei der größten jährlichen Pilgerreise der Welt über zwei Millionen Muslime zu den heiligen Stätten Saudi-Arabiens.

Links: 622 (Jahr 1 des islamischen Kalenders) flohen Mohammed und seine Anhänger von Mekka nach Medina. Der Prophet verwandelte das vormalige Yathrib in eine muslimische Modellstadt mit einer einfachen Moschee. Mohammed wurde in Medina begraben, weshalb es oft von Pilgern besucht wird. Es gehört aber nicht zum Hadsch.

Rechts: In der Zeit des Hadsch wird Mina zur »Zeltstadt« und zur logistischen Herausforderung für die saudischen Behörden.

Unten: Gott befahl Ibrahim und dessen Sohn Ismael, die Kaaba (»Haus Gottes«) in Mekka zu erbauen. Der Engel Gabriel brachte den Schwarzen Stein aus dem Paradies.

Dhu l-Hidscha und der Hadsch

Der Hadsch beginnt am sechsten Tag des *Dhu l-Hidscha* in Mekka mit dem *tawaf* in der Haram-Moschee: Die Pilger legen die einfache weiße Pilgerkleidung *ihram* an, umrunden im inneren Heiligtum siebenmal gegen den Uhrzeigersinn die *Kaaba* und küssen den Schwarzen Stein. Dann erfolgt der siebenmalige Gang zwischen den Hügeln Safa und Marwah, wie es Ibrahims Frau Haagar auf der Suche nach Wasser für ihren Sohn Ismael tat. Der achte Tag des *Dhu l-Hidscha* wird mit Gebeten im nahen Mina verbracht. Der spirituelle Höhepunkt ist am folgenden Tag das Verweilen der Pilger mit Gott am Arafat, wo Mohammed seine letzte Predigt hielt. Im Muzdalifa-Tal sammeln sie 70 Steine, mit denen sie zurück in Mina drei Säulen – und damit symbolisch den Teufel – steinigen. Nach einem zweiten *tawaf* in Mekka erfolgt erneut das Steinigungsritual in Mina. Spätestens vor Sonnenuntergang des zwölften Tages des *Dhu l-Hidscha* müssen die Pilger die Stätten verlassen.

Der Prophet Mohammed

Mohammed, der Begründer des Islam, wurde um 570 in Mekka geboren. Seine Eltern starben früh, und sein Onkel bildete ihm zum Kaufmann aus. 595 heiratete er die 40-jährige Witwe Chadidscha, mit der er sechs Kinder bekam. Mohammed galt als vertrauenswür-

dig und verachtete die polytheistischen Kult-objekte in der Kaaba. Bei einem Aufenthalt in der Hira-Höhle im Jahr 610 erschien ihm der Engel Gabriel und offenbarte ihm, dass er der »Botschafter Gottes« sei. Diese und folgende Offenbarun-gen der Worte Gottes an Mohammed wurden später im Koran aufgeschrieben. Zwei Jahre später begann Mohammed in Mekka zu predigen und scharte zahlreiche Anhänger um sich – aber auch Feinde: 622 musste er nach Medina fliehen. Nach seiner Eroberung von Mekka im Jahr 630 weihte er die Kaaba Allah. Zwei Jahre da-nach verstarb der muslimische Religionsstifter.

Berggipfel

Moschee

MEKKA

Jabal Nur

Haram-Moschee

Jamarat-Brücke

MINA

MUZDALIFA

»Und rufe die Menschen zur Pilgerfahrt auf. Sie werden zu Fuß und auf jedem mageren Kamel aus allen entferntesten Gegenden zu dir kommen.«
Sure 22: 27 Die Pilgerfahrt (al-Hadsch) aus dem Koran

Jabal Rahma

ARAFAT-EBENE

Namira-Moschee

Oben: Nach der Rückkehr von Mina steinigen die Pil-ger in der *Ramy*-Zeremonie drei Säulen. Diese verkör-pern die drei Versuche des Teufels, Ibrahim von Gottes Befehl abzubringen, seinen Sohn Ismael zu opfern. Jede Säule wird siebenmal beworfen. Dann muss ein Tieropfer erbracht werden, so wie es Ibrahim ausführ-te, nachdem Gott seinen Sohn verschont hatte.

NEOLITHISCHE LEY-LINIEN
Die Verbindungen der prähistorischen Landmarken

Im Jahr 1921 bemerkte der englische Amateurarchäologe Alfred Watkins, dass einige alte Landmarken in Herefordshire auf einer geraden Linie lagen. So begann seine Suche nach den sogenannten Ley-Linien, die die prähistorischen Stätten Großbritanniens miteinander verbinden, und vermutete in ihnen jungsteinzeitliche Handelsstraßen. Seine Theorien waren nicht beweisbar, die Idee der Ley-Linien eroberte jedoch die Welt und bekam gar mystischen Charakter. Für Esoteriker sind sie Linien spiritueller oder kosmischer Energien oder stehen gar mit UFOs in Verbindung. Glaube man, was man will – diese Reise führt Sie zu grandiosen jahrtausendealten Stätten, die auf jeden Fall eine Erkundung lohnen.

Oben: Niemand weiß, warum und wie Stonehenge erbaut wurde. Wahrscheinlich war es eine Zeremonialstätte aus einer Zeit, lange bevor es Druiden gab. Kein anderer Steinkreis in Großbritannien weist solch große Pfeiler- und Decksteine auf.

Unten: Das Uffington White Horse ist das größte bekannte Kreide-Scharrbild eines Pferdes. Vermutlich ist es rund 3000 Jahre alt.

> »Stellen Sie sich eine Feenlinie vor, die sich, so weit das Auge reicht, von Gipfel zu Gipfel erstreckt.«
> *Alfred Watkins in The Old Straight Track*

Ley-Linien in Großbritannien

Jede Suche nach Großbritanniens Ley-Linien fängt in Stonehenge an. Dort begannen Erdarbeiten schon um 3100 v. Chr., die monumentalen Steine wurden jedoch erst um 2200 v. Chr. errichtet. In der Nähe befinden sich der viel größere Steinkreis von Avebury, der von Menschenhand geschaffene Silbury Hill und der Sweet Track von 3800 v. Chr. Jenseits der Irischen See finden sich viele Ganggräber in Friedhofsanlagen. Die schönsten sind Newgrange von etwa 3000 v. Chr. und Carrowkeel. In Céide Fields fanden Archäologen die ältesten bekannten Feldanlagen der Welt. In Schottland bietet Orkney die beeindruckendsten Stätten: die weltberühmten, gut erhaltenen Häuser von Skara Brae (3100 v. Chr.) und die Jahrhunderte ältere Anlage Knap of Howar.

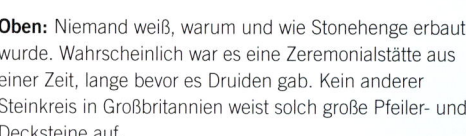

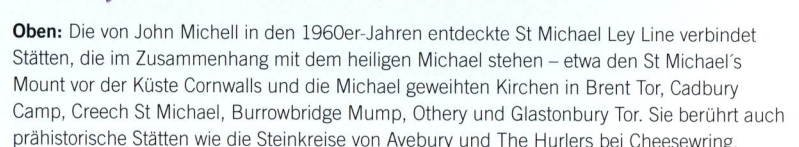

Oben: Die von John Michell in den 1960er-Jahren entdeckte St Michael Ley Line verbindet Stätten, die im Zusammenhang mit dem heiligen Michael stehen – etwa den St Michael's Mount vor der Küste Cornwalls und die Michael geweihten Kirchen in Brent Tor, Cadbury Camp, Creech St Michael, Burrowbridge Mump, Othery und Glastonbury Tor. Sie berührt auch prähistorische Stätten wie die Steinkreise von Avebury und The Hurlers bei Cheesewring.

AUF DER SUCHE NACH BUDDHA
Nepal und der Himalaya

Fürst Siddhartha Gautama wurde um 623 v. Chr. (bzw. um 560 v. Chr., je nach Quelle)als Sohn des Königs Suddhodana geboren und wuchs in Luxus auf. Als er zum ersten Mal mit Krankheit und Armut konfrontiert wurde, war er über die Oberflächlichkeit seines Lebens erschüttert. Er begann, nach *nirwana* (Erlöschen) durch Erleuchtung zu streben, wurde nach sieben Jahren des Lernens, der Askese und Meditation zum Buddha und fand den »Mittleren Pfad«. Weitere 45 Jahre lehrte er auf Wanderschaft in der Gangesebene die Vier Edlen Wahrheiten und den Edlen Achtfachen Pfad des Buddhismus und sprach von der Pilgerreise zu den »Vier großen Wundern«. Als Kaiser Ashoka zwei Jahrhunderte später Buddhist wurde, kamen Pilger aus ganz Asien zu den heiligen Stätten des sich ausbreitenden Buddhismus.

Der Weg der Erleuchtung

Im heiligen Garten in Lumbini im südlichen Nepal markiert eine Steinplatte Prinz Siddharthas exakten Geburtsort, daneben ragt Ashokas Säule aus dem 3. Jahrhundert v. Chr. auf. In Bodhgaya fand der Prinz nach 49-tägiger Meditation sein »Erwachen« unter dem Bodhi-Baum. Ashokas dortiger Schrein wurde später durch den Mahabodhi-Tempel ersetzt, dessen große Buddha-Statue im Inneren möglicherweise bereits 1700 Jahre alt ist. Es ist geplant, hier die größte – 150 Meter hohe – Buddha-Statue als Symbol des Weltfriedens zu errichten. In Sarnath, wo Buddha seine erste Predigt hielt, steht heute der um 500 n. Chr. errichtete Damekh-Stupa. Der Mukatanabandhana-Stupa und der liegende rote Buddha in Kushinagar markieren die Stelle, wo Buddha im Alter von 80 Jahren in das (endgültige) Pari-Nirwana einging.

Oben: Als Mara ihn versuchen wollte, zeigte Buddha nach unten und rief die Erdgöttin um Hilfe. Sie sandte eine Flut, um Mara und seine Dämonen zu ertränken – ein Symbol für den Sieg des Guten über das Böse.

Rechts: Lumbini in den Vorbergen des Himalaya ist als Geburtsort des Begründers des Buddhismus eine der heiligsten Pilgerstätten. 1997 wurde Lumbini von der UNESCO zur Welterbestätte deklariert.

»Besser siegt man über sich selbst als in tausend Schlachten. Dann gehört einem der Sieg.«
Buddha

NACH BENARES
An den Ufern des Ganges

Das 3000, Legenden zufolge sogar 5000 Jahre alte Varanasi (ehemals Benares) ist die heilige Stadt der Hindus am Ganges. Hier soll der eng mit dem heiligen Strom verbundene Gott Shiva gelebt haben. In Scharen strömen Hindu-Pilger und Sadhus zum rituellen Bad im Strom herbei, vollziehen *puja* (Opferrituale) für die aufgehende Sonne, um sich von ihren Sünden zu reinigen. Dem Glauben zufolge wird jeder, der in Varanasi stirbt, aus dem Kreislauf der Wiedergeburt entlassen. Diese großartige Kulturstadt ist auch für Buddhisten und Jainisten heilig und zudem berühmt für ihre Seiden- und Messingwaren.

Links: An den *ghats*, den stufenförmigen Uferbefestigungen, gelangt man zu den heiligen Badestellen. Varanasis *ghats* sind in spiritueller Hinsicht die bedeutsamsten in ganz Indien. Dem Glauben zufolge fließt der Ganges vom Himmel und reinigt die Menschen von ihren Sünden. Für das rituelle Bad in den ersten Strahlen der Sonne sammeln sich Tausende Pilger schon vor dem Morgengrauen.

Oben: Im Venkateshwara-Tempel in Tirumala bei Chennai (Madras), einem der reichsten Tempel der Welt, dürfen auch Nicht-Hindus in das Allerheiligste. Den um 300 n. Chr. errichteten Tempel des Vishnu besuchen täglich 60 000 Pilger.

Links: Ein beeindruckendes Bild Indiens – nur wenig kommt der lebhaften Energie, dem Freilufttheater an den *ghats* des Ganges in Vanarasi gleich: Pandits, brahmanische religiöse Gelehrte, lesen laut heilige Texte, Asche, mit der die Stirn der Pilger bestrichen werden, wird verteilt. Neben den Ritualen nimmt der Alltag seinen Lauf, mit Wäsche waschen, baden, spielen, Geschäfte machen ... Und mittendrin trotten die heiligen Kühe.

Der Vishwanath-Tempel (**links**) liegt versteckt im dicht gedrängten Varanasi (**rechts**). Er zählt zu den heiligsten Tempeln der Hindus: Er steht dem Glauben zufolge an der Stelle, an der Shiva seine Vormachtstellung unter den Göttern errang. Wer hierher kommt, soll Befreiung und Glück erfahren.

PAKISTAN

HARIDWAR

DELHI

Ganges

PUSHKAR

NEPAL

BHUTAN

ALLAHABAD

KHAJURAHO

VARANASI (BENARES)

Ganges

BANGLADESCH

ARABISCHES
MEER

UJJAIN

KOLKATA (KALKUTTA)

INDIEN

NASIK

Golf von
Bengalen

Feste und Tempel

Der hinduistische Mythos vom »Quirlen des Milchozeans« wird bei der Kumbh Mela gefeiert. Dieses größte Fest der Welt lockt alle drei Jahre Abermillionen Pilger zu einem der vier Orte, an denen die Tropfen des Nektars der Unsterblichkeit auf die Erde fielen: Ujjain, Nasik, Haridwar und Allahabad. In Pushkar, wo jährlich der berühmte Kamelmarkt stattfindet, führen unzählige *ghats* zu den Badestellen im heiligen See. Ein Tempel ist dem Schöpfergott Brahma geweiht. Zu den erotischen Tempeln von Khajuraho zählt auch ein Tempel des Vishnu, der zuletzt als Buddha inkarnierte. Die heiligste Stadt Indiens ist jedoch Varanasi mit Scheiterhaufen und *ghats* aus dem 18. Jahrhundert am Fluss und Shivas Vishwanath-Tempel mit goldener Kuppel.

TIRUMALA

CHENNAI (MADRAS)

MADURAI

»Älter als die Geschichte, älter als die Tradition, älter gar als die Legende, und es sieht doppelt so alt aus wie alle miteinander.«
Mark Twain über Varanasi

LESESTOFF UND FILM

Ram Charit Manas. Tulsidas

Die großen Götter Indiens. Grundzüge von Hinduismus und Buddhismus. H. W. Schuman

Eine gute Partie. Vikram Seth

Benaras. A Mystic Love Story (Film)

SRI
LANKA

INDISCHER
OZEAN

DER WEG NACH ROM
Zum Sitz des Papstes

Als Papst Johannes Paul II. im April 2005 verstarb, strömten fast vier Millionen Menschen zu seinem Begräbnis nach Rom – es war das größte Pilgertreffen in der Geschichte der Ewigen Stadt, die alljährlich zu Ostern von rund einer Million Gläubigen besucht wird. Als Hauptsitz der katholischen Kirche hat Rom jedoch schon immer Pilger angezogen, seitdem Kaiser Konstantin im Jahr 313 das Christentum offiziell erlaubte. Da im Heiligen Land Muslime herrschten (außer in der kurzen Ära der Kreuzfahrerstaaten), wurde Rom zum Zentrum tiefer religiöser Verehrung. Schon während des gesamten Mittelalters waren Wallfahrten aus allen Teilen Europas üblich.

Ein mittelalterliches Provinznest

Sitz des Papstes und Herz des Christentums – dennoch war das mittelalterliche Rom armselig und klein, ein von Seuchen geplagtes, verwahrlostes Nest mit knapp 20 000 Einwohnern. Angesichts des Schadens an der Stellung des Papsttums, den der erzwungene Umzug ins südfranzösische Avignon im 14. Jahrhundert anrichtete, wurde es immer schwieriger, Pilger in die wenig einladende Stadt zu locken. Im Jahr 1300 versuchte Papst Bonifatius VIII. nach Jahrhunderten des Abstiegs eine Wende herbeizuführen und rief das erste Heilige Jahr aus. Allen Pilgern, die in die Stadt kamen, würde vollständiger Ablass gewährt werden – durch die Wallfahrt würden all ihre Sünden vergeben werden. Das Heilige Jahr wurde zum fantastischen Erfolg und war ein wichtiger Schritt zur Verbesserung von Roms religiöser Stellung und seiner Finanzen. Nicht anders als die heutigen Touristen waren Pilger eine wichtige Einkommensquelle – um sie wurde teilweise mit harten Bandagen gekämpft.

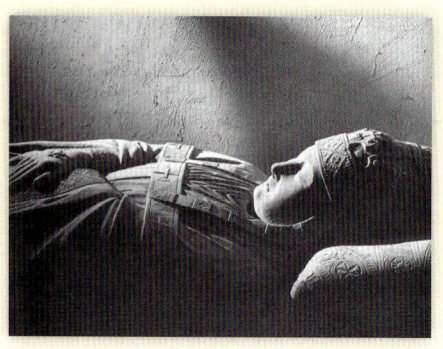

Links: Im mittelalterlichen Europa waren erschöpfte Pilger, die ihrem spirituellen Ziel entgegentrotteten, eine stete Erscheinung. Nur Reiche konnten es sich leisten zu reiten.

Unten: Santa Maria Maggiore wurde um 440 errichtet und ist eine der ältesten Kirchen Roms. Im 18. Jahrhundert wurde sie mit barocken Fassaden versehen.

»[König Oswiu von Northumbria] war den römischen und apostolischen Bräuchen so verbunden, dass er beabsichtigte, falls er von seiner Krankheit genese, nach Rom zu gehen und sein Leben dort zwischen den heiligen Orten zu beenden.«

Bede, History of the English Church and People, um 730

Unter den vielen Wegen nach Rom und zum Petersdom (**oben**), der größten Kirche der Welt, ist die *Via Francigena*, die »Straße von Frankreich«, wohl am besten dokumentiert (**Karte links**). Die in römischer Zeit angelegte Straße war im Mittelalter die Hauptroute zwischen Canterbury in England (selbst ein bedeutender Wallfahrtsort) und Rom. Zur Via Francigena führten zahllose andere Straßen.

Oben: Das Begräbnis von Johannes Paul II. beherrschte die Schlagzeilen rund um die Welt. Der erste polnische Papst wurde selbstverständlich in seiner streng katholischen Heimat hoch verehrt, auch wegen seines Einstehens für die Befreiung Polens von kommunistischer Herrschaft.

LESESTOFF

Pilgerleben im Mittelalter. Zwischen Andacht und Abenteuer.
Norbert Ohler

Pilgrimage to Rome in the Middle Ages.
Debra J. Birch

CANTERBURY — DOVER — SOMBRE — GUINES — ARRAS — REIMS — BAR-SUR-AUBE — BESANÇON — LAUSANNE — VEVEY — VERCELLI — PIACENZA — FIDENZA — AULLA — POGGIBONSI — AQUAPENDENTE — VITERBO — ROM

DIE STRASSE NACH LHASA
Von Nepal nach Tibet

Die knapp 1000 Kilometer lange Route von Kathmandu in Nepal zu Tibets Hauptstadt Lhasa zählt zu den eindrucksvollsten Strecken der Welt. Sie führt in fünf Tagen vom üppig grünen Nepal auf das windgepeitschte karge Tibetische Plateau. Zahllose Bauerndörfer liegen in dieser öden, abgelegenen Landschaft, die im Süden vom Himalaya begrenzt wird und im Winter, wenn der Schnee die Pässe versperrt, fast nicht erreichbar ist. Dennoch ist die Reise höchst spirituell, führt sie doch ins Herz des tibetischen Buddhismus: Lhasa. Die im 7. Jahrhundert gegründete Stadt war bis zum Einmarsch der Chinesen 1950 Sitz des weltlichen und geistlichen Führers des Landes, des Dalai Lama. Sein riesiger Potala-Palast thront noch heute über Lhasa.

»Ein altes tibetisches Sprichwort sagt, dass man überall zu Hause ist, wo man sich zu Hause fühlt. Wenn deine Umgebung angenehm ist, dann bist du zu Hause.«
Tenzin Gyatso, 14. Dalai Lama

Von Kathmandu nach Lhasa

Nicht weniger als fünf über 5000 Meter hohe Pässe liegen zwischen Kathmandu und Lhasa, das mit 3600 Höhenmetern zu den höchstgelegenen Städten der Welt zählt. Der Aufstieg beginnt gleich nach Kathmandu, wo die steile Straße entlang des Flusses Sun Kosi zur tibetischen Grenze bei Kodari führt. Danach verläuft die Strecke über die 5000 Meter hohe Passhöhe Lalung La – sie ist das Tor zum Tibetischen Plateau, zum »Dach der Welt«. Nach drei Tagen erreicht man Tibets zweitgrößte Stadt, Shigatse. Das dortige Lhunpo-Kloster ist traditionell der Sitz des Panchen Lama, des höchsten Lamas des Landes nach dem Dalai Lama. Nach Shigatse muss man noch nach Gyantse und über die zwei gigantischen Pässe Karo La und Kamba La gehen, bis man schließlich Lhasa erreicht.

LESESTOFF
Sieben Jahre in Tibet.
Heinrich Harrer
Die heiligen Stätten der Tibeter.
Andreas Gruschke
The Power Places of Central Tibet. The Pilgrim's Guide.
Keith Dowman

Links: Der 13-stöckige mächtige Potala-Palast auf dem Roten Berg beherrscht das Stadtbild von Lhasa. Er beherbergt über 1000 Räume, 10 000 Schreine und 200 000 Statuen. An seiner Basis sind die Mauern über vier Meter dick. Der Palast ist heute ein Museum.

Rechts: In über 4200 Metern Höhe erstreckt sich der faszinierende Yamdrok-Tso-See in einer kahlen, unwirtlichen Landschaft.

DER PILGRIM'S WAY
Zur Kathedrale von Canterbury

Als sich in Chaucers *Canterbury Tales* die Pilger nach London aufmachten, war ihr Ziel der bedeutendste Wallfahrtsort des Christentums: der Schrein des Thomas Becket in der Kathedrale von Canterbury. Sie reisten auf der Route der modernen Autobahn A2, die heute südlich von London durch einen unattraktiven Siedlungsbrei mit unablässigem Verkehrslärm führt. Es gibt jedoch noch einen weiteren Pilgrims' Way. Dieser uralte Weg aus prähistorischer Zeit verläuft südlich von London durch die North Downs nach Winchester, Canterbury und Dover. Auch diese Route besteht heute größtenteils aus viel befahrenen Autostraßen, doch kann man über weite Strecken wie Jahrtausende und Jahrhunderte zuvor Kelten, Römer, Händler und Pilger durch zeitlose Landschaften wandern.

Oben: Die Kathedrale von Winchester datiert aus dem Jahr 642, das heutige Bauwerk wurde jedoch im Mittelalter zwischen dem 11. und 16. Jahrhundert in verschiedenen Epochen neu erbaut und erheblich vergrößert. Sie ist die längste gotische Kathedrale in Europa.

LESESTOFF

Pilgrims' Way. From Winchester to Canterbury. Christopher Martin

The Old Road. Hillaire Belloc

The Canterbury Tales. Geoffrey Chaucer

»In England ziehen die Leute nach Canterbury: Den seligen Märtyrer aufzusuchen ist ihr Begehr.«
Geoffrey Chaucer, The Canterbury Tales, um 1380

[Karte mit Orten: LONDON, SOUTHWARK, DEPTFORD, GREENWICH, Themse, Themsemündung, ROCHESTER, SITTINGBOURNE, CANTERBURY, CHILHAM, BOUGHTON LEES, CHARING, WROTHAM, Medway, NORTH DOWNS, WESTERHAM, GUILDFORD, DORKING, REIGATE, FARNHAM, WINCHESTER, DOVER, FOLKSTONE]

Östlich von Winchester

Chaucers Pilger reisten auf der wohl bekanntesten Route nach Canterbury – die Pilger von Winchester folgten jedoch dem ältesten Weg. Der seit 1978 »North Downs Way« genannte Weg führt rund 190 Kilometer von Winchester Richtung Osten nach Canterbury und von dort knapp 50 Kilometer südwärts nach Dover. Der schönste Abschnitt führt durch die North Downs, einen Höhenzug aus Kreidegestein mit einsamen alten Wäldern und seit Jahrhunderten genutzten Weidelandschaften. Der Weg verläuft in den North Downs oberhalb der morastigen Täler und bietet auch im Winter eine Ost-West-Verbindung.

Erschrocken über den Mord an Erzbischof Thomas Becket zog König Henry II barfuß und von Bischöfen gegeißelt in die Kathedrale von Canterbury, um für seine ungewollte Rolle beim Tod des eigensinnigen Klerikers Buße zu tun. Später begann die Pilgerreise traditionell in Southwark und dessen gotischer Kathedrale (**rechts**).

DER WEG NACH SANTIAGO
Von Frankreich durch Nordspanien

Seitdem Papst Johannes Paul II. 1983 zum Heiligen Jahr erklärte, erfährt die Kathedrale von Santiago de Compostela, eines der großen Pilgerziele des Mittelalters, einen erheblichen, andauernden Anstieg in den Besucherzahlen jener Pilger, die nicht wie Touristen mit dem Flugzeug oder Auto anreisen, sondern sich wie im Mittelalter auf eine lange, anstrengende Reise begeben. Die meisten legen die Strecke in die ansonsten unbekannte, abgelegene Region in Nordwestspanien zu Fuß zurück, manche hoch zu Ross und einige – als Konzession an die Moderne – mit dem Fahrrad.

Rechts und unten: Jeder, der rund 100 Kilometer nach Santiago (**links**) geht oder etwa 200 Kilometer dorthin mit dem Rad fährt und hierfür seine religiösen Gründe belegen kann, erfüllt die Kriterien für eine *Compostela*. Dieses Dokument der Diözese ist eine Bestätigung der modernen echten Pilger. Als Beweis, dass sie die Strecke bezwungen haben, lassen die Pilger ihren Pilgerpass *(Credencial)* entlang der Route abstempeln.

Grabstätte des heiligen Jakobus

Santiago war im Mittelalter eine bedeutende Pilgerstätte: Neben Rom und Jerusalem gehörte es zu den drei christlichen Wallfahrtsorten, in denen den Gläubigen ein Generalablass – die vollständige Vergebung ihrer Sünden – gewährt wurde, wenn sie dorthin pilgerten.

Sein Ruhm gründete auf dem Glauben, dass sich

dort das Grab des Apostels Jakobus befindet. Ab dem 12. Jahrhundert kamen Pilger aus ganz Europa nach Compostela, die meisten trugen stolz das traditionelle Symbol des Heiligen, die Jakobsmuschel. Die Rillen ihrer Schale laufen so zusammen wie die vielen Wege nach Santiago, die in der Stadt aufeinandertreffen, und erinnern darüber hinaus an die Strahlen der untergehenden Sonne, in deren Richtung die Pilger zogen. Wer Santiago erreichte, nahm eine Muschel mit als Beweis für die erfolgreiche Pilgerreise.

Auf dem Jakobsweg

Eigentlich gibt es gar keinen bestimmten *Camino de Santiago* oder »Jakobsweg«, denn eine Pilgerreise nach Santiago kann an jedem beliebigen Punkt beginnen. Im Mittelalter gab es vier offizielle Routen durch Frankreich, heute gilt vor allem eine Strecke als Jakobsweg. Sie führt von den Pyrenäen durch Nordspanien und wird von der überwältigenden Mehrheit der Pilger benutzt. Dieser mittlerweile »offizielle« *Camino de Santiago* (oder *Camino Francés*, wie er häufig auch genannt wird) führt von St.-Jean-Pied-de-Port in die französischen Pyrenäen. Nach dem beeindruckenden felsigen Abstieg aus dem Gebirge durchquert er die *meseta*, das hochgelegene Tafelland Nordspaniens, und führt weiter in das grüne Bergland von Galicien und nach Santiago – insgesamt ist er rund 800 Kilometer lang. Entlang der Strecke sind überall Markierungen, gelbe Pfeile und Jakobsmuschel-Embleme sowie Entfernungsangaben zu sehen. Unterwegs findet man zahllose Unterkünfte, darunter die nur für Pilger offenen *refugios*. Die meisten Pilger bewältigen die Strecke in fünf Wochen – bei täglichem Wandern.

»Die ›traditionellen Wege‹ sind die, auf denen man die Reise aus eigener Motivation unternimmt, die eine körperliche Anstrengung oder Verzicht beinhalten, ein Element der physischen Verletzbarkeit und eine Geisteshaltung, die für Begegnungen offen ist.«
Laurie Dennett, ehemaliger Chairman der Confraternity of St. James

FRANKREICH

PARIS
ORLÉANS
TOURS
VEZELAY
NEVER
POITIERS
LIMOGES
LE PUY
BORDEAUX
CAHORS
ARLES
AUCH
TOULOUSE
ST.-JEAN-PIED-DE-PORT

Golf von Biskaya

SANTIAGO DE COMPOSTELA
SARRIA
LEÓN
ASTORGA
BURGOS
LOGROÑO

SPANIEN

Links und rechts: Von Juni bis September machen sich die meisten Pilger auf den Weg nach Santiago. Besonders Entschlossene pilgern sogar im Winter, wenn in den Pyrenäen in der Regel Schnee liegt. Der Weg durch die Berge führt durch eine herrliche Landschaft, ist aber anstrengend.

LESESTOFF
Der Jakobsweg. Derry Brabbs

Spanischer Jakobsweg. Cordula Rabe

Website des spanischen Tourismusbüros: www.spain.info

Die brutalen Realitäten von Krieg und Eroberung zogen zwar manchmal bemerkenswerte Reisen nach sich, im Allgemeinen erzeugten sie jedoch nur Leid und Zerstörung. Es ist eine Konstante der menschlichen Geschichte, dass Armeen, sei es unter der Flagge der Befreiung oder der Unterwerfung, in die Fremde ziehen. Es lohnt, ihre nicht immer ruhmreichen Geschichten nachzuvollziehen.

DIE SPUR DES KRIEGES
Klassische Feldzüge und Schlachtentouren

Im Amerikanischen Bürgerkrieg kamen allein in der dreitägigen Schlacht von Gettysburg 1863 mehr Amerikaner um als im gesamten Vietnamkrieg, nämlich 60000. Seit diesem traumatischen Ereignis der amerikanischen Geschichte musste Robert E. Lees Nord-Virginia-Armee die Übermacht der Unionstruppen anerkennen.

Der Erste Weltkrieg übertraf selbst dieses Gemetzel: Die industrielle Kriegsführung negierte sämtliche Vorstellungen von Ritterlichkeit und erbrachte eine bis dato unvorstellbare Zahl von Gefallenen. Vergleichbar viele Todesopfer forderten die Invasion der Alliierten in der Normandie

im Juni 1944 sowie der unendlich zermürbende Feldzug der Alliierten in Italien nach 1943, bei dem Landgewinne in Metern gemessen wurden.

Kein Vergleich ist hierzu Napoléon 140 Jahre früher: In seinen Feldzügen von Spanien bis Russland wurden maximale Kräfte so brillant eingesetzt, dass Siege unvermeidbar schienen. Seine Niederlage bei Waterloo wurde nur durch das Zünglein an der Waage besiegelt.

Im mittelalterlichen Europa waren Kriege behäbiger: Winzige, fast immer von Krankheiten geplagte Armeen verfolgten ausweichende Feinde. Deshalb bekriegten sich Franzosen und Engländer im 14. und 15. Jahrhundert fast 120 Jahre bis zur Lösung ihres Konflikts, und deshalb dauerte die christliche Reconquista der muslimischen Gebiete in Spanien fast 800 Jahre, einschließlich der Ausrottung einer der faszinierendsten Kulturen des Mittelalters. Caesars unerbittliche Eroberung von Gallien war hingegen schnell und überwältigend – ein ganzes Volk wurde unter eine eiserne Herrschaft gebracht. Doch dass eine überwältigende Streitmacht keine Garantie für den Sieg ist, zeigt deutlich die Niederlage der USA in Vietnam.

Die Chinesische Mauer
Ein Bollwerk des Staates

Die über 6400 Kilometer lange Chinesische Mauer ist vielleicht das erstaunlichste Bauwerk einer antiken Kultur. Sie wurde zwischen 220 v. Chr. und 200 n. Chr., teilweise auf älteren Mauern, errichtet und belegt eindrucksvoll Chinas organisatorisches Genie und Selbstbild. Seit Entstehen des ersten chinesischen Staates um 1800 v. Chr. zweifelten die Chinesen nie an ihrer Überlegenheit. Und wenn es auch nicht gelang, die barbarischen Nomaden, die regelmäßig aus den Weiten der Mongolei auf Pferden heranstürmten, in Schach zu halten, so konnten diese wenigstens durch ein Bauwerk eingeschüchtert werden, dessen schiere Größe Eroberungsgedanken im Keim ersticken sollte.

Oben: Schätzungsweise eine Million Chinesen – Bauern, Soldaten und Sklaven – arbeiteten über die Jahrhunderte am Bau der Mauer. Wie viele dabei den Tod fanden, ist nicht belegt, Vermutungen gehen von 400000 Opfern aus.

Die moderne Mauer

Von der ursprünglichen Mauer ist fast nichts mehr vorhanden – die heutige Chinesische Mauer wurde in einem gigantischen 200-jährigen Bauprogramm während der Ming-Dynastie (1368–1644) errichtet. Ihr neuer Verlauf folgte der Südgrenze der Mongolei. Sie war auf ganzer Länge mit Forts und Wachtürmen bewehrt, im Durchschnitt 7,50 Meter hoch und 5,50 Meter breit. Im gebirgigen Osten wurde sie vorwiegend aus Ziegeln und Steinen erbaut, im wüstenartigen Westen aus Lehm und Erde und mit Holz verstärkt. Von den letzten rund 480 Kilometern der westlichen Mauer ist nur wenig mehr außer Schutt verblieben. Optimischen Schätzungen zufolge ist rund die Hälfte der Chinesischen Mauer vollständig verschwunden – vor allem im 20. Jahrhundert aufgrund von Vernachlässigung, Krieg und gelegentlich aufgrund offizieller Politik. Die meisten Besucher suchen die am besten erhaltenen Abschnitte im Osten bei Peking (Beijing) auf.

Chinesische Mauer (v. a. unter der Ming-Dynastie erbaut)

MONGOLEI

INNERE MONGOLEI

Gelber Fluss

Jiayu-Pass — JIAYUGUAN

YINCHUAN

NINGXIA

SHAANXI

XINING

LANZHOU

GANSU

CHINA

Links: Immer wieder entflammten Konflikte zwischen den Chinesen und ihren nomadischen mongolischen Nachbarn. Die lange Mauer diente der Verteidigung, konnte jedoch selbst im bevölkerungsstarken China nicht ganz bemannt werden. Somit konnten sie Feinde, die in großer Zahl antraten, zuweilen überwinden.

»... für die Herrscher im alten China waren Grenzen die Schöpfung des Himmels, nicht des Menschen ... Erst als unverschämte Nomaden sich weigerten, ein solch tiefgehendes Konzept anzuerkennen, erschien es notwendig, dieses Geschenk des Himmels auszubauen.«
The Great Wall of China, Stephen Turnbull, 2007

An der Chinesischen Mauer

Die vier bekanntesten Mauerabschnitte sind von Peking aus zu erreichen. Die besten Reisemonate sind Mai und Okober, wenn das Wetter warm ist und weniger Besucher kommen.

Badaling: Das gut 60 Kilometer nordwestlich von Peking gelegene Teilstück zählt zu den bekanntesten und beliebtesten Abschnitten, doch sind Kommerzialisierung und Überfüllung zu beklagen. Das 3,7 Kilometer lange Teilstück verläuft in rund 1000 Metern Höhe.

Mutianyu: Dank seines spektakulären Verlaufs über die Berge ist dieses nur noch rund 2,3 Kilometer lange, relativ wenig besuchte Teilstück für viele besonders reizvoll.

Simatai: Der 19 Kilometer lange, unrestaurierte Abschnitt verläuft 130 Kilometer nordöstlich von Peking. Die Passage ist teilweise schwierig zu begehen, die Lage ist sensationell.

Jinshanling: Der knapp elf Kilometer lange Abschnitt verläuft auf 700 Meter Höhe. Von dort sieht man Peking nur an klaren Tagen. Das Teilstück zählt zu den am wenigsten besuchten Hauptsegmenten der Mauer.

Oben: Erst ab den 1980er-Jahren bemühte sich die chinesische Regierung ernsthaft, die verbliebenen Abschnitte der Mauer zu erhalten. Dies geschah teilweise, weil die Mauer als Touristenattraktion zunehmend zur Einnahmequelle wurde, teilweise aber auch, weil man den kulturellen Wert des Bauwerks erkannte. Noch in den 1960er-Jahren hatte Mao die Chinesen aufgefordert, Steine der Mauer für neue Gebäude zu verwenden, damit so »die Vergangenheit der Gegenwart« diene.

LESESTOFF

First Pass Under Heaven. One Man's 4000 Kilometre Trek Along the Great Wall of China.
Nathan Gray

Die Chinesische Mauer. Geschichte und Gegenwart eines Weltwunders.
Michael Yamashita, William Lindesay

Die Große Mauer.
Julia Lovell

Im Schatten der Chinesischen Mauer.
William Lindesay

Links und rechts: Zäh hält sich der Glaube, dass die Chinesische Mauer als einziges Objekt aus Menschenhand vom All aus sichtbar ist. Die Vorstellung ist reizvoll, aber falsch. Trotz ihrer Länge ist die relativ schmale Mauer, deren Farbe zudem der der Felsen und Böden der Umgebung entspricht, nicht besser zu erkennen als eine Straße.

Julius Caesar
Durch Gallien und Britannien

Im Jahr 58 v. Chr. beendete Julius Caesar sein Konsulat in Rom. Um seine Karriere voranzutreiben, seine Schulden zu zahlen und die römische Grenze am Rhein zu sichern, begann er, Feldzüge durch ganz Gallien zu führen. Dabei unterwarf er die rebellischen südlichen Helveter und besiegte germanische Söldner in den Vogesen. 57 v. Chr. eroberte er die nördlichen Belger auf dem Gebiet des heutigen Belgiens und danach die Veneter in Aremorica, der heutigen Bretagne. Unaufhaltsam wütete Caesar im gallischen Krieg durch das Land, unterwarf die Eburonen, Belger, Nervier, Menapier und Treverer. Der gallische militärische Widerstand formierte sich unter dem Averner-Fürsten Vercingetorix, wurde jedoch in der Schlacht von Alesia von Caesar aufgerieben. Danach konnte Caesar in den Jahren 51 und 50 v. Chr. viele weitere gallische Gebiete einnehmen.

Nach Britannien

Caesar errang große Siege auf dem europäischen Kontinent, seine britannischen Feldzüge waren jedoch weniger erfolgreich. Im Juli 55 v. Chr. zog er wegen der dortigen Silber- und Zinnvorkommen mit zwei Legionen nach Britannien. In Dover traf er auf blau bemalte Krieger mit langen Bärten und Streitwagen. Caesars Soldaten ließen sich auf einige Scharmützel ein, bis sie eine Revolte der Belger nach Gallien zurückrief. Der Rückzug war jedoch nur vorübergehend: Im Sommer 54 v. Chr. kehrte Caesar mit fünf Legionen nach Britannien zurück, drang bis über die Themse vor und unterwarf die Catuvellaunen. Doch er musste erneut nach Gallien zurück, da die Belger aufgrund von Missernten wieder revoltierten. Um nicht während des Winters in Britannien festzusitzen, segelte Caesar noch einmal nach Gallien zurück. Die Insel wurde somit nicht unterworfen, und die britischen Feldzüge dienten alles in allem mehr der Propaganda.

Links: Kurz nach der Einnahme von Bourges 52 v. Chr. belagerte Caesar erfolgreich das auf einem Hügel gelegene Alesia, in das sich eine Kriegerallianz mehrerer gallischer Stämme unter der Führung von Vercingetorix verschanzt hatte. Die Schlacht dezimierte den gallischen Widerstand gegen Rom.

Links: Im Jahr 52 v. Chr. nahm Caesar den strategisch bedeutenden gallischen Stützpunkt Avaricum (das heutige Bourges) ein, der von Vercingetorix, dem Führer der Averner, verteidigt wurde. Caesar zufolge war Avaricum die »vielleicht schönste Stadt in ganz Gallien«.

Links: Damit keine germanischen Stämme über den Rhein nach Gallien kamen, ließ Caesar zwei Brücken bauen und drang selbst nach Germanien vor. Fast alle germanischen Stämme schworen Frieden – nach nur 18 Tagen kehrte Caesar von Germanien nach Gallien zurück und zerstörte die Brücken hinter sich.

DAS ANGEVINISCHE REICH
Der Hundertjährige Krieg

Englands König Henry II regierte ab 1154 über eines der größten Reiche im westlichen Europa. Das Angevinische Reich erstreckte sich über England, fast ganz Irland und – vom Ärmelkanal bis zu den Pyrenäen – ganz Westfrankreich. Diese französischen Lande waren 1216 verloren. Erst 1337 versuchte Edward III, sie systematisch wieder zurückzugewinnen: Er erklärte sich zum Erben des französischen Thrones und begann einen Krieg, der als der Hundertjährige in die Geschichte eingehen sollte. In diesem Krieg gewannen die Engländer riesige Gebiete ebenso schnell, wie sie sie wieder verloren.

Oben: Weniger als 6000 englische und walisische Soldaten standen bei Agincourt 36 000 Franzosen entgegen. Doch die Langbogenschützen gewannen die Schlacht für Henry V. Sie mähten die französischen Ritter, deren Rüstungen eher Handicap als Schutz waren, regelrecht nieder.

Über hundert Jahre Krieg

Von 1339 bis 1346 führte Edward III fünf große Feldzüge nach Nord- und Ostfrankreich. Seine Armeen feierten fast ständig Erfolge, und ihre Guerillataktik fügte den größeren und behäbigeren französischen Verbänden Schäden zu. Der Höhepunkt wurde 1346 in Crécy erreicht: Dort trumpften die Engländer mit ihren Waffen auf und demonstrierten erstmals die tödliche Wirkung des Langbogens. Zehn Jahre später besiegte Edwards Sohn, der »Schwarze Prinz«, in der Schlacht von Maupertuis die Franzosen. Doch trotz dieser großen Siege wurde der Krieg nicht durchgängig geführt und erstarrte in einer bedrückenden Pattsituation, bis 1415 Henry V, nun als König, erneut in die Schlacht zog. Bei seinem Sieg bei Agincourt fielen 6000 Franzosen und nur 400 Engländer. Ganz Nordfrankreich war nun in englischer Hand, und der endgültige Sieg schien zum Greifen nahe. Doch Henrys früher Tod im Jahr 1422 erfolgte gleichzeitig mit einem Wiedererstarken der Franzosen, und selbst die Gefangennahme von Jeanne d'Arc 1430 konnte den französischen Erfolgszug nicht aufhalten. Nach 116 Jahren endete der Krieg 1453 mit der endgültigen Niederlage der Engländer.

LESESTOFF

Der Bogenschütze.
Bernard Cornwell

The 100 Years' War.
Anne Curay

Die Armeen des 100-jährigen Krieges (1337–1453).
P. Knight/ D. Nicolle

»Mit einer Frequenz von etwa ein bis zwei Schüssen pro zwei Minuten waren sie [die französischen Armbrustschützen] den Langbogenschützen unterlegen, die alle fünf Sekunden einen Schuss abgeben konnten.«
Froissarts Chronik. Buch 1, 1377, über die Schlacht von Crécy

ENGLAND

ÄRMELKANAL

BRÜGGE
CALAIS
GENT
AMIENS
ROUEN
NORMANDIE
PARIS
MAINE
GEBIETE DES FRANZÖSISCHEN KÖNIGS
RENNES
ORLÉANS
BRETAGNE
LE MANS
ANGERS
TOURS
DIJON
NANTES
ANJOU
TOURAINE
POITOU
POITIERS
LA MARCHE
ANGOULEME
LIMOGES
CLERMONT
ANGOULEME
LIMOGES
AUVERGNE
PERIGORD
BORDEAUX
SAINTOGNE
GRAFSCHAFT TOULOUSE
NIMES
GASCOGNE
AUCHE
TOULOUSE
TARBES

DIE RECONQUISTA
Die Rückeroberung des muslimischen Spanien

Im Jahr 716 war Spanien der rasanten muslimischen Eroberung anheimgefallen. Diese war Teil der muslimischen Expansion nach 632, in deren Verlauf sich der Islam von Arabien bis Indien im Osten und Spanien im Westen verbreitete. Christliche Kampfbereitschaft, die nach 1096 die Kreuzzüge antrieb, schrieb sich auch die Rückeroberung – die *reconquista* – auf die Fahnen. Zwischen 1000 und 1492 wurde die hochzivilisierte, tolerante und technisch fortschrittliche muslimische Kultur in Spanien bis zu ihrer endgültigen Ausrottung allmählich zurückgedrängt. Doch besonders in Südspanien sind die Folgen der fast 800 Jahre dauernden muslimischen Herrschaft noch immer zu sehen.

Muslimische Vertreibung

Man kann den Beginn der Reconquista im Jahr 722 ansetzen, als ein christliches westgotisches Heer die Muslime im nordwestspanischen Covadonga besiegte. Doch erst als sich das Kalifat von Córdoba nach dem Tod seines Herrschers al-Mansûr im Jahr 1002 aufsplitterte, erschien eine wirkungsvolle christliche Expansion wahrscheinlich.

Innerhalb von hundert Jahren wurde die muslimische Herrschaft auf wenig mehr als ein Drittel der Iberischen Halbinsel zurückgedrängt. Córdoba fiel 1235, Sevilla 1248. Die muslimische Macht reduzierte sich auf Granada, einen Rumpfstaat am Mittelmeer.

In den großen Städten des muslimischen Spanien – Sevilla, Granada, Toledo und Córdoba – sind die Kultiviertheit und technischen Errungenschaften der maurischen Herrschaft noch heute offensichtlich. In jener Zeit gab es im restlichen Europa, das sich erst aus der dunklen Ära des Frühmittelalters befreite, keine vergleichbaren Städte. Die Alhambra in Granada (**oben**) zum Beispiel ist ein fantastischer Palast mit herrlichen Ornamenten. Die Giralda in Sevilla (**links**) ist nicht weniger bemerkenswert, steht jedoch für den christlichen Sieg. Auf Befehl der christlichen Eroberer von Spanien, Ferdinand und Isabella (**unten**), wurde eine der größten Moscheen des muslimischen Reiches in eine der größten Kathedralen Euroas umgebaut.

Die Kultur des Islam

In al-Andalus, wie das muslimische Spanien genannt wurde, gab es überall intellektuelle Zentren. Das größte war jedoch Córdoba am Ufer des Guadalquivir in Südspanien. Mit fast 500 000 Einwohnern war Córdoba im 10. Jahrhundert die größte Stadt Europas mit 700 Moscheen und 70 Bibliotheken, deren größte 600 000 Bände beherbergte. Im Herzen der Stadt stand eine Moschee: die Mezquita. Sie wurde im 10. Jahrhundert zur zweitgrößten Moschee der muslimischen Welt aus- und umgebaut. Ihre widerhallenden Dächer ruhten auf prächtigen gestreiften und gebänderten Doppelbogen, die auf 1000 Säulen auflagen.

In Córdoba kam auch der Philosoph und Universalgelehrte Averroës im Jahr 1126 zur Welt. Ihm verdanken wir die Aufzeichnung und Übertragung eines riesigen Teils der antiken Philosophie und Wissenschaft – vor allem der Werke von Aristoteles. Ein Zeitgenosse von Averroës war der jüdische Philosoph Maimonides. Er war wie Averroës ein Universalgelehrter und interessierte sich für Astronomie genauso wie für Mathematik, Technik und landwirtschaftliche Methoden.

»5954 Jahre sind nun seit Beginn der Welt bis zur Ära 792
vergangen, die nun begonnen hat, das zehnte Jahr des Kaisers
Konstantin, das vierte des Abd Allah, des Amir Almuminim,
das siebente des Yusuf in spanischen Landen und das hundert-
undsechsunddreißigste der Araber.«
Islamische Chronik von 754 (auf Spanisch geschrieben)

LESESTOFF

*Geschichte Spani-
ens im Mittelalter.*
Klaus Herbers

*Die Reconquista.
Die Wiedererobe-
rung Spaniens
durch das Chris-
tentum.*
Derek W. Lomax

*Das maurische
Spanien. Geschich-
te und Kultur.*
Georg Bossong

Muslimischer Machtbereich um 790
Muslimischer Machtbereich um 1300

*Golf von
Biskaya*

TOULOUSE

NARBONNE

GIJÓN

OVIEDO

SANTIAGO DE COMPOSTELA

COVADONGA

PAMPLONA

GERONA

LEÓN

KÖNIGREICH ASTURIEN

SARAGOSSA

Ebro

BARCELONA

ZAMORA

Duero

TARRAGONA

OPPORTO

SALAMANCA

GUADALAJARA

COIMBRA

TOLEDO

Tagus

VALENCIA

Balearen

LISSABON

BADAJOZ

Guadiana

EVORA

ALICANTE

CÓRDOBA

Guadalquivir

SEVILLA

GRANADA

ALMERIA

MÁLAGA

A T L A N T I K

JÁBAL TARIQ (GIBRALTAR)

M I T T E L M E E R

NAPOLÉONS SCHLACHTEN
Eine Reise durch das Herz Europas

Napoléon Bonaparte wurde 1769 auf Korsika geboren und war 1788–1799, während der Französischen Revolution, General – besser erinnert man sich jedoch an seine Eroberungen auf den europäischen Schlachtfeldern. Wie Caesar vor ihm hatte Napoléon hochgesteckte Ziele, die er brillant zu erreichen suchte. Von Frankreich im Westen bis zur russischen Grenze im Osten dehnte er sein Reich über den ganzen Kontinent aus. Napoléons 1600 Kilometer langer Vormarsch war eine grandiose Darstellung militärischer Stärke und Durchsetzungskraft – ganze Nationen beugten sich dem Kaiser und seinen Armeen.

NORDSEE

WATERLOO

Rhein

PARIS

Oben: Arthur Wellesley (1769–1852) wurde nach seinen Siegen in Spanien und Portugal während Napoléons Feldzug auf der Iberischen Halbinsel zum Herzog von Wellington erhoben. Bei seinem Sieg über Napoléon bei Waterloo befehligte er britische, deutsche und holländische Truppen.

Oben: Horatio Nelson (1758–1805), seit der siegreichen Seeschlacht von Kopenhagen 1801 Viscount, nahm auf der HMS *Victory* an der Seeblockade von Toulon teil. Die Verfolgung der 1805 entkommenen Franzosen endete mit Nelsons Triumph – und Tod – in der Schlacht von Trafalgar.

Oben: Der Pariser Arc de Triomphe wurde zwischen 1806 und 1808 von Napoléon als Denkmal für Frankreichs Siege von 1805 in Auftrag gegeben. Er ist nach dem Vorbild des Triumphbogens des Septimius Severus in Rom gestaltet.

Rechts: Die Schlacht von Waterloo tobte am 18. Juni 1815. Blüchers preußische Truppen erschienen zum Höhepunkt der Schlacht und bildeten die lebenswichtige Unterstützung für die Einheiten des Herzogs von Wellington. Die bedeutende Schlacht beendete die napoleonischen Kriege.

OSTSEE

FRIEDLAND

EYLAU

BERLIN

Warta

Weichsel

Elbe

Oder

AUERSTEDT

JENA

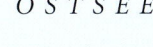

Links: Jena, im 12. Jahrhundert erstmals urkundlich erwähnt, ist heute Industrie- und Universitätsstadt. In den napoleonischen Kriegen war die thüringische Stadt an der Saale Schauplatz einer der ersten Schlachten im Vierten Koalitionskrieg. Napoléon besiegte Preußen und drang nach Berlin vor.

Die vierte Koalition

Zur Zeit der vierten Koalition feierte Napoléon einige seiner größten Erfolge und vernichtendsten Siege. Einer der ersten Triumphe war die Doppelschlacht von Jena und Auerstedt am 14. Oktober 1806 gegen die Preußen, an der er persönlich teilnahm. Die preußische Niederlage öffnete den Franzosen den Weg nach Berlin, das sie am 25. Oktober einnahmen.

Napoléon setzte der sich zurückziehenden russischen Armee nach, drang weiter nach Osten vor und traf auf geringen Widerstand in Polen. Der russische Rückzug kam auf den verschneiten Ebenen bei Preußisch-Eylau zum Halt, wo im Februar 1807 eine der blutigsten Schlachten des Krieges tobte. Historiker schätzen, dass bei Eylau 25 000 bis 50 000 Soldaten getötet oder verstümmelt wurden. Trotz des russischen Rückzugs konnte keine Seite als Sieger ausgemacht werden.

Vier Monate später ging die Schlacht von Friedland deutlich für Napoléons Truppen aus. Die Niederlage der russischen Armee zwang den Zaren zu einer ungeliebten Allianz im Frieden von Tilsit (1807). Innerhalb eines Jahres hatte Napoléon Preußen und Russland gedemütigt – nur Großbritannien konnte Frankreich weiter trotzen.

Der Hadrianswall
Britanniens Grenze

Noch heute ist der vor 1900 Jahren errichtete Hadrianswall ein kühnes Monument der militärischen und politischen Macht Roms, ein nüchternes Denkmal der Außengrenze für eines der größten Imperien der Antike. Der unter Kaiser Hadrian ab 122 n. Chr. in sieben Jahren errichtete Grenzwall ist 118 Kilometer lang und bildete einst die nördliche Demarkationslinie des römischen Britannien vom Solway Firth im Westen bis nach Wallsend im Osten. Der Wall war nicht nur eine reine Verteidigungsanlage, sondern diente auch zur Kontrolle der Bewegungen der einheimischen Britannier auf beiden Seiten, um »die Barbaren von den Römern« zu trennen.

»Und so, nachdem er die Armee ganz in der Art eines Monarchen reformiert hatte, machte sich [Hadrian] nach Britannien auf und verbesserte dort viele schlechte Gebräuche und erbaute als Erster einen 80 Meilen langen Wall, der die Barbaren von den Römern trennen sollte.«
Historia Augusta

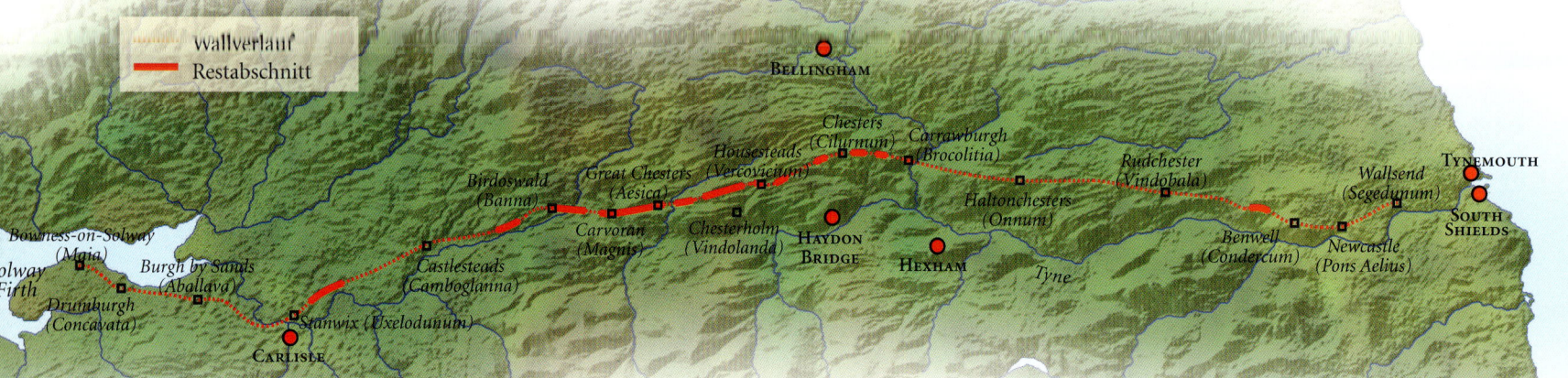

Legende:
- Wallverlauf
- Restabschnitt

Bellingham · Chesters (Cilurnum) · Carrawburgh (Brocolitia) · Housesteads (Vercovicium) · Great Chesters (Aesica) · Birdoswald (Banna) · Carvoran (Magnis) · Chesterholm (Vindolanda) · Haydon Bridge · Hexham · Rudchester (Vindobala) · Haltonchesters (Onnum) · Wallsend (Segedunum) · Tynemouth · South Shields · Newcastle (Pons Aelius) · Benwell (Condercum) · Tyne · Bowness-on-Solway (Maia) · Burgh by Sands (Aballava) · Castlesteads (Camboglanna) · Stanwix (Uxelodunum) · Carlisle · Drumburgh (Concavata) · Solway Firth

Kastelle und Toranlagen

Obwohl nach dem Abzug der Römer 410 n. Chr. bis in das frühe 20. Jahrhundert Steine des Hadrianswalls zu anderer Verwendung abgetragen wurden, stehen besonders im mittleren Abschnitt noch immer große Teile der Verteidigungsanlage. Sie sind heute nur bis zu drei statt ursprünglich rund 4,50 Meter hoch, die darauf verlaufenden Brustwehren waren weitere 1,50 Meter hoch. Den Wall unterbrachen insgesamt 80 Toranlagen im Abstand von je einer römischen Meile, dazwischen ragten in regelmäßigen Abständen Wachtürme auf, die nur von einer Handvoll Männer besetzt waren. Tiefe Gräben auf beiden Seiten des Walls zeigen, dass die weitere Unterwerfung der Stämme im Süden für die Römer genauso wichtig war wie die Abwehr der Pikten auf der Nordseite. Einige Jahre nach Fertigstellung des Hauptwalls wurden zudem rund 17 große Kastelle gebaut.

Oben: Der Hadrianswall schützte die Nordgrenze Roms in Britannien und war zudem Teil einer Initiative, die Grenzen des Imperiums (**oben rechts**) in einem vernünftigen Maß zu halten – sie waren für Hadrian zu groß geworden.

Links: Housesteads Fort ist das am besten erhaltene römische Kastell in Großbritannien. Sein römischer Name *Vercovicium* bedeutet »Ort der Krieger«.

LESESTOFF

Hier endet Rom ...
A. Masé

England: Hadrian's Wall Path.
Ulrike K. Peters, Karsten-Thilo Raab

www.hadrians-wall.org

www.nationaltrail.co.uk

Auf dem Fosse Way
Auf den Spuren der Römer

Der Fosse Way, im 1. Jahrhundert n. Chr. als erste große römische Straße in Britannien gebaut, markierte jahrzehntelang die Westgrenze des Römischen Reiches. Sein Name leitet sich von *fossa*, »Graben«, ab. Man weiß aber nicht, ob für seinen Bau ein Graben aufgefüllt wurde oder ob er entlang eines Grabens verlief. Der Fosse Way führt von Exeter nach Lincoln; in den beiden wichtigen römischen Handelssiedlungen sind heute zwei herrliche mittelalterliche Kathedralen zu bewundern. Die fast gerade Straße, heute eine Mischung aus Saumpfad, Landstraße und Autobahn, ist auch auf modernen Karten zu erkennen.

»... das ganze Land im Süden war sicher in unserer Hand. Der Feind war praktisch auf eine andere Insel zurückgedrängt worden.«
Tacitus in Agricola

Oben: Die Chesterton Windmill von 1632 ist eine auffällige Landmarke am Fosse Way bei Warwick. Möglicherweise wurde sie von Inigo Jones' Schüler John Stone gebaut.

Unten: Die Lincoln Cathedral war ab 1300 das höchste Gebäude der Welt, bis 1549 ihre 160 Meter hohe Spitze zusammenbrach. Sie war fast doppelt so hoch wie heute.

Links: Chedworth, eine der großen römischen *villae* in Großbritannien, wurde 1864 zufällig wiederentdeckt, als ein Wildhüter nach Frettchen grub und dabei auf Keramikscherben und Pflaster auf einer Erdbodenschicht stieß. Von den ursprünglich elf mit Mosaiken geschmückten Zimmern sind nur noch fünf vorhanden. Vor wenigen Jahren grub man ein Hypokaustum (Fußbodenheizung), Bäder und ein Schwitzbad aus.

Von Lincoln nach Exeter

Der Bischof von Lincoln war einer der Unterzeichner der Magna Carta, und eine der vier Originalkopien ist im Schloss der Stadt verwahrt. In Leicester findet man römische Relikte an der Jewry Wall, und auf der weiteren Strecke zeugen Ortsnamen wie Stretton-under-Fosse von der einstigen Bedeutung der Straße. In römischer Zeit war Cirencester, wo man noch Reste des Amphitheaters sehen kann, die größte Stadt nach London. Baths römische Bäder erlebten eine Renaissance im 18. Jahrhundert, als die eng mit Englands beliebtester Schriftstellerin, Jane Austen, verbundene Stadt zum mondänen Badeort aufstieg. Der Weg nach Exeter führt nun weiter durch das hübsche Dorf Ilchester und die Teppichstadt Axminster.

LINCOLN (LINDUM)
LEICESTER (RATAE DUBUNNORUM)
HIGH CROSS (VENONIS)
MORETON-IN-MARSH
GLOUCESTER (GLEVUM)
Chedworth Villa
CIRENCESTER (CORINIUM)
BATH (AQUAE SULIS)
SHEPTON MALLET
Bristolkanal
EXMOOR
ILCHESTER (LINDINIS)
AXMINSTER
EXETER (ISCA DUMNONIORUM)
COTSWOLD HILLS
🏛 Ruine

Simón Bolívar
Durch Lateinamerika

Die Befreiung von Zentral- und Südamerika vom Joch der 300-jährigen Kolonialherrschaft, von Portugal in Brasilien und von Spanien im Rest des Kontinents, ist in ihrer Dramatik mit dem Ende der britischen Kolonien in Nordamerika vergleichbar. Sie war außer in Brasilien ein langer, brutaler Kampf, der 20 Jahre oder länger dauerte und in dessen Verlauf große Schlachten geschlagen wurden, sich das Kriegsglück immer wieder wendete und Mutige zu Helden wurden. Die Führerfigur der Unabhängigkeitsbewegung war der hochwohlgeborene (und noch höher gesinnte) Simón Bolívar. *El Libertador* befreite Panama, Kolumbien, Ecuador, Peru, Venezuela und Bolivien.

Der Nationalheld Südamerikas

Bolívar war ein Produkt seiner Zeit und seiner Klasse: Er wurde 1783 in Venezuela geboren, das damals zum Vizekönigreich Neugranada und somit zu den drei Kolonien in Amerika gehörte, die direkt von Spanien aus regiert wurden. Außer der kurz zuvor errungenen Unabhängigkeit der Vereinigten Staaten inspirierte bald darauf die Französische Revolution von 1789 diejenigen in Südamerika, die die spanische Herrschaft in Südamerika als tyrannisch betrachteten – seien sie Indigene oder, wie Bolívar, spanischer Herkunft und

dennoch von der Regierungsbeteiligung ausgeschlossen, die nur in Spanien geborenen Spaniern vorbehalten war. Auf Reisen nach Europa in den Jahren 1799 und 1804 lernte Bolívar die Philosophen der Aufklärung, vor allem Voltaire und Locke, kennen. Seine eigene politische Philosophie war weniger demokratisch, vielmehr glaubte er, dass neue Staaten ohne eine Tradition der Selbstregierung starke Führer bräuchten – und für diese Rolle sah er sich als natürlich als geeignet an. Zumindest als Führerfigur in Südamerikas Kampf für Freiheit und Unabhängigkeit kommt wirklich niemand Bolívar gleich.

El Libertador

Der entscheidende Moment im Unabhängigkeitskampf war die Schlacht von Boyacá in Kolumbien im August 1819. Zuvor war Bolívar mit seinem winzigen, nur 2500 Mann starken Heer in einem kühnen Marsch westwärts über die Anden nach Kolumbien marschiert. Dort überrumpelte er die königliche Armee, die ignorant einen Angriff aus dem Osten als unmöglich erachtete. Diese clevere Heldentat wendete nach den wiederholten Niederlagen in den ersten Jahren des Feldzugs gegen Spanien den Kriegsverlauf, und in einer für ihn typischen großartigen Geste hatte Bolívar bereits im vorangegangenen Februar die Republik Großkolumbien verkündet, die die Gebiete des heutigen Venezuela, Panama, Kolumbien und Ecuador umfasste. Die letzten Kolonialtruppen wurden erst 1822 aus Ecuador vertrieben, doch die Unabhängigkeitsbewegung entwickelte sich deutlich zugunsten Bolívars. In den folgenden Jahren sicherte er die Unabhängigkeit von Peru, wobei »Oberperu« im August 1825 die Union mit Peru auflöste und sich als unabhängiger Staat zu Ehren von *El Libertador* »Bolivien« nannte..

Bolívar inszenierte sich zwar selbst als nationaler »Befreier«, als Napoléon der »Neuen Welt«, der entschlossen einem populären Nationalismus diente, war jedoch mit unwirtlichen Landschaften (**links und unten**) und unzulänglichen Truppen konfrontiert. Mit seinen Siegen erkämpfte er auf spektakuläre Weise Ziele, die nach dem gesunden Menschenverstand eigentlich unerreichbar waren.

KARIBISCHES MEER

CARTAGENA

BARQUISIMETO

CARACAS

Tenerife Dez. 1812

Feb. 1813

MÉRIDA

Calabozo Feb. 1818

CÚCUTA

ANGOSTURA *Von Bolívar im Juli 1817 eingenommen. Es wurde seine Basis.*

Gamarra März 1819

TUNJA

BOGOTÁ

Boyacá Aug. 1819

PAZIFIK

Bomboná Aug. 1822

Pichincha Mai 1822

GUAYAQUIL

ANDEN

»Gesetzgeber! In Eure Hände gebe ich den Oberbefehl von Venezuela. Es ist nun Eure erhabene Pflicht, sich dem Wohlergehen unserer Republik zu widmen. Unser Schicksal und die Größe unseres Ruhms liegen nun in Euren Händen.«
Simón Bolívar, Deklaration der Republik Großkolumbien, Februar 1819

Oben: Ecuador wurde als eines der letzten Länder nach dem Sieg von Feldmarschall Antonio José de Sucre in der Schlacht von Pichincha 1822 unabhängig.

Unten: Trotz Bolívars Siegen ist auch das heutige Lateinamerika von politischer Instabiliät geprägt und muss erst noch die nötige politische Sicherheit gewinnen.

TRUJILLO

Junín Aug. 1826

Titicacasee

LA PAZ

✗ Schlachtfelder

——— Erster Feldzug 1812–14

– – – Zweiter Feldzug 1819

·········· Dritter Feldzug 1822

— — — Vierter Feldzug 1823–26

CHUQUISACA (LA PLATA)

POTOSÍ

141

DER AMERIKANISCHE BÜRGERKRIEG
Nord gegen Süd, 1861–1865

Am 12. April 1861 eröffnete die Artillerie der Konföderierten das Feuer auf die Unions-Garnison Fort Sumter in South Carolina – der Amerikanische Bürgerkrieg hatte begonnen. In seinem knapp vier Jahre langen Verlauf versuchten die Unions-Generäle, die Konföderierten-Hauptstadt Richmond in Virginia einzunehmen, und die Konföderierten dehnten den Krieg nordwärts nach Maryland, Pennsylvania und sogar Washington aus.

Wichtige Schlachtfelder im Westen, 1861–1863

Hatteras Inlet und Port Royal Sound, North und South Carolina, 27.–29. August, 7. November 1861:
Unions-Truppen erobern dank stärkerer Flotte Festungen und blockieren Schiffe des Südens.

Forts Henry und Donelson Campaign, Tennessee, 6.–16. Februar 1862:
Ulysses S. Grant erreicht Siege der Union, indem er die Kontrolle über die Flüsse Tennessee und Cumberland gewinnt.

Shiloh, Tennessee, 6.–7. April 1862:
Albert Johnston und Pierre Beauregards Konföderierten-Armee greift Grants unvorbereitete Truppen bei Shiloh am Tennessee an, doch Grant bleibt siegreich.

Stones River, Tennessee, 31. Dezember 1862:
Die Konföderierten unter Braxton Bragg werden nur knapp von den Unions-Truppen unter William Rosecrans geschlagen.

Vicksburg, 19. Mai–4. Juli 1863:
Die letzte Bastion der Konföderierten am Mississippi ergibt sich Grant nach sechswöchiger Belagerung – ein Wendepunkt, da die Konföderation in zwei Parteien aufgespalten wird.

Chickamauga, Georgia, 18.–20. September 1863:
Klarer Sieg der Konföderierten im Westen: Bragg schlägt Rosecrans' Unions-Truppen.

Chattanooga, Tennessee, 23.–25. November 1863:
Bragg ist geschlagen, die Konföderierten werden aus Tennessee vertrieben, der Union steht der Weg nach Atlanta, Georgia, offen.

Oben: Die ehemalige Hauptstadt der Konföderierten, Richmond (Virginia), liegt rund 160 Kilometer südlich von Washington D.C. am James River. Im Jahr 1865 setzten die sich zurückziehenden Soldaten der Konföderierten die Stadt in Brand. Etwa ein Viertel aller Gebäude brannte ab.

Das letzte Jahr, 1864/65

Am 9. März 1864 ernannte Präsident Lincoln Ulysses S. Grant zum Oberbefehlshaber der Unions-Armee. Grant griff Lees konföderierte Truppen im Osten in der Wilderness (5./6. Mai), bei Spotsylvania (8.–21. Mai) und Cold Harbor (1.–12. Juni) an und nagelte sie in der

Belagerung von Petersburg fest. Lee brach 1865 durch, musste die Stadt jedoch evakuieren. Richmond wurde am selben Tag evakuiert, und am 9. April 1865 kapitulierte Lee im Osten.

Im Westen trafen Shermans Unions-Truppen auf die Konföderierten unter Joe Johnston und John Hood 1864 bei Resaca (13. – 15. Mai), Kennesaw Mountain (27. Juni) und Atlanta (22. Juli). Hood wurde bei Franklin (30. November) und Nashville (15./16. Dezember) besiegt, Johnston Anfang 1865 bei Bentonville (19. – 21. März) und kapitulierte im Westen am 26. April.

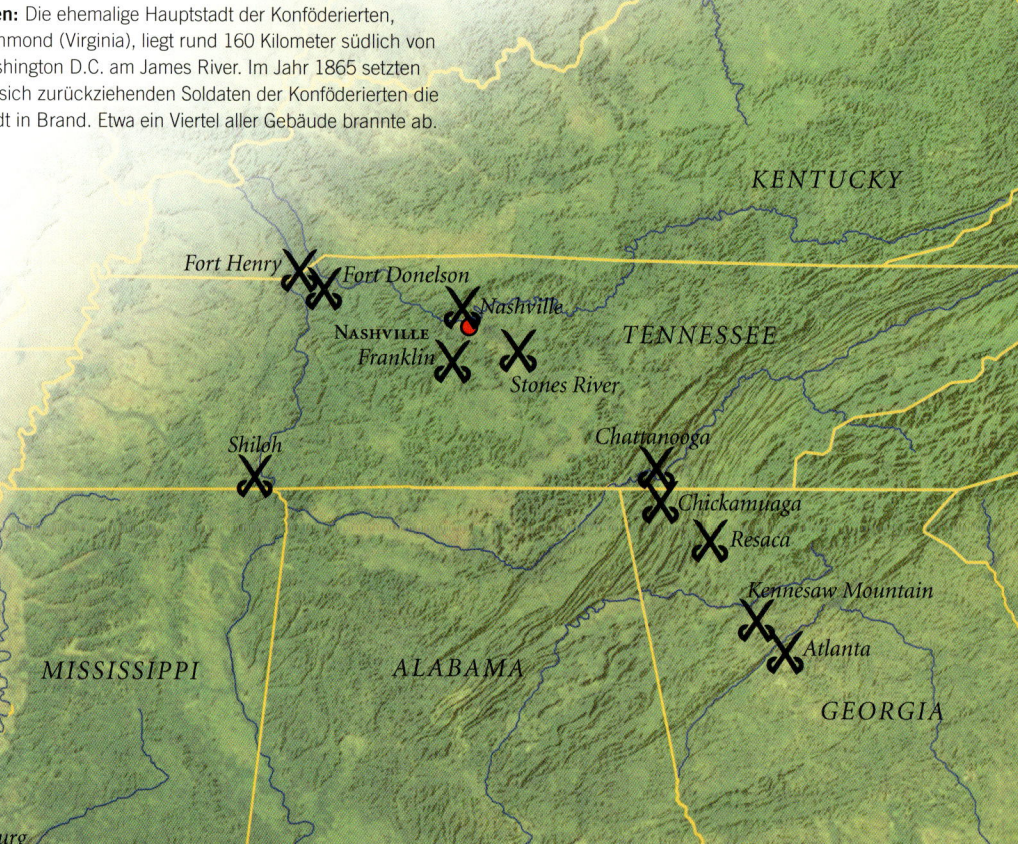

Links: Timothy O'Sullivans Fotografie *The Harvest of Death, Gettysburg, Pennsylvania* vom Juli 1863 zeigt, wie der Herausgeber von Gardners *Photographic Sketchbook of the Civil War* schreibt, »...das blanke Grauen und die Wahrheit des Krieges, im Gegensatz zum Gepränge«.

Wichtige Schlachtfelder im Osten, 1861–1863

First Manassas (First Bull Run), Nord-Virginia, 21. Juli 1861:
Eine schwache Unions-Armee wird besiegt, teilweise wegen des Konföderierten-Generals Thomas Jonathan »Stonewall« Jackson.

Ball's Bluff, Virginia, 21. Oktober 1861:
Konföderierte besiegen das kleine Unions-Heer von George McClellan.

Seven Pines, Zentral-Virginia, 31. Mai–1. Juni 1862:
McClellan greift Joe Johnstons Konföderierte bei Seven Pines an. Viele fallen, Johnston ist schwer verletzt, der Ausgang nicht eindeutig.

Seven Days Battles, Richmond, Virginia, 25. Juni–1. Juli 1862:
Robert E. Lee übernimmt den Befehl über die Konföderierten-Armee von Johnston und verteidigt Richmond. Er manövriert McClellan aus, der sich nach Washington zurückzieht.

Second Manassas (Second Bull Run), Nord-Virginia, 29./30. August 1862:
Lees Konföderierte treiben die Unions-Truppen zurück nach Washington. In zwei Monaten hat Lee den Krieg von Richmond nach Washington verlegt.

Antietam (Sharpsburg), Washington County, 16.–18. September 1862:
McClellans Truppen dringen zum Zentrum der Konföderierten vor, doch er ist zu vorsichtig. Lee erkämpft in großer Unterzahl ein Unentschieden und zieht sich dann zurück.

Fredericksburg I, Nord-Virginia, 13. Dezember 1862:
Lees Truppen massakrieren in 14 Frontalangriffen Burnsides Unions-Armee.

Gettysburg, Pennsylvania, 1.–3. Juli 1863:
Lees Infanterieangriff (»Pickett's Charge«) trifft auf George Meades Unions-Linie, wird jedoch abgewehrt. Lee zieht sich nach Virginia zurück, auf Washington kann kein Druck mehr ausgeübt werden.

Bristoe Station, 14. Oktober 1863:
Nach einigen Monaten Erholung in Virginia wird Lee erneut von Meade besiegt.

PENNSYLVANIA

HARRISBURG

Gettysburg

Antietam

Ball's Bluff

First Manassas

Second Manassas

WASHINGTON D.C.

Bristoe Station

WEST VIRGINIA

Wilderness

Fredericksburg

Spotsylvania

Seven Days Battles

Cold Harbor

RICHMOND

Seven Pines

VIRGINIA

Chesapeake Bay

Petersburg

Roanoke

RALEIGH

NORTH CAROLINA

Bentonville

Hatteras Inlet

CHARLOTTE

Cape Fear

Great Pee Dee

SOUTH CAROLINA

ATLANTIK

Schlachtfeld

CHARLESTON

Port Royal Sound

Schlachtfelder der Westfront
Ergreifende Stätten des Ersten Weltkriegs

Die Gefallenenstatistiken sind erschütternd: 1,4 Millionen Franzosen, 1,9 Millionen Deutsche, 700 000 Briten – und ganz zu schweigen von den 1,7 Millionen Russen, die ihr Leben an der Ostfront ließen, in einem Krieg, einem zündenden Ruf zu den Waffen, der nach allgemeiner Meinung »Weihnachten vorüber sein« würde. Er dauerte jedoch über vier Jahre und sprengte in der Zahl seiner Toten alle bis dahin möglichen Vorstellungen. Auf jedem Soldatenfriedhof des Ersten Weltkriegs erzählen die ordentlichen Gräberreihen ihre eigene Geschichte – ein Kommentar erübrigt sich. Auf den Schlachtfeldern dieses Armageddons ist das Leiden der Opfer jedoch schwieriger nachzuvollziehen.

Oben: Auf den ehemaligen Schlachtfeldern des Ersten Weltkriegs kann man sich das Grauen des Krieges nicht mehr recht vorstellen. Die Schützengräben, wie hier von der Schlacht an der Somme, sind heute mit Gras bewachsen.

Eine Reise der Erinnerungen

Von Ypern aus sind einige bedeutende Schlachtfelder des Ersten Weltkriegs leicht zu erreichen. In vier Tagen ist es möglich, die wichtigsten zu besuchen, doch wird es wahrscheinlich nur Experten gelingen, die Schlachtfelder selbst zu »lesen«. Die riesigen Areale sind heute meist nur noch anhand sanft gerundeter Gräben in der Landschaft zu erkennen, die sich nicht von der in anderen Teilen Belgiens oder Nordfrankreichs unterscheidet.

Deshalb konzentrieren sich die meisten Reisenden auf die leichter zu verstehenden Gedenkstätten und Friedhöfe, vor allem, wenn sie die Namen von Familienmitgliedern finden möchten. Besonders gut erhalten sind die Schützengräben am Kanadischen Nationaldenkmal in Vimy bei Arras. Vor allem bei Regen ist ein Besuch der Stätten ein zutiefst erschütterndes Erlebnis.

Legende:
- Deutscher Vormarsch 1914
- Andauernder Schützengrabenkrieg
- Siegfriedstellung
- Deutsche Waffenstillstandslinie 1918

Kartenbeschriftungen: Straße von Dover, ANTWERPEN, YPERN, MENIN, MESSINES, BRÜSSEL, BELGIEN, LIÈGE, LOOS, CHARLEROI, MONS, NAMUR, ARRAS, CAMBRAI, MAUBERGE, DINANT, Somme, ST. QUENTIN, LUXEMBURG, DEUTSCHLAND, Oise, VERDUN, PARIS, ST. MIHIEL, FRANKREICH, SCHWEIZ

Links: Auf dem deutschen Soldatenfriedhof Neuville St Vaast liegen 44 533 Gräber mit schwarzen Kreuzen.

Rechts: Die Gedenkstätte (mit Soldatenfriedhof) Tyne Cot bei Ypern erinnert an die Gefallenen aus Großbritannien und dem Commonwealth. Die meisten Toten wurden nie identifiziert: Auf rund 70 Prozent der 11 908 Gräber steht »A Soldier of the Great War – Known unto God.«

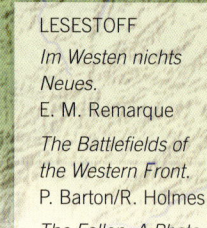

A SOLDIER OF THE GREAT WAR

ALLIIERTE INVASION IN ITALIEN
Ein Ablenkungsfeldzug im Zweiten Weltkrieg

Nach den Siegen der Alliierten in Nordafrika 1942/43 schien eine Invasion in Italien als die beste Möglichkeit, die Deutschen zumindest kurzfristig in den Landkrieg zu verwickeln. Sie war jedoch nie als der große Landfeldzug gegen Deutschland geplant – dieser sollte auf jeden Fall nach der Landung in der Normandie über Nordfrankreich erfolgen. Man hoffte jedoch, dadurch deutsche Truppen von der späteren Hauptfront abzulenken. Der 30-monatige Feldzug war auch nach Italiens Aufgabe im September 1943 ein brutaler Krieg mit unerträglich langsamen Landgewinnen und zahllosen Gefallenen.

Oben: Die Invasion der Alliierten wurde vom Geltungsdrang ihrer Führer zu gleichen Maßen positiv und negativ beeinflusst. Der britische General Montgomery (Mitte) wollte seine Unfehlbarkeit beweisen, nicht minder von Ehrgeiz zerfressen war der US-Generalleutnant Patton (rechts).

Nach Italien

Die britischen Landungen bei Reggio di Calabria und Taranto erfuhren wenig Widerstand, die amerikanische Landung bei Salerno entzündete einen verzweifelten dreiwöchigen Kampf um den Brückenkopf. Die deutsche Taktik war klar: die Invasoren kurz angreifen und sich dann in vorbereitete Verteidigungsstellungen zurückziehen. Im November hatten die Deutschen ihre hervorragende Verteidigungslinie, die Gustav-Linie, etabliert. Sechs Monate hielt sie den Vormarsch der Alliierten ab, trotz eines versuchten Überflügelungsmanövers mit einer Landung in Anzio. Als die Gustav-Linie durchbrochen war, gewann der Vormarsch der Alliierten an Schwung, bis er im August an die letzte deutsche Verteidigungslinie gelangte: die Gotenstellung. Der Durchbruch der Alliierten nach acht Monaten im April 1945 gelang auch angesichts der nahen Kapitulation Deutschlands.

LESESTOFF

Fatal Decision. Anzio and the Battle for Rome. Carlo d'Este

Monte Cassino. The Hardest-Fought Battle of World War II. Matthew Parker

Tug of War. The Battle for Italy 1943–45. Dominick Graham und Shelford Bidwell

Cassino. The Hollow Victory. John Ellis

✝ Kirche

◆—◆ All. Vormarsch

···· Alliierte Front

SCHWEIZ

ÖSTERREICH

TRIEST

MAILAND

VENEDIG

TURIN

BOLOGNA

14. Jan. 1945

GENUA

Gotenstellung 4. Aug. 1944

FLORENZ

17. Juni 1944

ITALIEN

Gustav-Linie 15. Jan. 1944

8. Sept. 1943

ROM

Monte Cassino ✝

ANZIO

BARI

8. Okt. 1944

NEAPEL

Sardinien

SALERNO

TARANTO

MITTELMEER

PALERMO

REGGIO DI CALABRIA

Sizilien

TUNIS

MALTA

TUNESIEN

Oben: Im Februar 1944 zerbombten die Alliierten in zwei Tagen Montecassino und zerstörten dabei einen großen Kulturschatz Europas, das vom heiligen Benedikt im Jahr 529 gegründete Kloster. Der Angriff zeigte auf erschütternde Weise die Prioritäten des »totalen Krieges«.

VON DER NORMANDIE NACH BERLIN
Vorstoß nach Deutschland im Zweiten Weltkrieg

Nach der Invasion am 6. Juni 1944 gelang es den Alliierten erst nach sieben Wochen heftigster Kämpfe von der Normandie aus vorzustoßen – der Ausbruch aus dem Brückenkopf war jedoch spektakulär. In der am 25. Juli begonnenen Operation Cobra durchbrach die 3. US-Armee die geschwächte deutsche Verteidigung und drang nach Osten vor. Sie erreichte Paris am 25. August, und Anfang September wurde Brüssel befreit. Die deutsche Kapitulation rückte durch den Erfolg des Durchbruchs der Alliierten näher. Nachdem die vorrückenden Truppen zuerst nicht hatten versorgt werden können und im Winter weitere harte Kämpfe getobt hatten, überquerten die Alliierten im März den Rhein, und am 8. Mai kapitulierte das geschlagene Deutschland bedingungslos.

Deutschlands Zusammenbruch

Die westlichen Alliierten erreichten Berlin zwar erst nach der deutschen Kapitulation – die UdSSR hatte die deutsche Hauptstadt bereits am 2. Mai eingenommen –, dennoch war der gesamte Feldzug ein triumphaler Erfolg in vier Etappen: der blutige, brutale und offensichtlich ins Stocken geratene Feldzug in der Normandie, der Vormarsch durch Frankreich nach Belgien, die immer härteren Kämpfe im Herbst und Winter, durch die die Deutschen entgegen jeder vernünftigen Annahme den Vormarsch der Alliierten aufhielten, und der endgültige, völlige Zusammenbruch des »Dritten Reiches«. Deutschland lag in Schutt und Asche, der Führer war tot, das Heer aufgerieben, die Städte und Industrien waren zerstört und die Menschen verarmt. Der Sieg der Alliierten rückte erst nach Überquerung des Rheins in greifbare Nähe und basierte nicht nur auf ihrer überwältigenden Materialüberlegenheit, sondern auch auf Logistik und Organisation.

Die alliierten Truppen, die an den Stränden der Normandie landeten, gehörten zur größten amphibischen Militäroperation aller Zeiten (**unten**). Doch trotz minutiöser Planung stand der Erfolg der Invasion auf Messers Schneide. Hitler-Deutschland war geschwächt, aber noch nicht besiegt. Die fehlgeschlagene alliierte Einnahme der Brücke von Arnheim im September (**links**) und die deutsche Offensive in den Ardennen (**oben**) zeigten, dass bis zum Schluss mit erbittertem deutschem Widerstand zu rechnen war.

LESESTOFF

Normandy to Berlin. Into the Heart of the Third Reich. Karen Farrington

Road to Berlin. Allied Drive from Normandy. George Forty

Accidental Warrior. In the Front Line from Normandy till Victory. Geoffrey Picot

Overlord. D-Day and the Battle for Normandy, 1944. Max Hastings

»Die deutsche 7. Armee ist nun ganz auf dem Rückzug. Diese fantastische Nachricht bedeutet ganz einfach, dass ... die Deutschen hier besiegt sind.«
Alexander Clifford, The Daily Mail, 19. August 1944

DER HO-CHI-MINH-PFAD
Im Dschungel von Vietnam

Der Ho-Chi-Minh-Pfad war im Vietnamkrieg entscheidend für den Sieg des kommunistischen Nordvietnam. Er bestand aus einem Netz von Dschungelpfaden, breiteren Wegen, LKW-Straßen und Flussabschnitten, die in Nord-Süd-Richtung durch Vietnam und die benachbarten Staaten Laos und Kambodscha verliefen. Insgesamt umfasste der »Pfad« knapp 16 093 Kilometer. Er diente als Hauptversorgungsader für den Vietkong. Zu seinen Hochzeiten kamen über den Ho-Chi-Minh-Pfad monatlich rund 20 000 Soldaten und täglich 60 Tonnen Versorgungsmittel in den Süden.

Oben: Als der Ho-Chi-Minh-Pfad 1959 erstmals benutzt wurde, dauerte es sechs Monate, ihn zu bewältigen. Später schafften Soldaten die Strecke in sechs Wochen zu Fuß.

Der unzerstörbare Pfad

In einem Krieg, den die Amerikaner durch immer mehr und immer bessere Militärtechnologie zu gewinnen suchten, war der Ho-Chi-Minh-Pfad ein Beispiel par excellence für die Lowtech-Kriegsführung der Vietkong. Trotz wiederholter, stets brutalerer Versuche,

ihn zu zerbomben, blieb der Ho-Chi-Minh-Pfad als ein Netz von Dschungelwegen fast unzerstörbar. Darüber hinaus kümmerten sich bis zu 300 000 Vietnamesen um seine Instandhaltung, sodass nahezu jeder Schaden schnell beseitigt werden konnte. Mit Verstärkung der Kriegshandlungen wurde der »Pfad« immer komplexer. Nach und nach wurden in regelmäßigen Abständen unterirdische Stützpunkte gebaut und ein Tunnelsystem gegraben, das fast so labyrinthisch wie das oberirdische Wegenetz war.

LESESTOFF

A History of the Ho Chi Minh Trail. The Road to Freedom. Virginia Morris

The Blood Road. The Ho Chi Minh Trail and the Vietnam War. John Prodos

Mission of the Ho Chi Minh Trail. Nature, Myth and War in Vietnam. Richard L. Stevens

»Wir müssen unsere Unabhängigkeit um jeden Preis gewinnen, selbst wenn die Truong-Song-Berge in Flammen stehen.«
Ho Chi Minh.

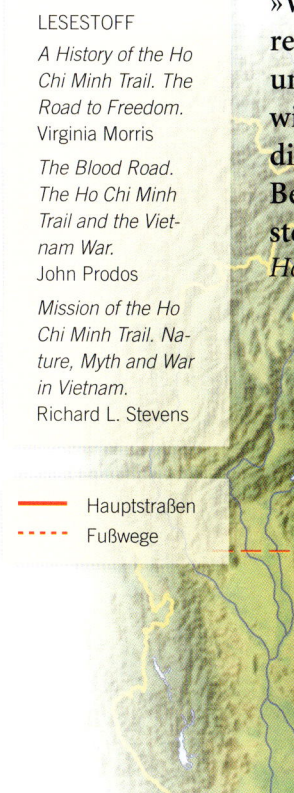

— Hauptstraßen
--- Fußwege

CHINA

NORD-VIETNAM

HAIPHONG

HANOI

Golf von Tonkin

LAOS

TO VINH

HA TINH

DONG HOI

19. Breitengrad

HUE

DA NANG

SÜD-CHINESISCHES MEER

THAILAND

DAK SUI

KONTUM

SÜD-VIETNAM

KAMBODSCHA

BUON MA THUOT

NHA TRANG

Golf von Thailand

SIHANOUKVILLE (KAMPONG SAOM)

SAIGON (HO-CHI-MINH-STADT)

Mekong-Delta

Links: Der Sieg der Vietnamesen widerlegt den Glauben, dass im Krieg immer das Bruttoinlandsprodukt entscheiden wird. In welcher Menge auch immer die unvergleichlich reicheren USA Ressourcen – Soldaten und Waffen – in den Krieg warfen, sie konnten das verarmte Nordvietnam nicht besiegen.

Seit Anbeginn der Geschichtsschreibung führt der Weg über das Meer zu neuen Welten. Im Kielwasser der mythischen Reisen des Odysseus durchpflügten Griechen und Phönizier die Wellen des Mittelmeers. Später erkundeten die Europäer Schifffahrtswege über fast die gesamte Erde. Wie gefährlich auch immer es war, die Ozeane zu befahren – sie waren der Schlüssel zur Eroberung der Welt.

SEEFAHRT
Romantik auf dem Meer

Fast jede bedeutende Stadt der Geschichte liegt am Meer oder an einem schiffbaren Fluss. So entstand etwa an den schlammigen, fruchtbaren Ufern des Nils eine Kultur von sesshaften Ackerbauern. Sie bildete die zivilisatorische Grundlage für das antike ägyptische Reich, das sich daraus entwickeln sollte. Eine Nilkreuzfahrt ist heute eine faszinierende Reise in die Vergangenheit.

Die knapp 2900 Kilometer lange Donau fließt als einziger großer europäischer Fluss nach Osten. An ihren fruchtbaren Ufern blühten und blühen Kulturen und liegen heute vier Hauptstädte. Und an den Rändern des Mittelmeers, das schon fast den Charakter eines Binnenmeers hat, bildeten afrikanische, asiatische und europäische Zivilisationen eine eigene Welt.

Die *Odyssee* von Homer unterstreicht eine zentrale Wahrheit der antiken griechischen Welt: Die Seefahrt war ihr Lebensnerv. Gleichermaßen diente weiter im Norden die Ostsee den dort ansässigen Völkern als Handels- und Reiseweg. Im europäischen Zeitalter der Entdeckungen war sie zudem eine lebenswichtige Quelle für Hanf, Teer und Bauholz, ohne die Europas maritime Abenteuer nicht möglich gewesen wären.

Zu den aufregendsten Entdeckungsreisen zählte die von Ferdinand Magellan geleitete Expedition. Sie offenbarte die unendlichen Weiten des Pazifiks, den Kolumbus einst in wenigen Tagen durchsegeln wollte. Im Pazifik fand 1789 auch eines der bekanntesten Seefahrerdramen statt: die Meuterei auf der Bounty. Und 1835 befuhr ihn Charles Darwin auf einer Reise, die den Glauben an die göttliche Schöpfung der Erde erschüttern würde. Joshua Slocums erste Einhandumsegelung der Welt (1895–1898) unterstreicht einen weiteren Aspekt des Meeres: Es ist eine Quelle der Selbstverwirklichung und des Abenteuers.

ODYSSEUS
Die Odyssee von Homer

Das im 8. Jahrhundert v. Chr. verfasste Werk ist die Niederschrift einer mündlichen Überlieferung, die dem blinden Dichter Homer zugeschrieben wird. Das 12 100 Zeilen lange epische Werk erzählt die zehnjährige Heimreise von Odysseus, dem König von Ithaka, am Ende des Trojanischen Krieges um 1200 v. Chr. Wie Homers *Ilias*, die vom Trojanischen Krieg selbst erzählt, ist die Odyssee eine außergewöhnliche Mischung aus Mythen und Legenden, zutiefst menschlich und voller psychologischer Einsichten, die vor dem Hintergrund von Göttern und Monstern in Szene gesetzt werden. Es ist eine zugleich grausame und edle Welt, voller Leid, Betrug, Heldentum und guten Taten.

Oben: Ob die Straße von Messina nun der Ort der furchterregenden Skylla und Charybdis war oder nicht, Monster und Ungeheuer, Götter und Göttinnen spielten im Leben der antiken Griechen eine große Rolle.

Die Reise des Odysseus

Die Irrfahrt des Odysseus und seiner Männer beginnt mit dem Überfall auf die Insel Ismaros. Sie entfliehen knapp den dort lebenden Kikonen und werden zuerst in das Land der Lotosesser und dann zu den Kyklopen verschlagen. Dort überlistet und blendet Odysseus Polyphem, den einäugigen Sohn des Meeresgottes Poseidon, was ihm dessen unerbittliche Feindschaft einträgt. Auf den Äolischen Inseln verspricht der Windgott Aiolos günstige Winde für die Heimfahrt und gibt ihnen einen Sack mit den Winden mit, die in die für sie falsche Richtung wehen. Doch Odysseus' Männer öffnen den Sack und werden nach Telepylos verweht, der Stadt der Lästrygonen, einem Volk kannibalischer Riesen. Nur Odysseus' Schiff entkommt und segelt zur Insel Aia. Dort lebt die Zauberin Kirke, mit der er einen Sohn zeugt. Odysseus und seine Mannen verlassen Aia wieder, fahren zu Hades in die Unterwelt und von dort an den Sirenen vorbei, gegen deren betörenden Gesang sie sich die Ohren mit Wachs zustopfen. Zwischen Skylla und Charybdis hindurch gelangen sie nach Thrinakia, der Heimat des Sonnengottes Helios, dessen heilige Rinder von Odysseus' hungernden Männer geschlachtet werden. Helios bestraft sie mit einem Schiffbruch, bei dem alle außer Odysseus umkommen. Er wird an die Ufer von Ogygia gespült und bleibt für sieben Jahre bei Kalypso, der Tochter von Atlas. Als sie ihm erlaubt zu gehen, kommt er nach Scheria, von wo er in sein Königreich Ithaka zurückkehren darf.

»Höre mich, Poseidon, ist es dem Städtezerstörer Odysseus bestimmt, nach Hause zu kommen, kehre er spät nach Verlust all seiner Gefährten heim auf fremdem Schiff.«
Gebet des Polyphems an Poseidon aus der Odyssee von Homer

LESESTOFF

Homers Odyssee. (übersetzt von Johann Heinrich Voß)

Homers Ilias. (übersetzt von Wolfgang Schadewaldt)

Sagen des klassischen Altertums. Gustav Schwab

Korsika

Sardinien

TYRRHENISCHES MEER

ADRIA

Heimat der Kirke

Eingang zur Unterwelt

Heimat des Aiolos

IONISCH

Insel des Sonnengottes Helios

Skylla und Charybdis

Land Ogygia

Land der Lotosesser

MITTELMEER

Die Quellen der Odyssee

Inwieweit die Reise des Odysseus tatsächlich stattfand und an welche Orte sie führte, ist beinahe unmöglich zu sagen: Wie schon oft betont wurde, ist die *Odyssee* ein Epos und kein Reisebuch. Dennoch stellt sich diese Frage den Gelehrten schon seit 2000 Jahren. Es herrscht große Übereinstimmung, dass die Straße von Messina zwischen Italien und Sizilien der Ort von Skylla und Charybdis ist. Sizilien wird auch durchaus überzeugend als die Heimat des Polyphem und der Lästrygonen eingeordnet, Korfu als Scheria und Nordafrika als die Heimat der Lotosesser. Dennoch gibt es viele Ungereimtheiten und Spekulationen, wo Odysseus entlang gereist sein könnte – größtenteils sind sie reines Rätselraten: Einige behaupten, dass die Reise im Atlantik nach Madeira und auf die Azoren führte, andere glauben, dass es Odysseus sogar in die Karibik, nach Mexiko und Südamerika verschlug. Für eine weitere Schule von Interpreten lag Troja in England, und Schauplätze des Epos sind die Küsten Britanniens, Frankreichs und der iberischen Halbinsel.

Oben: Die felsige Küste Sardiniens ist typisch für die betörende Schönheit des Mittelmeers. Als Odysseus auf seine Heimatinsel Ithaka zurückkehrte, hielt man ihn schon lange für tot, und seine vermeintliche Witwe Penelope wurde von nicht weniger als 108 Freiern belagert. Odysseus verkleidete sich als Bettler und erschlug sie alle.

- – – Reise zum Trojanischen Krieg
- – – Rückreise (zur Heimat der Kirke)
- ⋯ Rückreise (von der Heimat der Kirke)
  (Alle Routen mutmaßlich)

ISMAROS

ÄGÄIS

TROJA

Scheria

PYLOS

Ithaka

EER

Kreta

Oben: Ob er nun wirklich lebte oder nicht, Homers Einfluss auf die abendländische Literatur kann nicht hoch genug eingeschätzt werden. Als grundlegende Werke waren die *Illias* und die *Odyssee* in der Antike so prägend wie in den späteren Epochen. Ihr Einfluss zeigt sich auch noch nach Jahrhunderten und steht damit den Werken von William Shakespeare nicht nach.

DIE WIEGE DER ZIVILISATION
Das Mittelmeer

Im strikt geografischen Sinn war die Vorstellung von »Europa« schon immer falsch. Europa als Landmasse ist lediglich das westliche Ende Asiens. Eine Definition als eigene geografische Einheit wäre an den Haaren herbeigezogen. Dennoch ist Europa eine kulturelle Einheit mit einer eigenen Identität. Das ist in großem Maß das Ergebnis der Kolonisierung des Mittelmeerraums durch zwei Staaten, die sich an Asien orientierten, jedoch etwas Neues, »Europäisches« darstellten: Griechenland und Phönizien. Zwischen dem 9. und 6. Jahrhundert v. Chr. gründeten sie im gesamten Mittelmeerraum Siedlungen, die einem kulturellen Kontinent seine Form gaben: Europa.

Oben: Im Tal der Tempel in Agrigent auf Sizilien steht die bedeutendste Ansammlung griechischer Tempel außerhalb Griechenlands. Der um 430 v. Chr. erbaute Tempel der Concordia ist am besten erhalten.

Die Kultur der griechischen Antike

Für die Griechen war die Seefahrt etwas Alltägliches. Griechenland hat nur wenige Küstenebenen, dafür beeindruckende Berge. Im Winter ist es kalt und im Sommer trocken. Griechenlands lange, zerklüftete Küste und die zahllosen vorgelagerten Inseln legen nahe, dass das Meer die Geschicke des Landes bestimmt. Die Gründung von weit entfernten Kolonien war nicht mehr als die Ausweitung einer bestehenden maritimen Tradition. Den Anstoß dazu gaben mehrere Faktoren. Die Bevölkerung wuchs und konkurrierte um das knappe Ackerland. Die offizielle Politik förderte die Auswanderung. Handel und Wettbewerb zwischen den entstehenden Stadtstaaten waren eine Frage des Prestiges. Auch die Aussicht, durch den Handel reich zu werden, stachelte den Wettbewerb an und bewog viele Griechen, sich außerhalb Griechenlands niederzulassen. Als Folge wurde die griechische Kultur – Kunst, Wissenschaft und Politik – zu genau dem Zeitpunkt verbreitet, als sie ihren Höhepunkt erreichte.

LESESTOFF

Ich, Hannibal.
Ross Leckie

Die Phönizier: Geschichte und Kultur.
Michael Sommer

The Heritage of Hellenism.
J. Ferguson

Links: Als sich die Phönizier über das Mittelmeer nach Spanien wagten, stießen sie auf eine hoch entwickelte »iberische« Kultur. Die »Dame von Elche« ist das berühmteste unter all den Fundstücken, die vom Reichtum dieser Welt zeugen.

»Vom Peloponnes [kamen] die Spartaner ... die Korinther ... die Sikyoner ... die Epidauren ... die Troizener ... Sie alle ... gehören zu den Nationen der Dorer und Makedonen [und] sind zuletzt von Erineus und Pindos und Dryopis ausgewandert.«
Historien, Herodot, Buch 8, Kapitel 43

Aufstieg der Phönizier

Der Grund für die Siedlungspolitik der Phönizier war einfach: Der schnelle Aufstieg des Assyrischen Reiches im 9. Jahrhundert zwang die Phönizier, sich jenseits des schmalen Streifens der Levante nach neuem Land umzusehen. Das angeblich 814 v. Chr., in Wahrheit jedoch etwas später gegründete Karthago in Tunesien war bis zum 4. Jahrhundert das Zentrum der beherrschenden Macht des westlichen Mittelmeers geworden, deren Einfluss sich über weite Teile Nordafrikas, Südspaniens, die Balearen, Korsika und Sardinien ausbreitete. Nach seiner endgültigen Eroberung durch Rom, 146 v. Chr., breiteten sich seine Werte über fast ganz Europa aus.

Rechts: Auch wenn die Karthager sie immer mehr aus dem westlichen Mittelmeer verdrängten, gab es bedeutende griechische Handelszentren in Frankreich und Spanien. Das bekannteste dürfte Marseille in Südfrankreich sein, das *Massilia* der Griechen. Es war die erste griechische Kolonie in Westeuropa und die erste griechische Siedlung, der offiziell der Status einer Stadt gewährt wurde.

SCHWARZES MEER

OLBIA
TANAIS
TYRAS
KALAS LIMEN
PANTICAPAEUM
PHANAGORIA
THEODOSIA
CHERSONESUS
ISTRUS
TOMI
CALLATIS
ODESSUS
PITYUS
MESEMBRIA
DIOSCURIAS
APOLLONIA
PHASIS
CYTORUS
SYNOPE
PERINTHUS
BYZANTIUM
AMISUS
EPIDAMNUS
ABDERA
MARONEA
HERACLIA
COTYORA
TRAPEZUS
APOLLONIA
METHONE
ACANTHUS
SESTUS
CYZICUS
NEAPOLIS
POSIDONIA
SARDIS
LAUS
SYBARIS
CORCYRA
PHOCAEA
CROTON
AMBRACIA
CHALCIS
ERETRIA
PANORMUS
HIMERA
RHEGIUM
CORINTH
SAMOS
MILETUS
Sizilien
ARGOS
ATHEN
HALICARNASSUS
SPARTA
SIDE
SOLOI
AGRIGENTO
SYRAKUS
PHASELIS
NAGIDOS
KELENDERIS
THERA
RHODOS
Malta
SALAMIS
Kreta
GORTYN

M I T T E L M E E R

OEA
LEPTIS MAGNA
CYRENE
APOLLONIA
KINYPS

■	Phönizische Kolonisierung ab dem 9. Jh. v. Chr.
■	Hauptgebiet griechische Stadtstaaten, Ende 9. Jh. v. Chr.
■	Griechische Kolonisierung vom 8. bis zum 6. Jh. v. Chr.

DEN NIL HINAUF
Durch das Land der Pharaonen

Afrikas längster Fluss bietet nicht nur beste Einblicke in die 3000 Jahre alte Geschichte einer Hochkultur, sondern war auch der Grund für deren Entstehen. Seine jährlichen Überflutungen sorgten für eine natürliche Bewässerung des ausgedörrten Landes und zwangen den Ägyptern Perioden des Müßiggangs auf, in denen sie sich der Literatur, den Künsten und dem Bau von Gedenkstätten für ihre Pharaonen widmeten. In den frühen Städten des Alten Reiches bei Memphis und Sakkara stehen überirdische Stufengräber, die Vorläufer der weltberühmten Pyramiden von Giseh. Im Tal der Könige bei Theben schützten unterirdische Grabkammern die sterblichen Überreste der Pharaonen für das Leben nach dem Tod. Die Griechen und Römer der Antike bewunderten als erste Touristen hier eine Kultur, die für sie so alt war, wie es die ihre für uns ist.

Fahrten von Luxor

Zu jeder Nilreise gehört der Besuch von Kairo, dessen an Schätzen reichem Museum und der Pyramiden. Die Kreuzfahrten beginnen jedoch in Luxor, dem Ort der alten Hauptstadt Theben. Der beeindruckende Karnak-Tempel ist ein fast einen halben Quadratkilometer großer Komplex rund um die große, mit Hieroglyphen bedeckte Hypostylenhalle mit 134 Säulen. Eine Allee von Sphingen führt zum Tempel, in dem eine der seltenen Statuen von Tutanchamun steht. Gegenüber liegt das weltberühmte Westufer – nirgendwo sonst auf der Welt finden sich mehr archäologische Stätten auf so engem Raum. Die Schiffe fahren von hier nilaufwärts zu weiteren Tempeln, wie Edfu, Esna und Kom Ombo, und nach Assuan, wo Ägypten auf Nubien trifft. Hier kann man mit einer *felucca* zu den Katarakten fahren, den Trubel und die Düfte des Gewürzmarkts genießen und Ausflüge zum riesigen Staudamm, zu den alten Granitsteinbrüchen und zum Tempel von Philae unternehmen. Nilaufwärts liegt Abu Simbel mit den vier Kolossalstatuen von Ramses II. Der Nil staut sich hier zum Nassersee, der bis hinter die sudanesische Grenze reicht.

Links: Königin Hatschepsut war die einzige Frau, die als Herrscherin von Ägypten gekrönt wurde. Sie soll von 1479 bis 1458 v. Chr. geherrscht haben. Ihr Grabtempel steht auf dem Westufer des Nils bei Luxor, nahe dem Eingang zum Tal der Könige.

Unten: Nilkreuzfahrten sind ideal, um zu den sagenhaften Monumenten des alten Ägyptens zu reisen. Bei einer Segelfahrt auf einer traditionellen *felucca* kommt man besonders am ersten Katarakt bei Assuan dem Fluss und seinen schönen Inseln am nächsten.

Oben: Man nimmt an, dass die Pyramiden von Giseh vor über 4500 Jahren gebaut wurden. Sie sind eines der Weltwunder der Antike und zeigen, wozu die alte ägyptische Hochkultur imstande war. Die gigantischen Bauwerke dominieren sogar die Skyline des heutigen Kairo.

MITTELMEER

Nildelta

Qattara-Senke

Sueskanal

ALEXANDRIA

PORT SAID

KAIRO
MEMPHIS
GISEH
SAQQARA

SUES

Sinai-Halbinsel

Nil

EL MINYA

☐ El Amarna

ASYUT

Arabische Wüste

ABYDOS

DENDERAH
☐ *Karnak*
LUXOR (THEBEN)

ESNA
EDFU

KOM OMBO

ASSUAN

Assuan-Staudamm

Ä G Y P T E N

ROTES MEER

Nassersee

Abu Simbel ☐

WADI HALFA

SUDAN

Ramses II.

Ramses der Große lebte etwa von 1303 bis 1213 v. Chr. und regierte Ägypten erstaunliche 66 Jahre. Der ehrgeizige, geltungsbedürftige Pharao aus der 19. Dynastie lebte auf großem Fuß und führte die ägyptische Armee in die Schlachten gegen die Hethiter. Von der Schlacht von Kadesch gibt es in vielen Tempeln Darstellungen, die zeigen, wie er seine Gegner zerschmettert. Doch nicht jeder folgte seiner Interpretation der Ereignisse. In einem enormen Bauprogramm ließ er in den meisten Tempeln riesige Statuen von sich aufstellen und bei Luxor das Ramesseum bauen. Seine schönste Hinterlassenschaft ist jedoch das unvergleichlich prächtige Felsengrab seiner Ehefrau Nofretiri im Tal der Königinnen. In Abu Simbel baute er den Tempel der Hathor neben seinen eigenen gewaltigen Tempel. Vier Statuen von ihm selber und zwei von Nofretiri stehen dort. Seine Mumie liegt heute im Ägyptischen Museum in Kairo.

»Ein Land, das von den Ägyptern gewonnen und vom Nil gegeben wurde.«
Herodot (5. Jahrhunder v. Chr.)

AUF DER BLAUEN DONAU
Durch das östliche Europa

Von Süddeutschland zum Schwarzen Meer fließt die »blaue« Donau knapp 2900 Kilometer durch halb Europa. Der Fluss, der schon bei Wien eine imposante Größe erlangt, durchquert verschiedenste Landschaften, etwa die weiten Ebenen Ungarns und die Täler beim Eisernen Tor in den Karpaten, und ergießt sich in seinem Delta in ein Labyrinth von Kanälen. Die Donau begleitete das Auf und Ab der Geschichte und der Herrschaft über Zentral- und Osteuropa – die Eroberung durch die Römer, das Kaiserreich der Habsburger und die Invasion der Osmanen. Die Häfen an beiden Ufern zeugen von den vergangenen Herrlichkeiten und den rasanten Entwicklungen in den angrenzenden Ländern.

Von Wien zum Schwarzen Meer

Von Wien fließt die Donau nach Bratislava und Budapest – das »Paris des Ostens«. Der nächste Halt könnte das Paprikamuseum in Kalocsa oder eine Pferdezucht in der ungarischen Puszta sein. Nach Belgrad geht es dann vorbei an der mächtigen Feste Baba Vida von Widin. Den größten Teil des letzten Stücks bildet die Grenze zwischen Rumänien und Bulgarien. Kleine Abstecher führen etwa zu den roten Sandsteinformationen von Belogradschik, zum russisch-osmanischen Schlachtfeld von Plewen oder nach Bukarest, das aufgrund seiner französisch anmutenden Boulevards »Kleines Paris« genannt wurde. Schließlich locken beim Delta am Schwarzen Meer einige Sonnentage in einem der vielen Urlaubsorte.

Oben: Vom prächtigen Arkadengang Gloriette aus sieht man über Schloss Schönbrunn und Wien. Jahrhundertelang war die die für ihre Musikkultur weltberühmte österreichische Hauptstadt das intellektuelle Herz Europas.

Unten: In Budapest trennt die Donau die alten Bürgerhäuser von Buda vom weltoffenen Pest. Die faszinierende Vergangenheit der Stadt reicht von der Pracht der Habsburger bis zur tragischen Geschichte der jüdischen Gemeinde.

Johann Strauß

Im Wien der 1840er-Jahre hatten Johann Strauß Vater und Sohn jeweils eigene Orchester, die für Konzerte und Bälle sehr gefragt waren. Der ältere Johann Strauß, dessen Vater in der Donau Selbstmord begangen hatte, schrieb elegante Walzer und Märsche,

etwa den Radetzky-Marsch. Sein Sohn, der Walzerkönig (im Bild), stellte ihn jedoch in den Schatten. Dieser komponierte 1867 bei einer Fahrt auf dem Fluss den gefühlvollen Walzer »An der schönen blauen Donau« (Donauwalzer) für den Wiener Männergesangsverein. Die kurz darauf erstellte Orchesterfassung wird nun jedes Jahr am Wiener Neujahrskonzert gespielt und wurde durch Stanley Kubricks Film *2001 - Odyssee im Weltall* weltberühmt.

Oben: Die vielen serbisch-orthodoxen Kirchen Belgrads zeichnen sich durch ihre einzigartige Architektur aus. Keine ist so schön wie die Kathedrale der heiligen Sava, die größte benutzte orthodoxe Kirche der Welt.

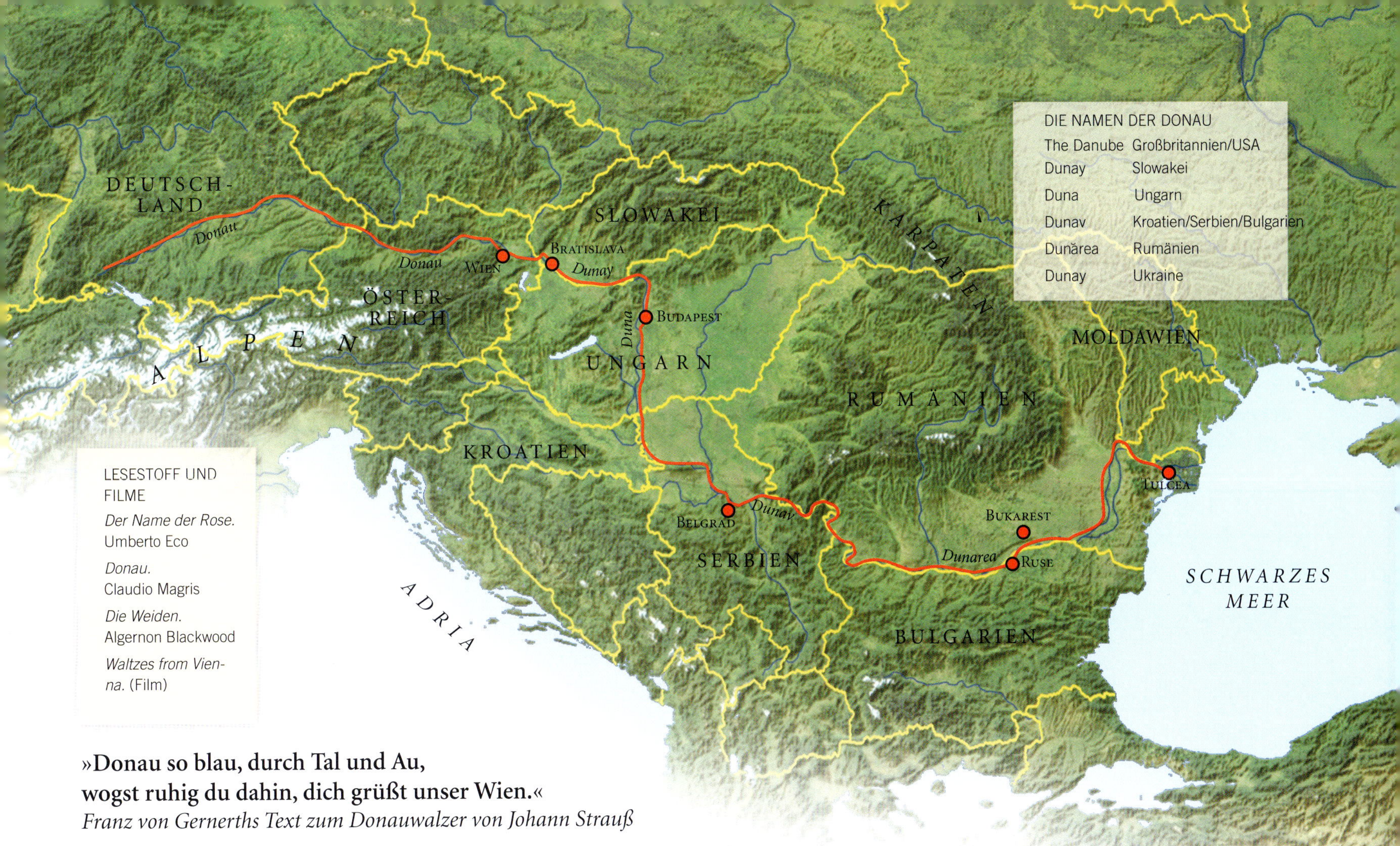
DEUTSCH-
LAND
Donau
Donau
WIEN
BRATISLAVA
Dunay
SLOWAKEI
KARPATEN
ÖSTER-
REICH
A L P E N
BUDAPEST
Duna
UNGARN
RUMÄNIEN
MOLDAWIEN
KROATIEN
BELGRAD
Dunav
SERBIEN
BUKAREST
Dunarea
RUSE
TULCEA
ADRIA
BULGARIEN
SCHWARZES
MEER

DIE NAMEN DER DONAU

The Danube	Großbritannien/USA
Dunay	Slowakei
Duna	Ungarn
Dunav	Kroatien/Serbien/Bulgarien
Dunărea	Rumänien
Dunay	Ukraine

LESESTOFF UND FILME

Der Name der Rose. Umberto Eco

Donau. Claudio Magris

Die Weiden. Algernon Blackwood

Waltzes from Vienna. (Film)

**»Donau so blau, durch Tal und Au,
wogst ruhig du dahin, dich grüßt unser Wien.«**
Franz von Gernerths Text zum Donauwalzer von Johann Strauß

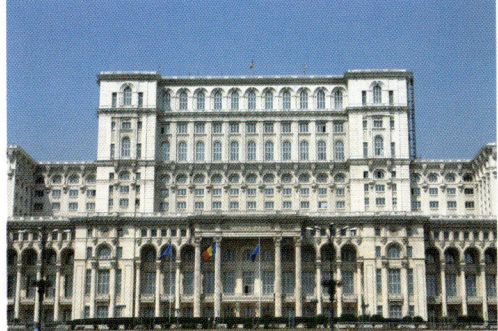

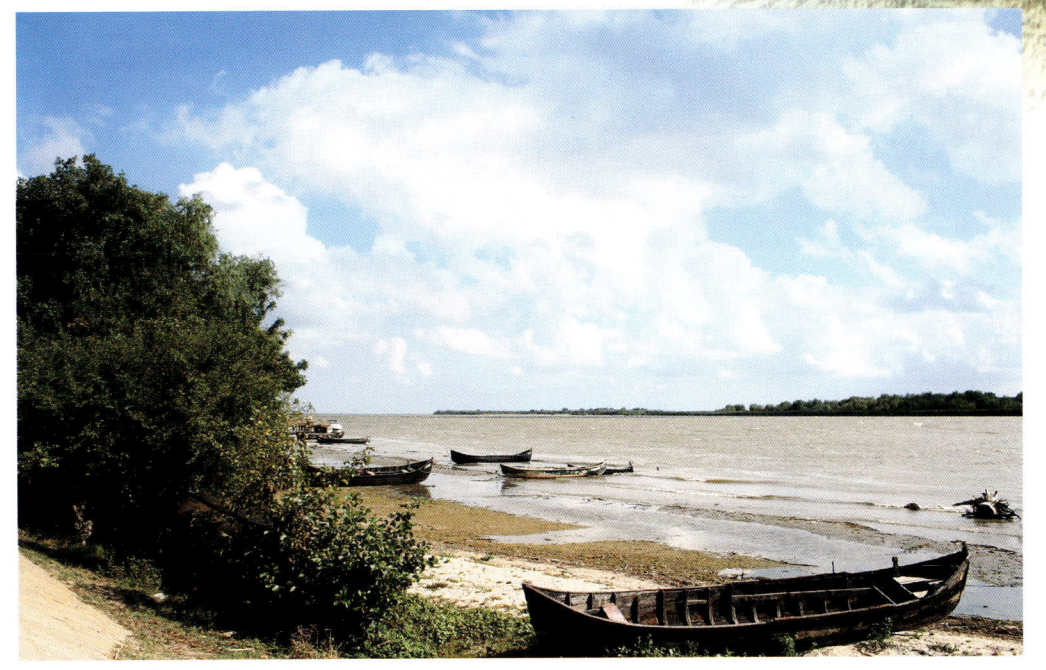

Oben: Der Bau des Hauses des Volkes in Bukarest wurde 1984 unter Präsident Ceausescu begonnen und nach seinem Tod nur langsam abgeschlossen. Es vereint drei Rekorde: Es ist das größte und teuerste zivile Verwaltungsgebäude und das schwerste Bauwerk der Welt.

Rechts: Das Delta der Donau am Schwarzen Meer ist nach dem der Wolga das zweitgrößte Delta in Europa und eine der sieben Welterbestätten der UNESCO in Rumänien. Über 300 Vogelarten und 45 Fischarten leben in diesem bedeutenden Feuchtgebiet.

RUND UM DIE OSTSEE
Eine Reise durch Nordeuropa

Maritime Tradition und Geschichte verbindet die Länder rund um die Ostsee. Durch die Jahrhunderte landeten Invasoren und Piraten in den Häfen – der Name der estnischen Hauptstadt Tallinn leitet sich von »dänische Stadt« ab –, aber die Schiffe brachten durch den Handel auch Reichtum. Im Mittelalter gehörten viele der Städte der Hanse an, die den Handel in Europa 400 Jahre lang beherrschte. Vom Wohlstand dieser Ära zeugen die reichen Kaufmannshäuser von Visby, Danzig und Riga. Später dominierten Schweden, Russland und der Großherzog von Litauen die Ostsee. Zu dieser Zeit entstanden die prächtigen Paläste in Stockholm und St. Petersburg. Im 20. Jahrhundert verlief der Eiserne Vorhang durch das Meer. Heute blühen die kleinen baltischen Republiken Litauen, Lettland und Estland wieder auf.

Oben: Stockholm ist seit 800 Jahren das politische und wirtschaftliche Zentrum Schwedens. Heute schlendert man durch die alten Straßen der Gamla Stan (Altstadt) und besucht die schönen Museen und das Schlachtschiff Wasa aus dem 17. Jahrhundert.

(Karte: Nordeuropa mit Ostsee)

Bottnischer Meerbusen
FINNLAND
Ladogasee
NORWEGEN
HELSINKI
Finnischer Meerbusen
ST. PETERSBURG
STOCKHOLM
Hiiumaa
TALLINN
ESTLAND
RUSSLAND
SCHWEDEN
Saaremaa
Gotland
Golf von Riga
LETTLAND
Kattegat
ÖSTSEE
RIGA
Öland
KLAIPEDA
DÄNEMARK
Kurische Nehrung
LITAUEN
KOPENHAGEN
KALININGRAD (Königsberg)
Bornholm (Dänemark)
DANZIG
POLEN

LESESTOFF UND FILME

Peter der Große. Sein Leben und seine Zeit. Robert Massie

Im Herzen Europas. Norman Davies

The Baltic. Alan Palmer

Baltic Storm. (Film)

Links: Den Katharinenpalast in Tsarskoe Selo südlich von St. Petersburg ließ Katharina I. im 18. Jahrhundert errichten. In der Kaiserzeit diente er als Sommerpalast der Zaren.

Oben rechts: Das Märchen »Die kleine Meerjungfrau« von Hans Christian Andersen erzählt die Geschichte einer Nixe, die ihr Leben im Meer für die Liebe eines Prinzen aufgibt. Die kleine Statue sitzt auf einem Felsen im Hafen von Kopenhagen

Rechts: Winter in Finnland.

Im Uhrzeigersinn um die Ostsee

Fahren Sie von Kopenhagen nach Visby auf Gotland, die »Stadt der Rosen und Ruinen«, wie sie seit der Zerstörung von 1525 durch die Lübecker genannt wird. Über Stockholm kommen Sie nach Helsinki mit seinen Bauwerken der Moderne, russisch beeinflussten Kirchen und dem Sibelius-Denkmal. Der östlichste Punkt ist St. Petersburg, wo sich die Pracht der Zaren entfaltete. Über das mittelalterliche Tallinn und die Jugendstilstadt Riga erreichen Sie entlang der lettisch-litauischen Küste die russische Exklave Kaliningrad, bevor Sie schließlich zur historischen Werft von Danzig kommen, dem Geburtsort der Solidarność.

ALLEINE UM DIE WELT
Joshua Slocum

Joshua Slocum kam 1844 in Nova Scotia zur Welt und wurde 1865 in den USA eingebürgert. Er war ein typischer Vertreter der Zeit am Ende der Segelschiffära: ein vollendeter Seemann, ungemein einfallsreich und unglaublich zäh. Über 30 Jahre lang segelte er kreuz und quer über die Ozeane und erarbeitete sich das Kommando über mehrere Schiffe. Doch es gab auch noch eine andere Seite seiner standhaften Persönlichkeit. Eine leicht mystische Ader kam 1895 zum Vorschein, als er sich entschied, das Unmögliche zu wagen und als Einhandsegler um die Welt zu segeln. Sein Schiff, die *Spray*, war robust, aber nur elf Meter lang. Doch mit seinem zerbrechlichen Holzboot strafte Slocum alle Unkenrufe Lügen: Von April 1895 bis Juni 1898 segelte er damit alleine um die Welt.

LESESTOFF
Allein um die Welt.
Joshua Slocum

Sailing Around the World. A Family Retraces Joshua Slocum's Voyage.
Guy Bernardin

Alone at Sea. The Adventures of Joshua Slocum.
Ann Spencer

Oben: Die *Spray* war vielleicht kein schönes Boot, doch sie erwies sich als äußerst seetauglich.

Der Reiz des Meeres

Als sich Slocum zu Beginn der 1890er-Jahre zu seiner Reise entschloss, war er im mittleren Alter, er hatte seine erste Ehefrau verloren, und die Dampfschiffe kamen auf. Er stand an einem Scheideweg und schmiedete einen ungewöhnlichen Plan: Er restaurierte eine verrottete Slup und entschied sich nicht nur, um die Welt zu segeln, sondern auch, dies alleine zu tun. Die *Spray* erwies sich als außergewöhnlich seetauglich: wetterfest, schnell und mit einem

ausgewogenen Rigg, sodass sie von alleine den Kurs hielt. Slocum legte mit ihr über den Pazifik 3220 Kilometer zurück, ohne einmal das Ruder zu berühren.

Nach über drei Jahren kehrte Slocum mit der *Spray* nach Newport in Rhode Island zurück. Er hatte erfolgreich die Erde umkreist. Dass ein ansonsten unbekannter Kapitän solch eine Meisterleistung vollbracht hatte, zeugt von außergewöhnlicher Seemannschaft. Für einen Autodidakten, der mit 14 Jahren von der Schule abging, erwies sich Slocum auch als begnadeter Schriftsteller. Sein Buch *Alleine um die Welt* wurde ein Klassiker. Doch das Landleben behagte ihm nicht. Im November 1909 verschwand er mit der *Spray* für immer auf dem Weg zu den Westindischen Inseln.

Slocums ungewöhnliche Route erwies sich für ihn als günstig, da sie aus vielen kurzen Etappen mit häufigen Pausen bestand, wie etwa in Fuerto de Ventura (**links**) und Rio De Janeiro (**oben**). Das erklärt vermutlich auch den gemächlichen Charakter seiner Reise, die über drei Jahre dauerte und deren Länge mit rund 74 000 Kilometern fast dem doppelten Erdumfang entsprach.

»Ich war fest entschlossen, die Erde zu umkreisen. Und als der Wind am Morgen des 24. April 1895 günstig war, hob ich den Anker, setzte Segel und verließ Boston … Ich spürte, dass es keine Umkehr mehr gab und ich mich auf ein Abenteuer einließ, dessen Umfang ich mir voll bewusst war.«
Joshua Slocum, Sailing Alone Around the World (Allein um die Welt), 1899

Rund um den Globus
Ferdinand Magellan

Nachdem Kolumbus 1492 den Atlantik überquert hatte, wurden Erkundungsreisen der Europäer schnell immer häufiger. Als um 1520 die Ostküsten von Süd- und Nordamerika bekannt waren, lösten diese Entdeckungen einen unersättlichen Appetit nach Eroberungen und Abenteuer aus. Die Umsegelung der Erde und damit die Entdeckung einer schiffbaren Route zu den Reichtümern des Orients schien nur eine Frage der Zeit zu sein – doch sie erwies sich als ein weitaus mühsameres Unterfangen, als sich irgendjemand hätte vorstellen können. Sie wurde schließlich von 1519 bis 1522 durch eine spanische Expedition vollbracht, die der Portugiese Ferdinand Magellan leitete.

Über den Pazifik

Der Umfang der Erde war zwar ungefähr bekannt, dennoch konnte sich niemand die Existenz eines so riesigen Ozeans wie des Pazifiks vorstellen. Magellan und seine Männer segelten über ein scheinbar endloses Meer und an den zahlreichen Vulkaninseln des Südpazifiks vorbei. Hunger und Durst begannen sie zu quälen. Am 6. März 1521 stießen sie schließlich auf Guam. Eine Woche später erreichten sie Samar auf den Philippinen und damit wieder bekannte Gewässer.

Links: Magellan erreichte Guam am 6. März 1521, nachdem er in 99 Tagen den Pazifik überquert hatte. Jede Ratte an Bord war verspeist worden, und die Mannschaft kaute das Leder, das verhinderte, dass die Segel am Mast scheuerten. Einige aßen Strohstaub und »tranken gelbes Wasser, das seit vielen Tagen faulig war«.

—— Reiseroute Hinfahrt
- - - Rückreise unter dem Kommando von Juan Sebastián de Elcano

Die Heimreise

Obwohl Magellan alle Längenkreise des Globus überquert hatte – und daher als Erster die Erde umkreiste – vollendete er die Reise nach Westen nicht bis nach Hause und umsegelte somit nicht wirklich die Welt. Etwas über

einen Monat nach seiner Ankunft auf den Philippinen wurde er in der Schlacht von Mactan im April 1521 getötet. Das Kommando ging auf Juan Sebastián de Elcano über. Dieser kehrte im September 1522 mit nur noch einem Schiff und 18 Mann nach Spanien zurück. Magellan war mit fünf Schiffen und 241 Mann Besatzung losgesegelt. Trotz der großen Verluste war Magellans Reise eine außergewöhnliche Leistung.

SPANIEN

SEVILLA

Azoren

NORD-ATLANTIK

Kanarische Inseln

Kapverdische Inseln

SÜD-AMERIKA

PAZIFIK

RIO DE JANEIRO

Rio de la Plata

SÜD-ATLANTIK

Magellanstraße

FEUERLAND

LESESTOFF

Over the Edge of the World. Magellan's Terrifying Circumnavigation of the Globe.
Laurence Bergreen

The Great Explorers
Samuel Eliot. Morison

Antonio Pigafetta: Mit Magellan um die Erde. Ein Augenzeugenbericht der ersten Weltumsegelung 1519–1522.
Robert Grün (Hg.)

Magellan kam ums Leben, als er in eine lokale Auseinandersetzung auf der Insel Mactan (**oben**) in den Philippinen hineingezogen wurde. Er war ein Mann mit vielen Talenten und eisernem Willen und eine charismatische Führungspersönlichkeit. Das Kap der Guten Hoffnung (**links**) wurde im Mai 1522 nur noch von einer Handvoll Männer umschifft.

EUROPA

ASIEN

AFRIKA

PHILIPPINEN

Samar
Mactan

Guam

PAZIFIK

Magellan stirbt im
Kampf mit Einheimi-
schen im April 1521

Gewürzinseln

INDISCHER OZEAN

AUSTRALIEN

NEU-
SEELAND

Kap der
Guten Hoffnung

»Hätten uns Gott und die Heilige Jungfrau nicht so gutes Wetter gegeben,
wären wir alle in diesen endlosen Weiten des Ozeans an Hunger gestorben.
Ich bin mir sicher, dass eine solche Reise nicht noch einmal gemacht wird.«
Antonio Pigafetta, Mit Magellan um die Erde

Richtung Norden
An der Westküste nach Alaska

Die Reise geht von Vancouver nach Alaska – von den Glastürmen von Kanadas beliebtester Stadt zu einem der abgelegensten Orte auf der Erde, dem Land aus Bergen und Eis. Die wilden Inseln vor der Küste British Columbias und Südalaskas weichen einer Landschaft mit kalbenden Gletschern, überwältigenden Eisbergen und steilen Granitklippen. Die Menschen in den vereinzelten Siedlungen fristen ein karges Dasein in dieser abgeschiedenen Ecke der USA, auch wenn der Ruf nach der Förderung von Öl aus der rohstoffreichen Erde Alaskas sie der »Zivilisation« zu öffnen droht.

LESESTOFF

Passage nach Juneau.
Jonathan Raban

Ruf der Wildnis.
Jack London

Die Inside-Passage.
Bernd Römmelt

The Story of Alaska.
C. L. Andrews

▲▲ Berggipfel

Das Land der Tlingit

Die heute etwa 11 000 Tlingit leben vor allem an der Küste und auf der »Alaska Panhandle« genannten Inselkette. Da ihnen das Meer Nahrung im Überfluss lieferte, hatten sie viel Zeit für Kunst und Handwerk. Dies belegen eindrucksvoll Totem-Pfähle in Ketchikan oder die gewebten Körbe, Masken und anderen Schnitzereien in Museen auf der ganzen Welt. Viele Tlingit konvertierten im 19. Jahrhundert, als die Schamanen die von Europäern übertragenen Krankheiten nicht heilen konnten, zum orthodoxen Christentum. Dabei gelang es ihnen jedoch, westliche Werte und den Erhalt vieler Traditionen und Mythologien, wie die über die Rolle des Raben bei der Entstehung der Welt, in Einklang zu bringen. Trotzdem sprechen heute nur noch 140 Menschen die Tlingit-Sprache.

Links: Ein Braunbär fischt in einem Fluss. Die Lachse laichen in den Flüssen und wachsen im Meer heran. Dann schwimmen sie wieder flussaufwärts zurück, um genau dort zu laichen, wo sie geschlüpft sind.

Unten: Der auch als »Denali« bekannte Mount McKinley ist mit 6914 Metern Nordamerikas höchster Berg. Er ist eine der Attraktionen des Denali National Park in Alaska.

ALASKA (USA)

Denali National
Park

▲ Mt. McKinley

ANCHORAGE ●
VALDEZ ●
SEWARD ●

Prince
William
Sound

Kenai
Fjords
National
Park

GOLF VON ALASKA

Kodiak
Island

PAZIFIK

Yakutat
Bay

Glacier
Bay

Alexander
Archipelago

Frederick
Sound

SKAGWAY ●
JUNEAU ●
SITKA ●

KETCHIKAN ●

Queen
Charlotte
Islands

BRITISH COLUMBIA

Vancouver
Island

VANCOUVER ●

VICTORIA ●

> »Eine kleine, fünf Meilen
> lange Einbuchtung in einen
> gigantischen Gletscher.«
> *Kapitän George Vancouver
> über die Glacier Bay*

Nördlich von Vancouver

Vor Beginn der Fahrt locken in Vancouver einige der schönsten Museen Kanadas oder eine Fahrt mit der Fähre nach Vancouver Island, um dort den Pacific Rim National Park und Victoria zu besuchen, das laut Kipling wie der »Brighton Pavilion vor der Kulisse des Himalayas« anmutet. Von Vancouver aus führt die Fahrt entlang der Küste nach Norden zu den »arktischen Galapagos-Inseln«, den Queen Charlotte Islands. Von Ketchikan mit seiner riesigen Sammlung von Totem-Pfählen aus geht es in das Inselgewirr vor der Küste Alaskas. Im Frederick Sound kann man Buckelwale, Orcas und Weißkopfsee-adler beobachten. Die Stephens-Passage führt dann nach Alaskas Hauptstadt Juneau, die keine Straßenverbindung mit dem Rest des Landes hat. Das Städtchen Sitka mit seiner russisch-orthodoxen Kathedrale St. Michael's war Hauptstadt, bis Russland 1867 Alaska an die USA verkaufte. Die Route führt zur beeindruckenden Glacier Bay, zum Prince William Sound und Kenai Fjords National Park bis nach Anchorage. Alaskas größte Stadt wurde 1964 fast völlig vom Good-Friday-Erdbeben zerstört. Hier endet die Seereise, doch an Land wartet der Denali National Park mit dem Mt. McKinley, Elchen, Karibus und Grizzlybären.

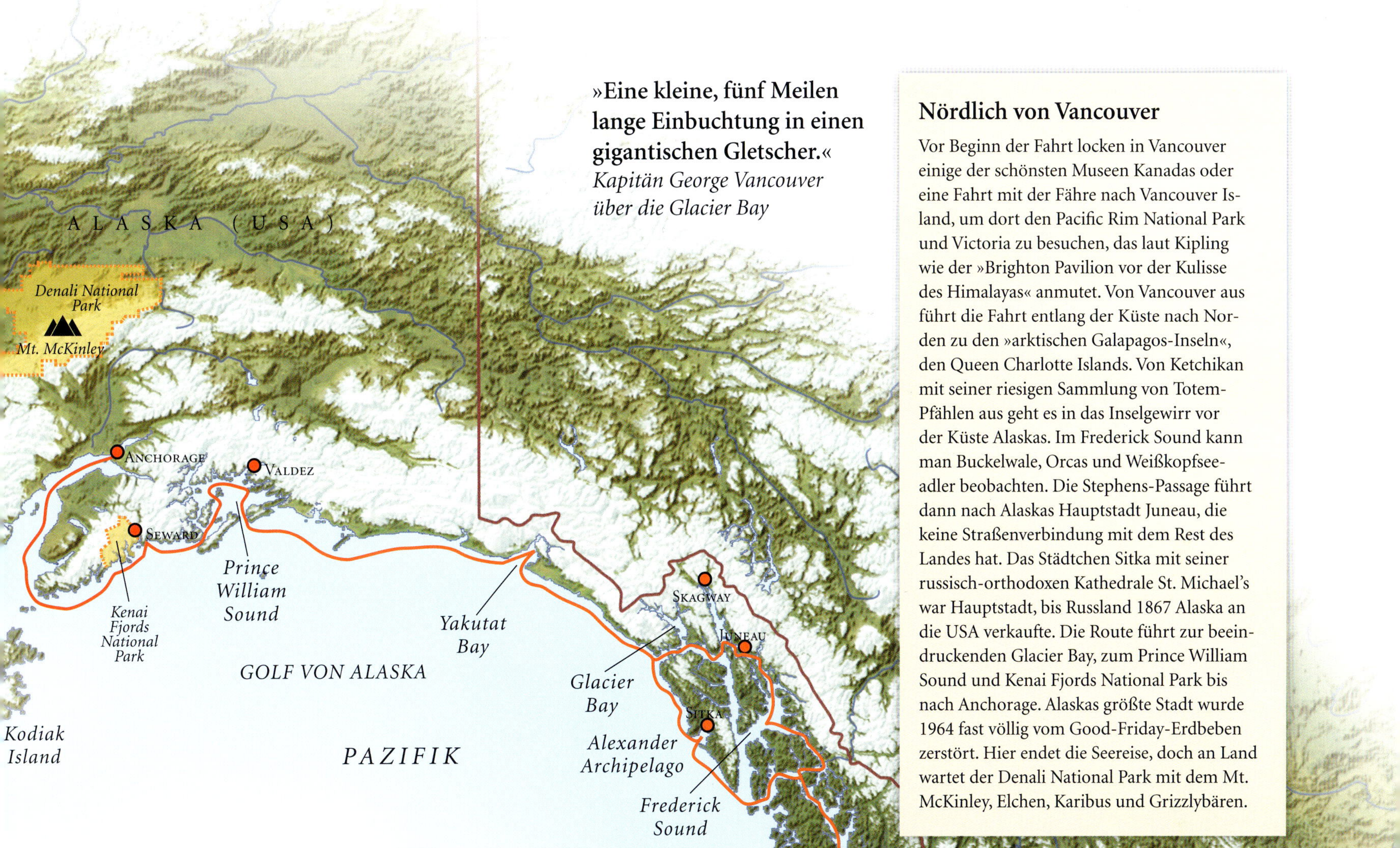

Links: Fast nirgendwo kann man Gletscher besser erleben als an Alaskas Westküste. Die eindrucks-vollsten Ausblicke hat man vom Meer, entweder von einem Kreuzfahrtschiff oder von einem kleinen Boot, das näher heranfah-ren kann. An vielen Stellen kann man auch zu Fuß an die Gletscherzunge gehen.

Rechts: Die Schiffsfahrten nach Alaska beginnen in Vancouver und führen dann an der kanadischen Küste entlang in die Wild-nis nach Norden. Lohnend ist aber auch eine Hafen-rundfahrt in Vancouver zum Stanley Park, zum Lookout Tower und zur Lion's Gate Bridge.

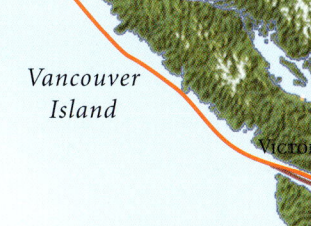

Auf den Spuren von Darwins Beagle
Eine Reise in unbekannte Welten

Im Dezember 1831 stach der 22-jährige Charles Darwin an Bord der HMS *Beagle* zu einer fünf Jahre langen Reise um die Welt in See. Darwin, der in Cambridge Theologie studiert hatte und sich lebhaft für die Natur interessierte, wurde als »Begleiter« von Kapitän Robert FitzRoy durch seine wissenschaftlichen Untersuchungen auf der Reise zu einem weltberühmten Naturforscher. Schon während der Fahrt begann Darwin, erste Gedanken zu seiner Evolutionstheorie aufzuzeichnen, die die religiösen Gewissheiten der viktorianischen Welt mit der Erkenntnis in ihren Grundfesten erschüttern sollte, dass die Erde nicht von Gott geschaffen wurde, sondern sich in einem langen Prozess entwickelt hat.

Oben: Die *Beagle* blieb auf ihrer Rückreise 1836 nur zehn Tage auf den Kokosinseln. Das genügte Darwin, um ihn in einer weiteren seiner Ideen zu bestärken: Wenn Landmassen, wie die Anden, nach oben geschoben werden, könnten Korallenatolle, wie diese Inseln, auch absinken.

Nach Südamerika

Zweck der Reise der HMS *Beagle* war die Vermessung der Küsten der damals seit Kurzem unabhängigen südamerikanischen Staaten. Bessere Karten befriedigten nicht nur die wissenschaftliche Neugierde der Admiralität in London, sondern waren auch für die stark zunehmende Handelsschifffahrt wichtig. Für einen Naturforscher kam die Reise wie gerufen, führte sie doch an kaum bekannte

Küsten und bot viele Möglichkeiten, das Hinterland zu erkunden.

Auf der *Beagle* reisten auch drei Feuerländer zurück in ihre Heimat im fernen Süden Südamerikas. Sie sollten dort eine christliche Mission aufbauen.

Die *Beagle* erreichte am 28. Februar 1832 Brasilien und fuhr in den folgenden zwei Jahren und vier Monaten mehrfach die südamerikanische Ostküste ab. Darwin unternahm einige ausgedehnte Reisen ins Hinterland. Er sammelte Proben, die er bei Gelegenheit nach England schickte, machte sich Notizen und schrieb ein Tagebuch. Er beschäftigte sich zunehmend mit Fossilien, die, wie er wusste, die Überreste ausgestorbener Tiere waren, und mit den offensichtlichen, wenn auch unendlich langsamen Änderungen der Landschaft.

»Die Naturgeschichte dieses Archipels [der Galapagos-Inseln] ist bemerkenswert: Er scheint eine kleine Welt für sich zu sein; die meisten seiner Bewohner, ob Pflanzen oder Tiere, sind nirgendwo sonst zu finden.«
Charles Darwin, Die Fahrt der Beagle

EUROPA

Azoren

Kanarische Inseln

NORD-ATLANTIK

Kapverdische Inseln

AFRIKA

Galapagos-Inseln

SÜD-AMERIKA

Ascension

CALLAO

St. Helena

RIO DE JANEIRO

VALPARAISO

SÜD-PAZIFIK

MONTEVIDEO

SÜD-ATLANTIK

KAPSTADT

Falkland-Inseln

Magellanstraße

FEUERLAND

LESESTOFF

Die Fahrt der Beagle.
Charles Darwin

Der Schöpfung wunderbare Wege.
Irving Stone

Darwins Kapitän.
Peter Nichols

Inside the Beagle with Charles Darwin.
Fona MacDonad

Fossils, Finches, and Fuegians. Darwin's Adventures and Discoveries on the Beagle.
Richard D. Keynes

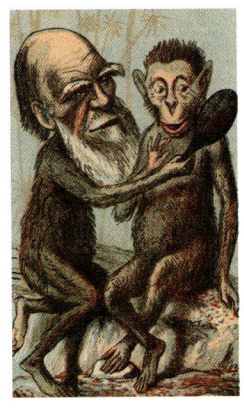

Oben: Darwins 1859 publizierte *Die Entstehung der Arten* schockierte die gottesfürchtige viktorianische Gesellschaft mit der Idee gemeinsamer Vorfahren von Mensch und Affe.

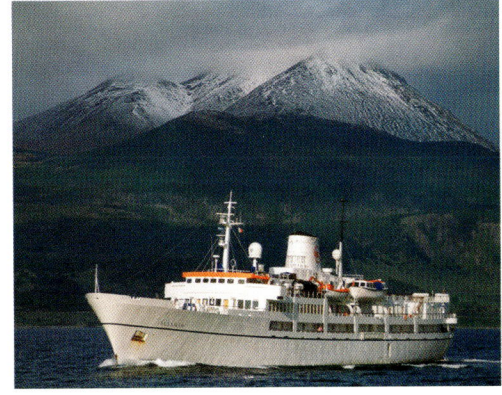

Oben: Feuerland und die Magellanstraße beeindruckten den jungen Charles Darwin nicht nur aufgrund der Einsamkeit, des rauen Klimas und der wilden Erhabenheit des Gebietes zutiefst. Er war vor allem fasziniert und entsetzt über die autochthone Bevölkerung, den – nach seinen Worten – »jämmerlichen Wilden«, und fragte sich: »Waren unsere Vorfahren Menschen wie diese?«

Die Heimreise

Am 11. Juni fuhr die Beagle in den Pazifik und wandte sich nach Norden, nach Valparaiso. In den folgenden 15 Monaten unternahm Darwin drei größere Exkursionen in die Anden und fand eindeutige Beweise, dass diese luftigen Höhen einst den Boden eines Meeres bildeten.

Am 7. September 1835 begann die Heimfahrt über die Galapagos-Inseln, Tahiti, Neuseeland und Australien zu den Kokosinseln im Indischen Ozean, deren vulkanischen Ursprung Darwin erkannte. Am 31. Mai kam die Expedition in Kapstadt an, und am 2. Oktober 1836 erreichte sie schließlich nach kurzen Aufenthalten in St. Helena, Ascension und Brasilien die Heimat in Falmouth.

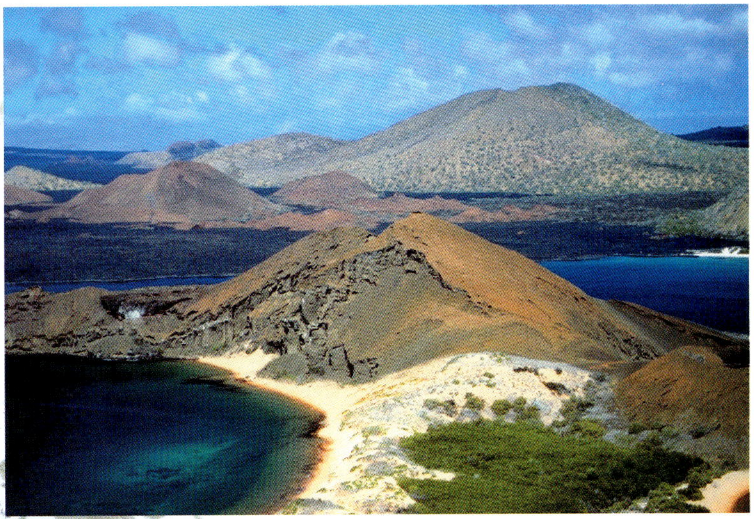

Oben: Die *Beagle* lag vom 16. September bis 20. Oktober 1835 an den trockenen, abgeschiedenen Galapagos-Inseln, wo Darwins Vorstellung von der Evolution der Erde und des Lebens langsam Gestalt annahm. Die riesigen Eidechsen und Leguane (»bekloppte und apathische Ungeheuer«) und die gewaltigen, unendlich schwerfälligen Schildkröten kamen nur dort vor, unterschieden sich aber von Insel zu Insel.

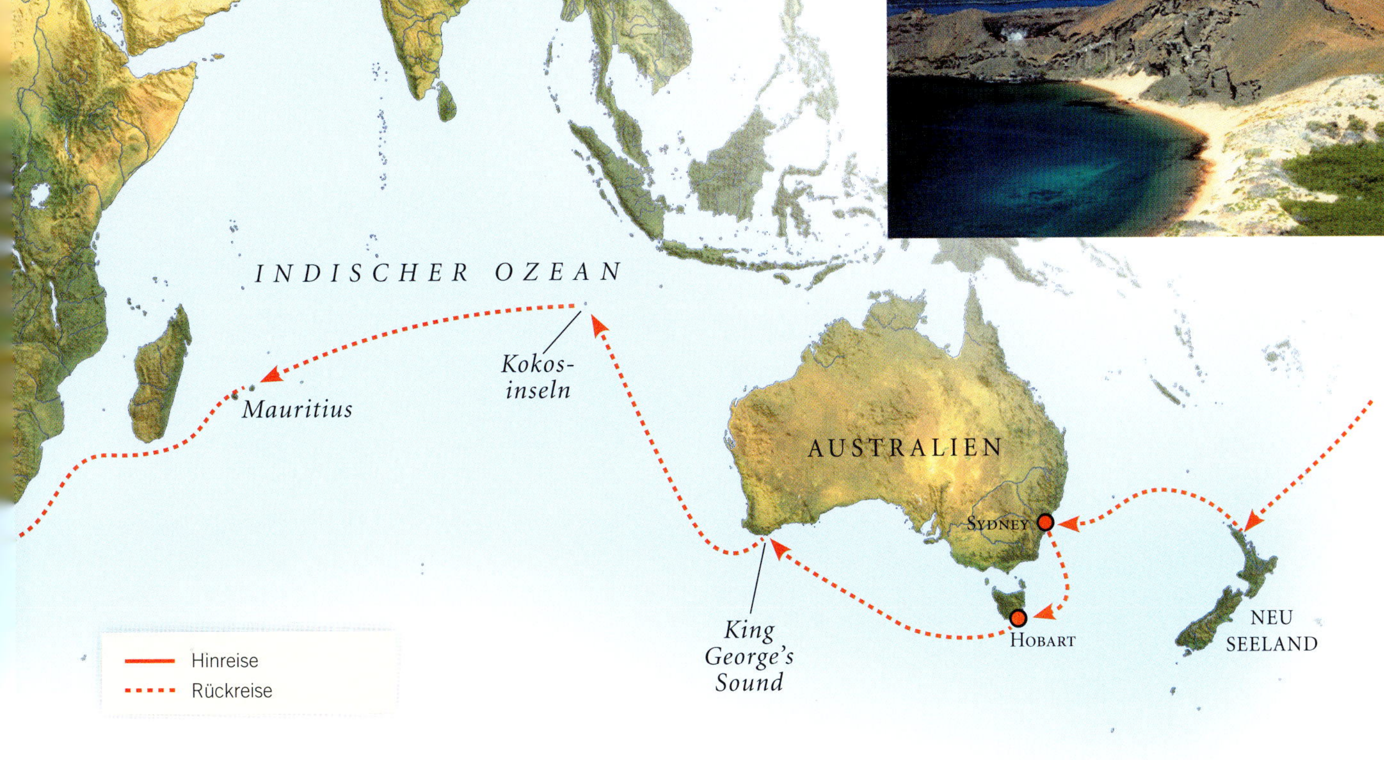
ASIEN
INDISCHER OZEAN
Kokos-inseln
Mauritius
AUSTRALIEN
Sydney
Hobart
King George's Sound
NEU SEELAND
Hinreise
Rückreise

ÜBER DEN PAZIFIK
Die Meuterei auf der Bounty

Fletcher Christian, 2. Offizier der *Bounty*, war erst 24 Jahre alt, als er gegen den angeblich tyrannischen Kapitän William Bligh meuterte. Drei Wochen nach der Abfahrt von Tahiti stand Christian vor der Qual der Wahl, seinen beruflichen Pflichten nachzukommen oder den Verlockungen der Südsee zu erliegen. Am 28. April 1789 beschloss er zu meutern. Am Vorabend war Christian von Bligh zum wiederholten Male falsch beschuldigt worden – diesmal sollte er sich am Kokosnussvorrat des Schiffs vergriffen haben. Christian betrank sich und sprach mit einigen Matrosen darüber, zu desertieren und mit einem Floß nach Tahiti zurückzukehren. Schließlich einigte man sich darauf, stattdessen Bligh auszusetzen.

Oben: Bligh legte in einer überladenen Barkasse innerhalb von 47 Tagen über 5825 Kilometer nach Timor zurück. Er wurde von 18 loyalen Besatzungsmitgliedern begleitet. Die Fahrt gilt als Meisterstück der Seemannschaft, Navigation und Ausdauer.

Die Fahrt der *Bounty*

Zu Beginn der Reise, im Dezember 1787, war die Stimmung an Bord optimistisch. Bligh und Christian waren schon zuvor gemeinsam gesegelt und miteinander vertraut. Doch Tahiti, das sie zehn Monate später erreichten, war ihr Verderben. Das Schiff hielt sich dort über fünf Monate lang auf, um 1015 Brotbaumstecklinge aufzunehmen. Die Insel war eine tropische Idylle mit freundlichen und freizügigen Bewohnern. Die Rückkehr in den Alltag ließ die Stimmung schnell sinken. Bligh begann Christian zu schikanieren und häufig vor der versammelten Mannschaft zu demütigen. Christian war bei der Mannschaft wohlgelitten, doch schlechter Laune. Als Bligh ihn beschuldigte, Kokosnüsse gestohlen zu haben, soll Christian in Tränen ausgebrochen und durchgedreht sein. Zuerst wollte er ein Floß bauen und sich allein und auf eigene Faust den Haien und der Gefahr eines Schiffbruchs aussetzen. Die ganze Zeit über soll er gemurmelt haben: »Ich bin in der Hölle, ich bin in der Hölle.« Angestachelt durch einige ähnlich unzufriedene Besatzungsmitglieder entschloss er sich schließlich zur Meuterei. Um 5.30 Uhr des folgenden Morgens setzten sie den empörten Bligh aus. Die Würfel waren gefallen.

Oben: Die Meuterei auf der Bounty hat drei große Hollywood-Filme inspiriert: 1935 spielte Clark Gable den Fletcher Christian und Charles Laughton den William Bligh. 1962 nahm ein lustloser Marlon Brando den Kampf gegen Trevor Howard als den fortwährend wütenden Bligh auf; 1985 waren die Hauptrollen mit Mel Gibson und Anthony Hopkins besetzt.

Route der *Bounty* vor der Meuterei
Route der *Bounty* nach der Meuterei
Route von Bligh in einem offenen Boot

NEU-GUINEA

Torres-Straße

Timor

KORALLENSE

AUSTRALIEN

TASMANIEN

»Es gab niemals zuvor einen solchen Haufen diebischer Schurken unter irgendjemandes Kommando. Gott verfluche euch, ihr Halunken … Möget ihr alle zur Hölle fahren!«
William Bligh zur Besatzung der Bounty am 27. April 1789

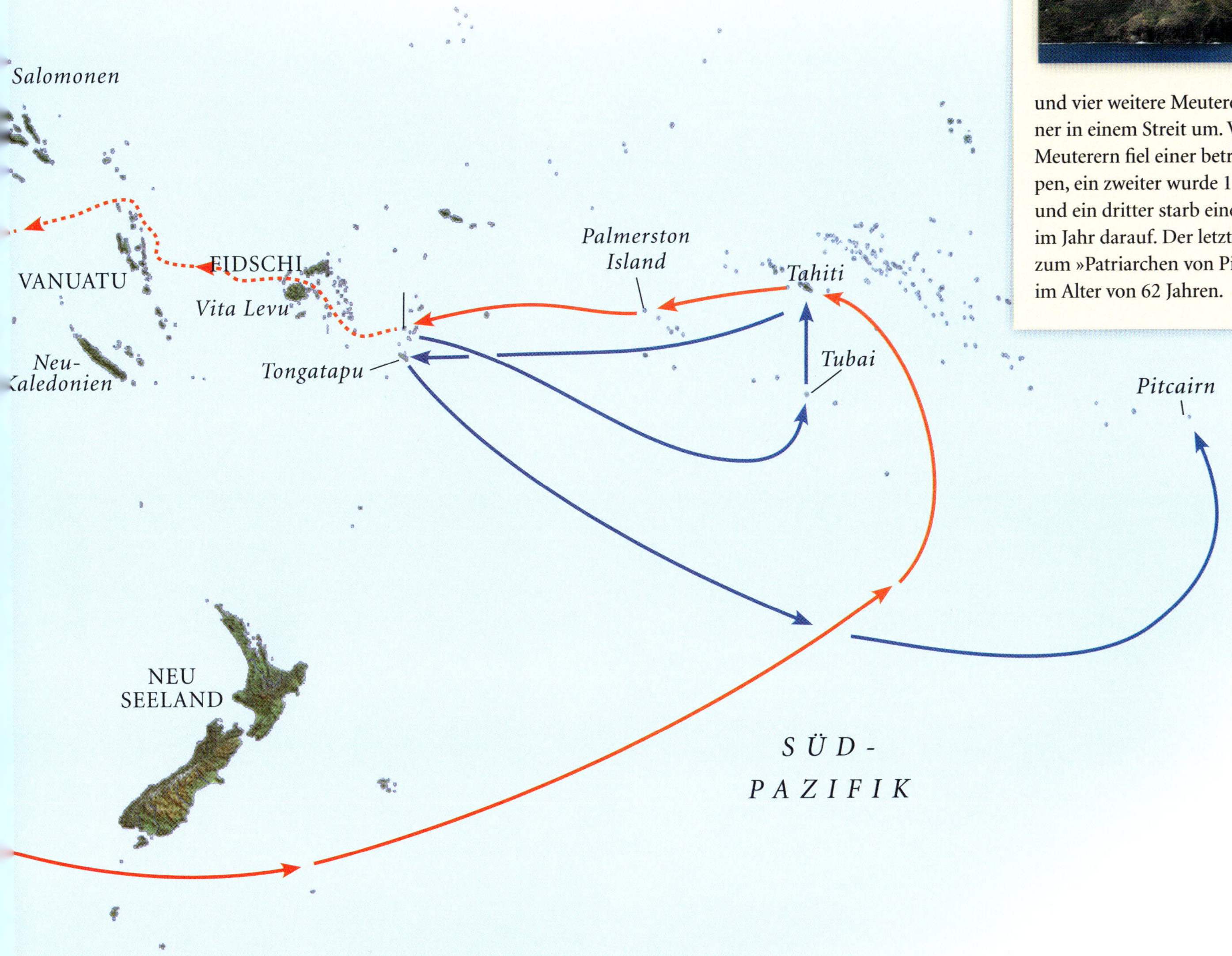

Pitcairn

Da sie wussten, dass die Royal Navy sie jagen würde, segelten die Meuterer ohne Ziel kreuz und quer durch den Südpazifik. Schließlich kamen sie im Januar 1790 nach Pitcairn. Sie stellten fest, dass die Lage der Insel auf den Karten falsch eingetragen war und sie daher hier relativ sicher waren. Die Insel schien die Rettung zu sein, doch das dortige Leben war alles andere als idyllisch. Neun der Meuterer, darunter Christian, erreichten Pitcairn zusammen mit sechs Tahitianern, elf Tahiti-

anerinnen und einem Baby. Es gab von Anfang an Spannungen, und im September 1793 kamen Christian und vier weitere Meuterer sowie alle Tahitianer in einem Streit um. Von den übrigen vier Meuterern fiel einer betrunken von den Klippen, ein zweiter wurde 1799 »hingerichtet« und ein dritter starb eines natürlichen Todes im Jahr darauf. Der letzte, John Adams, wurde zum »Patriarchen von Pitcairn«. Er starb 1825 im Alter von 62 Jahren.

Salomonen

VANUATU

FIDSCHI

Vita Levu

Neu-Kaledonien

Tongatapu

Palmerston Island

Tahiti

Tubai

Pitcairn

NEU SEELAND

S Ü D - P A Z I F I K

LESESTOFF

Meuterei auf der Bounty.
William Bligh

Die Bounty. Die wahre Geschichte der Meuterei auf der Bounty.
Caroline Alexander

Die Bounty, Kapitän Bligh und Mr. Christian.
Richard Hough

Trotz einer Weltbevölkerung von 6,6 Milliarden Menschen gibt es noch weite Flächen unberührter, herrlicher Wildnis. Berge, Wüsten und Dschungelgebiete findet man auf der ganzen Welt in ihrer ursprünglichen Pracht. Die Eiswüsten der Arktis und Antarktis blieben vom Menschen fast gänzlich verschont, und andernorts erlauben mit Bedacht eingerichtete Nationalparks jedem, die Natur intensiv zu erleben.

DIE SCHÖNHEIT DER NATUR
Wunder der modernen Welt

Auch wenn in Südamerika riesige Flächen abgeholzt werden, so gibt es doch weiterhin große tropische Dschungelgebiete, wie den Roraima-Tepui in Venezuela. Diese wunderschöne »vergessene Welt« ist von der modernen Welt völlig abgeschieden. In den ausgedehnten Weiten des Westens der USA liegen einige großartige Nationalparks, die daran erinnern, dass diese beeindruckende Landschaft vor wenig mehr als 100 Jahren noch Wildnis war. Auch ein offensichtlich erschlossenes Land wie Neuseeland bietet eine Reihe von beeindruckenden Natursehenswürdigkeiten: die Südlichen Alpen auf der Südinsel und eine Kette von Vulkanen auf der Nordinsel.

Weiter im Süden liegt die Antarktis, eine faszinierend unwirtliche Wüstenei aus Schnee, Eis und Bergen.

Am anderen Ende der Welt erstreckt sich die von Fjorden eingekerbte Küste Norwegens mit ihren winzigen Fischerorten, mittelalterlichen Stabkirchen, unzähligen Vogelkolonien und unglaublichen Ausblicken. Eine völlig andere Erfahrung bietet Timbuktu, einst ein Hauptumschlagplatz des lebhaften Transsahara-Handels. Die trockene, endlose Leere der herb-schönen Südsahara ist geprägt von Hitze, Staub und Geschichte. Afrika ist die Geburtsstätte des Menschen – dessen früheste Vorfahren entwickelten sich dort vor etwa 4,5 Millionen Jahren. Ihre ersten vorsichtigen Schritte machten sie in der vielfältigen Landschaft im Schatten des Kilimandscharo. Obwohl er ein Vulkan und nahe dem Äquator gelegen ist, ist sein Gipfel immer mit Schnee bedeckt. Als höchster Berg Afrikas gehört er auch zu den »Sieben Gipfeln« – den höchsten Bergen der verschiedenen Kontinente. Diese sieben – und insbesondere den Mount Everest, den höchsten Berg der Erde – zu besteigen, ist eine einzigartige Herausforderung und Erfahrung für alle Alpinisten.

DER AMERIKANISCHE WESTEN
Nationalparks

Die malerischen Nationalparks im Westen der USA sind auch für die Geologen Paradiese. Die Felswände des durch den Colorado River gegrabenen Grand Canyon und der anderen Canyons schillern in vielen Farben. Verblüffende Felsformationen wie Bogen, Brücken, Zinnen und Nadeln scheinen der Schwerkraft zu trotzen. Die Region ist so reich an Naturschätzen, dass die größte natürliche Brücke der Welt, die Rainbow Bridge, nicht einmal in einem Nationalpark steht. Die alte Pueblo-Kultur, deren Höhepunkt vor etwa 1000 Jahren war, hinterließ große Siedlungen und Felsenhäuser. Auch Spuren des Lebens vor dem Menschen finden sich in den Felsen. Das Bild wird durch Sanddünen, große Höhlen und das Schauspiel der Rockies vollendet. Wo sonst auf der Erde gibt es eine solche Vielfalt?

Oben: Die Carlsbad Caverns kennt man vor allem durch den »Big Room«, besonders aufregend ist jedoch die Lechuguilla Cave. Wissenschaftler erforschen, ob man in der sehr tiefen, fast unberührten Höhle möglicherweise Krebs heilen kann.

Eine Fahrt durch die Parks

Beginnen Sie die Fahrt in der grandiosen roten Wüstenlandschaft zwischen den Butts und Mesas des Monument Valley, den perfekt geformten Sandsteinbogen und zerbrechlichen Felsnadeln des Bryce Canyon. Weiter geht es durch die Felsformationen des Canyonlands. Bei den Gipfeln des Rocky Mountain National Park erreichen Sie die kontinentale Wasserscheide. Folgen Sie dem Gebirgszug nach Süden zu den Great Sand Dunes. Fahren Sie dann nach New Mexico zu den Carlsbad Caverns und der Gipseinöde von White Sands. Schließlich gelangen Sie zurück nach Arizona in den Petrified Forest und zum Grand Canyon.

Links: Das Monument Valley wurde durch den Film *Stagecoach* (1939) von John Ford mit John Wayne in der Hauptrolle berühmt. Seither ist es eine der klassischen Westernkulissen.

Unten: In den Sandsteinklippen bei Mesa Verde stehen 500 Pueblo-Häuser, darunter ein Palast mit 200 Räumen. Diese und andere Siedlungen wurden um das Jahr 1300 verlassen.

Grand Canyon

Der 450 Kilometer lange Grand Canyon ist im Durchschnitt 16 Kilometer breit und etwa 1500 Meter tief – und der Colorado River gräbt sich stetig immer tiefer in den Felsen. Dieses Weltwunder der Natur ist weder der tiefste noch der längste Canyon der Erde, hat sich durch seine enorme Größe seinen Namen jedoch wirklich verdient. Über vier Millionen Besucher kommen jedes Jahr an den South Rim und staunen über den 2250 Meter tiefen Steilhang am Grandview Point. Der beliebte Bright Angel Trail führt zur Phantom Ranch am Grund des Canyons, an dem es im Sommer 16 °C wärmer sein kann als auf dem North Rim.

K A N A D A

North Cascades

WASHINGTON

Glacier

MONTANA

NORTH DAKOTA

Olympus

T. Roosevelt

Mount Rainier

OREGON

IDAHO

SOUTH DAKOTA

Yellowstone

Wind Cave

Crater Lake

Grand Teton

WYOMING

Badlands

Redwood

PAZIFIK

NEVADA

Great Basin

UTAH

Dinosaur National Monument

Rocky Mountain

COLORADO

Arches

Capitol Reef

Yosemite

King's Canyon

Bryce Canyon

Canyonlands

Mesa Verde

Zion

Sequoia

Monument Valley

Death Valley

Grand Canyon

KALIFORNIEN

ARIZONA

NEW MEXICO

Channel Islands

Petrified Forest

White Sands National Monument

Carlsbad Caverns

TEXAS

MEXIKO

Big Bend

LESESTOFF

Down the Grand Canyon. John Wesley Powell's 1869 Journey of Discovery and Tragedy Through the Grand Canyon. Edward Dolnick

Die Pueblos. Prähistorische Indianerkulturen des Südwestens. Bruggmann, Maximilien und Sylvio Acatos

Photographs of the Southwest. Ansel Adams

www.npr.gov

Links: Die fantastischen orangefarbenen, roten und weißen Felsformationen des Bryce Canyon gehören zu den Höhepunkten im Westen der USA. Eigentlich ist dies kein Canyon, sondern ein riesiges Amphitheater aus Hunderten erodierten Zinnen, den sogenannten *hoodoos*. Einige davon formen natürliche Bogen.

»Diesen großen Anblick sollte jeder Amerikaner sehen.«
Theodore Roosevelt nach dem Besuch des Grand Canyon

171

Die Fahrten der Wikinger
Von Island nach Neufundland

Dass die Wikinger nach Neufundland gelangt waren, galt lange Zeit als Mythos, dessen Ursprünge sich im dunklen Mittelalter verlieren und der erst Jahrhunderte später niedergeschrieben worden sein soll. Auch die viel besser belegten Fahrten der Portugiesen und Engländer nach Nordamerika im späten 15. und frühen 16. Jahrhundert sind nur aus fragmentarischen Quellen bekannt. Es gibt keine dokumentarische Aufzeichnung der Reisen der Wikinger – die Beweise lieferten die Archäologen. Doch nun ist zweifelsfrei belegt, dass etwa um 1000 n. Chr. Leif Eriksson und seine Männer bei einer Reise von Grönland aus vom Kurs abkamen und für kurze Zeit Neufundland besiedelten. Leif war der Sohn Eriks des Roten, der in Grönland zwei Siedlungen gegründet hatte.

Oben: Als die Wikinger im 9. Jahrhundert Island besiedelten, brachten sie auch ihre Regierungsform mit, deren wichtigstes Element das Parlament, der Thingvellir, war. Jedes Jahr versammelten sich die Mitglieder in der Vulkanlandschaft Islands unter freiem Himmel und diskutierten und verkündeten neue Gesetze. Um 930 wurde der Thingvellir zum ersten, 1798 zum letzten Mal einberufen.

Auf den Spuren der Wikinger

Die Rekonstruktion der Fahrten der Wikinger über den Atlantik nach Westen stützt sich auf Vermutungen. Dass sie seetüchtige Schiffe hatten, ist sicher. Es gibt auch wenig Zweifel daran, dass ihnen die Risiken der Fahrten über den Ozean vertraut waren, auch wenn sich hier die Frage stellt, wie zuverlässig sie über weite Entfernungen navigieren konnten. Das Klima zwischen den Jahren 800 und 1300 war wesentlich wärmer als heute. In dieser Wärmeperiode des Mittelalters entstanden selbst auf so nördlichen Vorposten wie Island und Grönland lebensfähige Siedlungen, und – genauso wichtig – die Gefahr von Treibeis aus der Arktis war gering. Im späten 9. Jahrhundert hatten sich die Wikinger in Island niedergelassen und im späten 10. Jahrhundert auch auf Grönland. Brattahild (die »östliche Siedlung«) wurde 986 gründet und das heutige Godthåbfjord (die »westliche Siedlung«) nur wenige Jahre später.

- - - - Mögliche Route der Altnordischen, spätes 9. Jhd.
- - - - Mögliche Route Eriks des Roten, Ende 10. Jhd.
- - - - Mögliche Route von Leif Eriksson, Ende 10. Jhd.
- - - - Vermutliche altnordische Reisen in Nordamerika

Davisstraße

GRÖNLAND

Godthabfjord

HELLULAND
(BAFFIN ISLAND)

Hudsonstraße

BRATTAHILD
(JULIANEHAB)

LABRADOR-
SEE

NORDA

MARKLAND
(LABRADOR)

L'ANSE-AUX-MEADOWS

*Prince
Edward I.*

VINLAND
(NEUFUNDLAND)

*Cape
Breton
I.*

St. Lawrence

Massachusetts Bay

Links: Die eisige Gebirgslandschaft von Baffin Island zeugt von der Unwirtlichkeit des neuen Landes, das sich die Wikinger ausgesucht hatten. Sie hätten es niemals erreicht, hätten sie nicht als hervorragende Schiffsbauer schnelle und stabile Boote gebaut. Sie konnten jedoch aufgrund der langen Reisen nach Neufundland, bei denen sie Kälte und Nässe auf den ungedeckten Schiffen, Wind und Strömungen ausgesetzt waren, solche Fahrten nicht regelmäßig ausführen.

Leif Eriksson

Leif Eriksson überquerte die Davisstraße und fuhr dann entlang der Küsten von Baffin Island, das er Helluland (»Felseninsel«), und Labrador, das er Markland (»Waldland«) nannte, nach Süden. Als er Neufundland

erreichte, taufte er es auf den Namen »Vinland«, da er hier angeblich Trauben fand. Er berichtete, dass es reichlich Fisch, vor allem Lachs, und viele Wiesen gäbe. Beim heutigen L'Anse-aux-Meadows gründeten die Wikinger eine Siedlung, die nur wenige Jahre bestand und irgendwann zwischen 1010 und 1025 aufgegeben wurde. Die Bewohner wurden wohl nicht nur durch die Indianer verjagt, sondern erkannten auch, dass die Siedlung zu weit vom Stammland entfernt war. Man nimmt jedoch an, dass es Erkundungsfahrten bis auf die Höhe des heutigen Massachusetts gab. Sicher ist nur, dass man die Reste von 15 Wikinger-Behausungen bei L'Anse-aux-Meadows ausgegraben hat. Es gibt aber keine Hinweise auf eine dauerhafte Siedlungstätigkeit. Die Wikinger mögen Amerika erreicht haben, doch die Entdeckung hatte keine Folgen. Sie wurde nirgendwo berichtet, und niemand folgte ihnen. Auch wenn sie bemerkenswert war, geriet sie in Vergessenheit.

Dänemarkstraße

EUROPÄISCHES NORDMEER

ISLAND

Färöer

Shetland-Inseln

NOR-WEGEN

A N T I K

NORDSEE

IRLAND

Links: Die nebelverhüllte Küste von Neufundland. Die Wikinger waren vermutlich nicht die einzigen Seefahrer, die im Mittelalter den Atlantik überquerten. Im 6. Jahrhundert soll der heilige Brendan in einem Lederboot die Neue Welt erreicht haben. Der englische Abenteurer Tim Severin wiederholte 1976/77 Brendans Reise. 1998 segelte eine amerikanische Expedition in 87 Tagen in einem rekonstruierten Wikingerboot von Grönland nach Neufundland.

LESESTOFF
Die erste Entdeckung Amerikas.
Helge Ingstad

The Viking Discovery of America. The Excavation of a Norse Settlement.
Helge Ingstad und Anne Stine Ingstad

Viking Voyagers.
Alan Lawrie Binns

Viking America. The Norse Crossings and Their Legacy.
J. R. Enterline

Links: Die Rekonstruktionen der Wikingerhäuser bei L'Anse-aux-Meadows stehen in einer einsamen, windumtosten Gegend: Abgelegen und isoliert an der Küste über dem weiten, bedrohlichen Meer errichtet, zeugen sie von der Kühnheit dieser frühen Pioniere, die nach einer langen und gefährlichen Fahrt hier landeten.

FJORDE UND NORDLICHTER
Entlang der norwegischen Küste

Als »die schönste Reise der Welt« wird die sechstägige Schiffsreise häufig bezeichnet, die über 1000 Seemeilen entlang der gebirgigen, von Fjorden eingekerbten Küste von Bergen nach Kirkenes führt. Nördlich des Polarkreises verschwindet im Sommer die Sonne auch in der Nacht nicht hinter dem Horizont. Im Winter wird der dunkle Himmel vom grünen Schimmer der Aurora Borealis (Nordlicht) erhellt. Kleine Orte, deren bunte Holzhäuser die Ufer säumen, ducken sich an der felsigen Küste, die auch Heimat von Sturmtaucher-, Lummen- und anderen Seevogelkolonien ist. Bisweilen zeigt sich sogar ein Rentier auf den Klippen, und zwischen den Lofoten-Inseln und Tromsö sieht man oft Wale.

»Hammerfest … ist am Rande der Welt. Der nördlichste Ort Europas ist von London so weit entfernt wie London von Tunis. Die Winter sind dunkel und hart, die Sonne versinkt im November im arktischen Ozean und geht zehn Wochen lang nicht auf.«
Bill Bryson, Streifzüge durch das Abendland. Europa für Anfänger und Fortgeschrittene

Kreuzfahrt an der Nordküste

Die Fahrt beginnt in Bergen und führt dann in den Sognefjord, den längsten der Fjorde. In Urnes und Hopperstad stehen schöne Stabkirchen, auch die steile Flåmsbahn endet hier. Im Museum beim Jostedalsbreen, dem größten Gletscher des europäischen Festlands, erfährt mal viel über Eis. Der bekannteste Fjord ist der majestätische Geirangerfjord. An seinen steilen Wänden stürzen Wasserfälle hinab, und am Eingang steht die Jugendstilstadt Alesund. In der mittelalterlichen Kathedrale von Trondheim, der ersten Hauptstadt Norwegens, findet noch immer die Krönung des norwegischen Königs statt. Nördlich des Polarkreises erreicht man Tromsö. Hier begannen viele Polarforscher, wie Amundsen und Nansen, ihre Expeditionen. Nach Hammerfest, dem nördlichsten Ort, fährt man um das Nordkap und findet kurz vor der russischen Grenze Zuflucht im Hafen von Kirkenes.

Oben: Das Nordlicht (Aurora Borealis) ist eine natürliche Lichterscheinung der Polarregion. Sie entsteht, wenn geladene Teilchen des Sonnenwindes auf die Erdatmosphäre treffen.

Unten: Der wunderschöne Geirangerfjord ist fast 15 Kilometer lang.

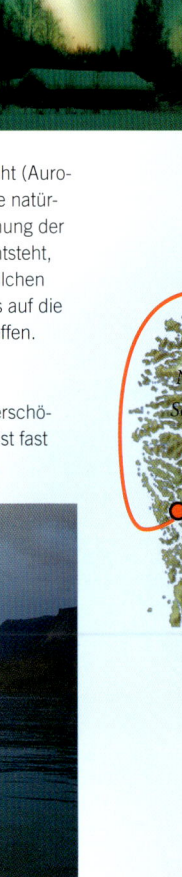

Nordkap

HAMMERFEST

Varangerfjord

KIRKENES

TROMSÖ

FINNLAND

RUSS-LAND

SCHWEDEN

Edvard Grieg

Edvard Grieg (1843–1907), Norwegens berühmtester Komponist, Pianist und Dirigent, kam in Bergen zur Welt. Mit 15 Jahren schrieb er sich am Musikkonservatorium in Leipzig

ein. 1867 heiratete er die Sopranistin Nina Hagerup, mit der er in Troldhaugen bei Bergen lebte. In seine Musik nahm er viele Motive der norwegischen Volksmusik auf. Berühmt wurde er durch seine Klavierkonzerte, die Peer-Gynt-Suiten und die Holberg-Suite. Er schrieb einmal: »Ich maße mir nicht an, so bedeutend wie Bach, Mozart und Beethoven zu sein. Ihre Werke sind für die Ewigkeit, während ich für heute und für meine Generation schreibe.«

LESESTOFF

Ein Volksfeind.
Henrik Ibsen
Die Wikinger. Geschichte und Kultur eines Seefahrervolkes.
Peter H. Sawyer
Streifzüge durch das Abendland. Europa für Anfänger und Fortgeschrittene.
Bill Bryson

Rechts: Bergen, die »Hauptstadt der Fjorde«, liegt in einer eindrucksvollen Landschaft und bietet 260 Regentage im Jahr, schöne, bemalte Häuser, eine Burg von 1261 und die Marienkirche aus dem 11. Jahrhundert. Bergen war zudem im Jahr 2000 Europäische Kulturhauptstadt und ist stolz auf die berühmten Grieghallen (Konzerthalle) und das früher von Ibsen geleitete Nationaltheater.

SCOTT, SHACKLETON UND AMUNDSEN
Die Antarktis

14 Millionen Quadratkilometer mit Schnee und riesige, durchschnittlich 1828 Meter dicke Eisschilde – die Antarktis ist die größte Wüste der Erde. Hier liegen die sieben größten Gletscher der Welt, und mit minus 84,9 °C wurde hier die bisher niedrigste Temperatur aufgezeichnet. Die offizielle Bevölkerungszahl dieses »kältesten, trockensten, windigsten und höchsten Ortes« beträgt wenig überraschend: null. Die Antarktis wurde 1820 entdeckt und erst 1899 zum ersten Mal betreten. Ihre unberührte Wildnis und ihr unbekanntes Inneres lockten ab dem Beginn des 20. Jahrhunderts europäische Forscher, für die das Erreichen des Südpols das größte und letzte geografische Entdeckungsziel der Welt war.

Scotts beide Expeditionen in die Antarktis (**unten**) beschäftigten sich mit wesentlich mehr als dem Erreichen des Pols, auch wenn das das offensichtlichste Ziel war. Doch eigentlich waren es Wissenschaftsexpeditionen. Auf seiner zweiten Reise begleiteten Scott acht Wissenschaftler, darunter drei Geologen, ein Physiker und ein Meteorologe, und zwei Ärzte. Indem sie die reiche Tierwelt des Meeres (**oben** und **links**) studierten, akribisch das Wetter aufzeichneten, Messungen vornahmen und Karten zeichneten, legten sie die Grundlagen für die wissenschaftliche Erforschung der Region.

Robert Scott

Der britische Marineoffizier Robert Scott versuchte 1901–04 als Erster planmäßig in das Innere der Antarktis vorzudringen – ein entmutigendes Vorhaben. Scott hatte keine Erfahrungen mit Polarreisen, war tief in der Seefahrt verhaftet und lernte nur langsam. Er verstand nichts von Skiern oder Hunden, zwei lebenswichtige Voraussetzungen, sondern bestand darauf, dass Menschen die Lasten zogen, was minimalen Erfolg bei maximalem Aufwand bedeutete. Unter den Teilnehmern war der Ire Ernest Shackleton, der eine tiefe Ablehnung gegen Scott entwickelte. Er führte 1907–09 einen zweiten Angriff auf den Pol. Obwohl er denselben technischen Einschränkungen wie Scott unterworfen war, war er doch ein bedeutend besserer Anführer. Er fand einen Weg über den 3352 Meter hohen Beardmore-Gletscher auf das Polarplateau und näherte sich dem Südpol bis auf 156 Kilometer, bevor ihn seine schwindenden Vorräte zur Umkehr zwangen. Der Wettlauf zum Südpol war weiterhin offen.

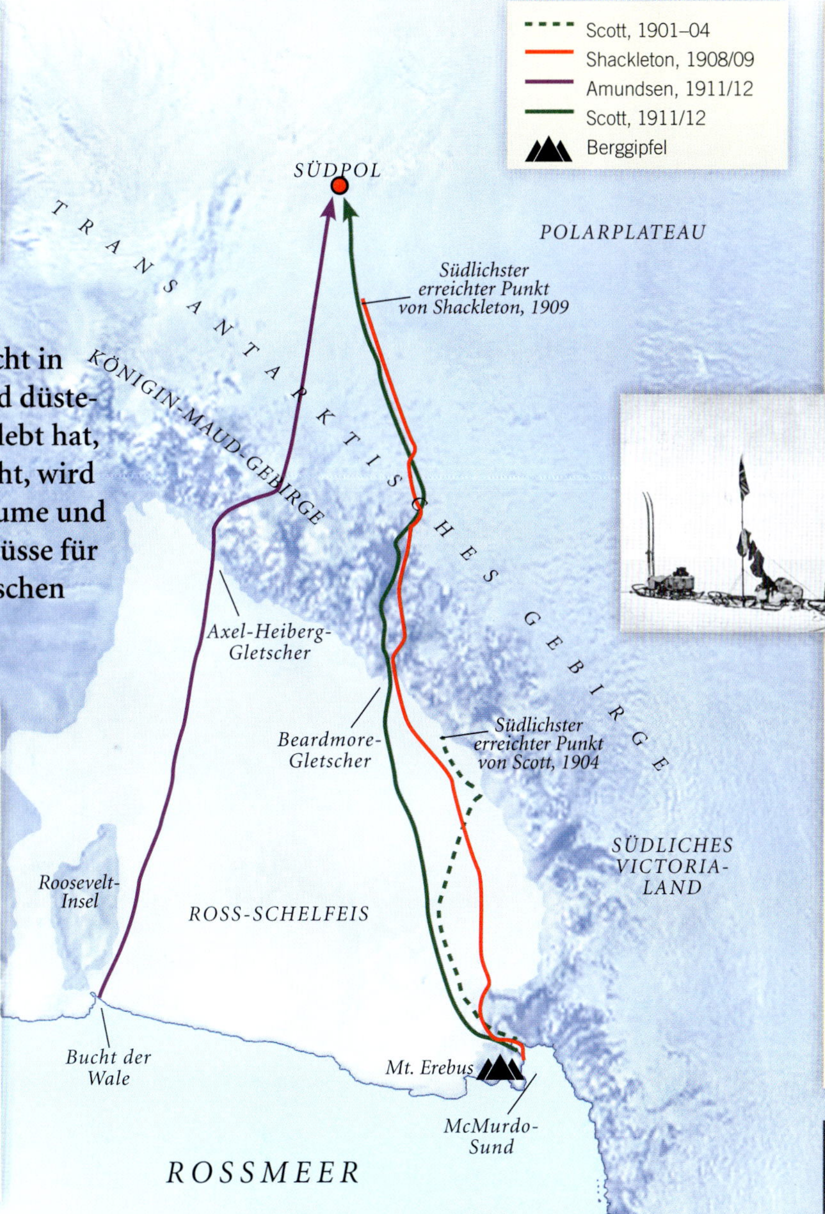

Legend

- - - - Scott, 1901–04
- Shackleton, 1908/09
- Amundsen, 1911/12
- Scott, 1911/12
🏔 Berggipfel

SÜDPOL

POLARPLATEAU

Südlichster erreichter Punkt von Shackleton, 1909

T R A N S A N T A R K T I S C H E S   G E B I R G E

KÖNIGIN-MAUD-GEBIRGE

»Niemand, der nicht in dieser völligen und düsteren Einsamkeit gelebt hat, die den Pol bewacht, wird verstehen, was Bäume und Blumen … und Flüsse für die Seele des Menschen bedeuten.«
Ernest Shackleton

Axel-Heiberg-Gletscher

Beardmore-Gletscher

Südlichster erreichter Punkt von Scott, 1904

SÜDLICHES
VICTORIA-
LAND

LESESTOFF

Roald Amundsen.
Tor Boman-Larsen

In den eisigen Tod.
Robert F. Scotts
letzte Fahrt zum
Südpol.
Diana Preston

Shackleton.
Roland Huntford

Scott und Amund-
sen. Dramatischer
Kampf um den
Südpol.
Roland Huntford

Roosevelt-
Insel

ROSS-SCHELFEIS

Bucht der
Wale

Mt. Erebus

McMurdo-
Sund

ROSSMEER

Der Wettlauf zum Südpol

1911 kehrte Scott mit einer noch größeren Expedition in die Antarktis zurück. Doch auch eine von Roald Amundsen geführte norwegische Expedition war auf dem Weg zum Südpol. Im Gegensatz zu Scott war Amundsen äußerst erfahren mit Reisen in Schnee und Eis und wusste, dass Geschwindigkeit und Mobilität unabdingbar sind. Er setzte deshalb auf Schlitten mit vielen Hunden. Amundsen brach mit vier Männern und 52 Hunden zum Pol auf. Scott nahm 16 Männer, zehn Ponys, 23 Hunde, die noch ganz zuletzt dazukamen, und zwei Traktoren mit. Amundsen wollte mit allen Männern zum Pol, bei Scott sollten in regelmäßigen Abständen Männer zurückbleiben und nur fünf bis zum Pol vorstoßen. Schon am Fuß des Beardmore wurden die Ponys erschossen und gegessen. Kurz danach wurden die Hunde zur Basis zurückgeschickt, und die Männer zogen die Lasten selber. Amundsen erreichte am 14. Dezember 1911 den Pol, während Scott über einen Monat später, am 17. Januar 1912, dort ankam. Als Amundsen bereits wieder in seinem Lager war, quälte sich Scotts Gruppe 1038 Kilometer zurück immer noch über das Polarplateau. Alle Teilnehmer dieser Expedition starben ausgehungert und erschöpft.

Links: Bevor es zuverlässige Transportfahrzeuge gab, waren Hunde die geeignetsten Zugtiere für weite Reisen in der Polarregion. Amundsen erkannte dies sofort, Scott hingegen nur langsam und viel zu spät. 1994 wurden Hunde jedoch in der Antarktis verboten, da man befürchtet, dass sie Krankheiten verbreiten.

Oben: Die lebensfeindliche Antarktis ist zugleich wunderschön. Alle frühen Forschungsreisenden hinterließen bemerkenswerte Berichte über den ersten Anblick dieser scheinbar unbegrenzt vielfältigen Eislandschaft mit ihren weiten Packeisflächen und Kathedralen ähnelnden Eisbergen, die sich ihren Weg durch das eisige Meer bahnen.

NACH TIMBUKTU
In das Innere von Afrika

Das sagenumwobene Timbuktu war im Mittelalter ein wichtiges Handelszentrum, in dem Araber aus Nordafrika Salz gegen Gold tauschten, das über den Niger aus Westafrika kam. Die Europäer hörten Geschichten über den unerhörten Reichtum dieser geheimnisvollen Stadt »am Ende der Welt«, und noch heute ist sie ein Traumziel, auch wenn ihr größter Reiz in der Anreise zu Fuß oder mit einer *pinasse* (Boot) durch Mali liegt. Die Stadt wird von vielen Ethnien bewohnt: den indigoblau gekleideten Tuareg, den Bozo, den Fischern des Nigerbinnendeltas, und den Dogon mit ihren faszinierende Ritualtänzen.

Oben: Trotz seiner Lage am Rande der Wüste wurde Timbuktu ein großes Handels- und intellektuelles Zentrum.

Unten: Die Moschee aus Lehmziegeln in Djenné wurde 1906 wiederaufgebaut und muss ständig instand gehalten werden.

LESESTOFF

Sahara.
Michael Palin

Die Sahara. Natur und Geschichte.
Robert Dreikluft

Reise nach Timbuktu.
Mark Jenkins

»Salz kommt aus dem Norden, Gold aus dem Süden und Silber aus dem Land der Weißen; doch das Wort Gottes und die Schätze der Weisheit findet man nur in Timbuktu.«
Westafrikanisches Sprichwort

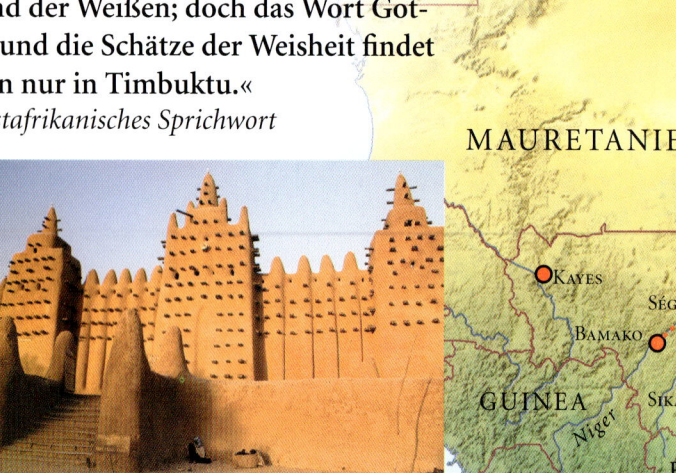

Von Bamako nach Timbuktu

In Malis Hauptstadt Bamako zeigt eines der besten Museen Afrikas auch eine faszinierende Sammlung von Dogon-Masken. Fahren Sie nordwärts in die alte französische Kolonialstadt Ségou und weiter nach Djenné, das mit einem bunten Markt und mit der weltberühmten Großen Moschee, dem größten Lehmgebäude der Welt, aufwartet. Auf dem Bandiagara-Abbruch, einem 500 Meter hohen und 150 Kilometer langen Felsmassiv, kann man hervorragend wandern und so auch viele der ansonsten unzugänglichen Dogon-Dörfer erreichen. Danach fahren Sie mit dem Boot den Niger hinunter nach Timbuktu, besuchen die Moschee und atmen seine Geschichte. Fühlen Sie sich noch nicht am Ende der Welt, dann begleiten Sie eine Kamelkarawane zu den 17 Tage entfernten Salzpfannen von Taoudenni, mitten in der Sahara, und weiter nach Tanger oder in Richtung Osten nach Algerien.

Oben: Die Verehrung der Ahnen ist ein wichtiges Element in der tradierten Religion der auf Malis Zentralplateau ansässigen Dogon. Bei den *Damas*-Ritualen verkörpern maskierte Tänzer Tiere, Menschen und Gegenstände. Es gibt etwa 80 verschiedene, mit Perlen, Muscheln und Fellen geschmückte Maskentypen.

TANGER
FÈS
MAROKKO
MARRAKESCH
ESSAOUIRA
ALGERIEN
GHADAMES
IN SALAH
SAHARA
TAOUDENNI
MALI
MAURETANIEN
NIGER
TIMBUKTU
Niger
GAO
BANDIAGARA
KAYES
MOPTI
SÉGOU
DJENNÉ
BAMAKO
BURKINA FASO
GUINEA
Niger
SIKASSO
ELFEN-BEIN-KÜSTE

GROSSE WANDERUNGEN IN NEUSEELAND
Acht Wanderungen und eine Flussfahrt

Zu den Großen Wanderungen durch Neuseeland gehören acht wunderschöne Wanderwege und eine Flussfahrt. Sie führen durch eine atemberaubende Landschaft mit vergletscherten Bergen, glasklaren Seen, Regenwäldern und majestätischen Fjorden. Einige Routen folgen alten Maori-Wegen oder den Spuren der ersten Europäer, andere sind durch das Department of Conservation neu angelegt worden, das alle Wege und Einrichtungen unterhält. Dort müssen Sie auch früh buchen, um noch Plätze zu bekommen. Am beliebtesten sind der Routeburn Track, die Tongariro Crossing und der Milford Track.

Links: Der Tongariro ist Neuseelands erster und weltweit der viertälteste Nationalpark. Seine vielen Vulkane stehen auf dem traditionellen Land der Maori. Der höchste Gipfel ist der 1978 Meter hohe Mount Tongariro.

Südinsel

Sechs der Wanderwege verlaufen auf der Südinsel, darunter auch »die beste Wanderung der Welt«, der Milford Track. Der Routeburn Track führt ganz in der Nähe über hohe Pässe und durch Wälder mit einem reichen Wildbestand. Der Kepler Track bei Te Anau ist ein weiterer Gebirgsweg. Dort findet jedes Jahr die Kepler Challenge statt, bei der die Teilnehmer die 60 Kilometer lange Strecke unter fünf Stunden laufen. Südlich der Hauptinsel verläuft auf der Insel Stewart seit 2001 der Rakiura Track. Der Abel Tasman Coast Track und der Heaphy Track – der längste Weg – folgen der eindrucksvollen Küste.

»Ein Land mit gewaltigen Bergen, donnernden Stromschnellen, silbrigen Wasserfällen, fantastischen Vulkanen, großartigen Landschaften, prächtigen Wäldern und Seen.«
Thomas Bracken, The New Zealand Tourist (1879)

Oben: Jedes Jahr besuchen über eine halbe Million Naturliebhaber den Milford Sound, der für Rudyard Kipling das achte Weltwunder war. Die Milford Haven benannte Bucht in Wales zieht sich 15 Kilometer landeinwärts.

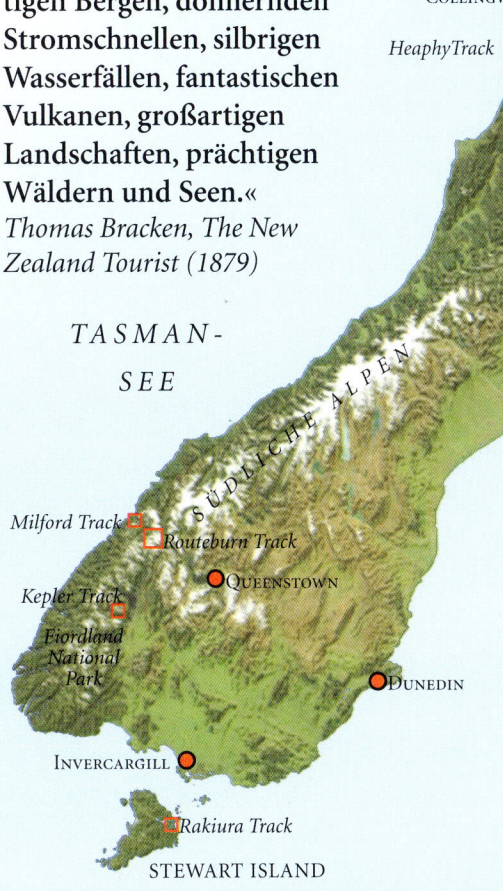

AUCKLAND

HAMILTON

ROTORUA

Bay of Plenty

NORD-INSEL

Lake Taupo

Lake Waikaremoana Track

WAIROA

Tongariro Crossing

Hawke's Bay

Whanganui River Journey

HASTINGS

WHANGANUI

Abel Tasman Coast Track

COLLINGWOOD

Heaphy Track

NELSON

Cookstraße

WELLINGTON

KAIKOURA

SÜD-PAZIFIK

SÜD-INSEL

SÜDLICHE ALPEN

CHRISTCHURCH

TASMAN-SEE

Milford Track

Routeburn Track

QUEENSTOWN

Kepler Track

Fiordland National Park

DUNEDIN

INVERCARGILL

Rakiura Track

STEWART ISLAND

Nordinsel

Der Tongariro Northern Circuit auf der Nordinsel ist eine Verlängerung der berühmten Tongariro Crossing und führt durch die Mondlandschaft mit Thermalquellen eines aktiven Vulkans. Der Lake Waikaremoana Track liegt im Te Urewera Nationalpark. Am Ende können die Beine rasten, wenn Sie mit dem Kajak oder Schlauchboot eine fünftägige Fahrt durch die Schluchten und Stromschnellen des Whanganui River unternehmen.

DIE SIEBEN GIPFEL
Aufstieg auf die Gipfel der Welt

Die Sieben Gipfel sind die höchsten Berge der sieben Kontinente. Das Ziel, sie alle zu besteigen, ist relativ neu. Als Erster nahm sich 1980 der Amerikaner Dick Bass dies vor, der sie bis 1985 alle bezwang. Doch die Liste löst fortwährend Debatten aus. Allein die Tatsache, dass ein Berg die höchste Erhebung eines Kontinents ist, verleiht ihm keine alpinistische Bedeutung. Zudem soll durch die Zunahme von geführten Touren der Druck auf die Führer gewachsen sein, auch ungeübten Bergsteigern ohne Erfahrung die Gipfel zu »liefern«, und es wird darüber diskutiert, welche Berge die Liste genau enthalten soll. Dennoch haben die Sieben Gipfel eine ungebrochene Anziehungskraft.

Messners Sieben Gipfel

Name	Höhe (m)	Kontinent
Everest	8850	Asien
Aconcagua	6960	Südamerika
McKinley	6192	Nordamerika
Kilimandscharo	5893	Afrika
Elbrus	5640	Europa
Mount Vinson	4890	Antarktis
Carstensz-Pyramide	4882	Australasien

 Gipfel

Sieben Gipfel

Fünf der Gipfel – Mount Everest, Aconcagua, Mount McKinley, Kilimandscharo und Mount Vinson – sind unumstritten. Einige meinen, dass der Elbrus im Kaukasus nicht wirklich in Europa liege und durch den Montblanc (4807 m) ersetzt werden sollte. Noch umstrittener auf der Liste von Bass ist der Kosciuszko in Australien, der mit 2230 Meter nicht nur der niedrigste Berg ist, sondern auch sehr leicht zu besteigen. 1986 erstellte Reinhold Messner (unten) eine überarbeitete Liste, in der die Carstensz-Pryramide in Indonesien an die Stelle des Kosciuszko getreten ist. Als erster Mensch bestieg der Kanadier Pat Morrow 1986 alle Gipfel der Messner-Liste. Auch Messner selbst erfüllte das Ziel noch im selben Jahr.

Rechts: Die Messner-Liste mit der indonesischen Carstensz-Pyramide hat den höheren Schwierigkeitsgrad und wird allgemein als einer der Sieben Gipfel anerkannt. Der zweithöchste Berg der Liste, der Aconcagua in den Anden, gehört nicht einmal zu den 100 höchsten Bergen der Welt. Diese liegen alle in Zentralasien, hauptsächlich im Himalaya und Karakorum.

LESESTOFF

Seven Summits. Auf den höchsten Gipfeln der sieben Kontinente. Steve Bell

Beyond Everest. Quest for the Seven Summits. Pat Morrow

Seven Summits. Dick Bass, Frank Wells, and Rick Ridgeway

www.7summits.com

Mt. McKinley (Denali)

NORD-AMERIKA

EUROPA

Mont Blanc

Elbrus

ASIEN

Mt. Everest (Qomolangma)

ATLANTIK

AFRIKA

Carstensz-Pyramide (Puncak Jaya)

Kilimandscharo

PAZIFIK

SÜD-AMERIKA

INDISCHER OZEAN

AUSTRALIEN
Mt. Kosciuszko

Aconcagua

SÜDMEER

Mount Vinson

Aufstieg auf den Everest
Der höchste Berg der Welt

In den ersten 20 Jahren nach der Erstbesteigung 1953 wurde der Everest 38-mal bezwungen, in den folgenden 20 Jahren 576-mal und in den zehn Jahren bis 2003 weitere 1304-mal. Die Anzahl der Besteigungen stieg auf insgesamt 1918 und verdoppelte sich fast in den vier Jahren zwischen 2004 und 2007. Von 1857 erfolgreichen Besteigungen des Mount Everest erfolgten 627 allein im Jahr 2007. Am Ende jenes Jahres hatten insgesamt 3679 Seilschaften auf dem Gipfel gestanden, doch eine Routineangelegenheit ist eine Besteigung noch immer nicht: Bis heute starben 210 Menschen am Everest.

Die Eroberung des Mount Everest

Die Zahlen verweisen auf ein Problem: Der Everest, Chomolungma oder auch Qomolangma, der für die Tibeter »die Mutter des Universums« und für die Nepalesen »die Göttin des Himmels« ist, ist Opfer eines statusorientierten Tourismus, der eines in seiner Einsamkeit wunderschönen, abgelegensten Gebiete der Welt zerstört. Doch wie viele auch immer auf den Gipfel stapfen oder, wie der französische Pilot Didier Delsalle 2005, mit dem Hubschrauber oben landen – der Everest bleibt lebensfeindlich. Die Kombination aus betäubender Höhe und schnellen Wetterwechseln wird auch für erfahrene Bergsteiger schnell tödlich. 1996 starben 15 Menschen am Berg, elf davon allein im Mai. Das macht die Leistung von Reinhold Messner, der den Berg 1978 ohne Sauerstoff bestieg, umso bemerkenswerter. Nicht weniger außergewöhnlich: Der Sherpa Babu verbrachte 1999 ganze 22 Stunden ohne Sauerstoff auf dem Gipfel. Beachtliche Leistungen vollbrachten auch 2001 der blinde Amerikaner Erik Weihenmayer sowie der 15-jährige Temba Tsheri und 2007 der 71-jährige Katsusuke Yanagisawa.

Links: Die Erstbesteigung des Mount Everest gelang im Mai 1953 einer britischen Expedition. Bereits zwischen den Weltkriegen hatten Briten mehrere Versuche gewagt, und 1952 näherte sich eine Schweizer Expedition dem Gipfel bis auf 305 Meter. Die britische Expedition von 1953, in deren Rahmen Tenzing Norgay (links) und Edmund Hillary (rechts) den Gipfel erreichten, war militärisch-straff organisiert.

Oben und rechts: Der Mount Everest ist für Bergsteiger die ultimative Herausforderung – nicht, weil sein Aufstieg technisch so anspruchsvoll ist, sondern einfach aufgrund der Tatsache, dass er der höchste Berg der Welt ist. Kein anderer Berg besitzt eine vergleichbare Magie.

»Ich würde nicht sagen, dass der letzte Anstieg ein Vergnügen war. Doch, wissen Sie, das war der Everest, daher fanden wir, dass wir uns etwas mehr anstrengen müssten, als wir das sonst getan hätten.«
Edmund Hillary, 1953

LESESTOFF

Mount Everest. Expeditionen zum Endpunkt.
Reinhold Messner

Der Gipfel des Verbrechens. Die Everest-Mafia und ihre dreckigen Geschäfte.
Michael Kodas, Gaby Funk und Hans Freundl

Everest. Göttinmutter der Erde.
Jochen Hemmleb

In eisige Höhen. Das Drama am Mount Everest.
Jon Krakauer

SAFARI AM KILIMANDSCHARO
Der höchste Gipfel Afrikas

Afrikas höchster Berg, der 5895 Meter hohe »Kili«, hat viele Titel, etwa der »höchste frei stehende« oder »höchste ohne Klettern zu besteigende Berg der Welt«. Für die Massai ist er der Sitz der Götter. Er ist zudem einer der höchsten Vulkane der Erde, und jüngste Forschungen deuten darauf hin, dass er nicht erkaltet ist, sondern nur schläft. Der Aufstieg ist eine schöne Wanderung auf das Dach von Afrika und kann gut mit einer Safari in der Serengeti oder im Ngorongoro-Krater in dem vom Mosambik bis Syrien reichenden afrikanischen Grabenbruch verbunden werden – oder aber mit einer Entspannungswoche auf der Gewürzinsel Sansibar.

Der Weg zum Kilimandscharo

Die Besteigung des Kilimandscharo beginnt in der Serengeti, zwischen Zebras, Antilopen und den Viehherden der Massai. Je nach Jahreszeit werden Sie Zeuge der jährlichen Wanderung der Gnus, die man nur aus der Luft richtig sehen kann. In der nahen Olduvai-Schlucht, der »Wiege der Menschheit«, fanden Mary und Louis Leakey im Jahr 1959 den 1,7 Millionen Jahre alten Schädel eines *Paranthropus boisei* (einer Hominiden-Art). Den riesigen Ngorongoro-Krater bevölkert eine der dichtesten Wildpopulationen der Welt. In der Nacht streichen die Tiere um das Zelt am Kraterrand. Eine fünf- oder sechstägige Wanderung führt schließlich auf den Gipfel des Kilimandscharo. Eine ganze Armee von Trägern schleppt die Rucksäcke, Proviant und sogar einen Küchentisch auf ihren Köpfen – alles, was die Gipfelstürmer benötigen, muss hinaufgetragen werden.

Oben: Safariteilnehmer wollen vor allem die »Großen Fünf« – Löwe, Leopard, Elefant, Nashorn und Büffel – sehen, doch genauso aufregend sind Begegnungen mit frechen seltenen Schimpansen oder gefährlichen Flusspferden.

Schmelzende Gletscher

Die große Eiskappe, die den Gipfel des Kilimandscharo noch vor einem Jahrhundert bedeckte, ist um 80 Prozent (unten) abgeschmolzen. Viele glauben, dass sie bis 2020 ganz verschwunden ist. Al Gore wurde für die Aussage, dass das Schmelzen eine direkte Folge des Klimawandels sei, gerichtlich verurteilt, da er es nicht beweisen konnte.

Es ist tatsächlich nicht einfach zu entscheiden, ob die Eisschmelze auf die gestiegenen Temperaturen, auf gesunkene Niederschläge, auf die Abholzung oder andere, nicht vom Menschen verursachte Gründe zurückzuführen ist. Doch offensichtlich ist, dass sich die tropischen Gletscher auf dem Rückzug befinden und einige bald verschwunden sein werden.

Links: In den weiten Savannen Tansanias und Kenias gibt es so viel Wild wie nirgendwo sonst auf der Erde. Die meisten Menschen kennen diese Tiere aus dem Zoo oder Fernsehen, doch ist es ein unvergleichliches Erlebnis, sie in freier Wildbahn zu sehen. Vom majestätischen Löwenrudel bis zum Schwarm rosa Flamingos – jede Begegnung erfüllt den Beobachter mit Ehrfurcht vor der Natur.

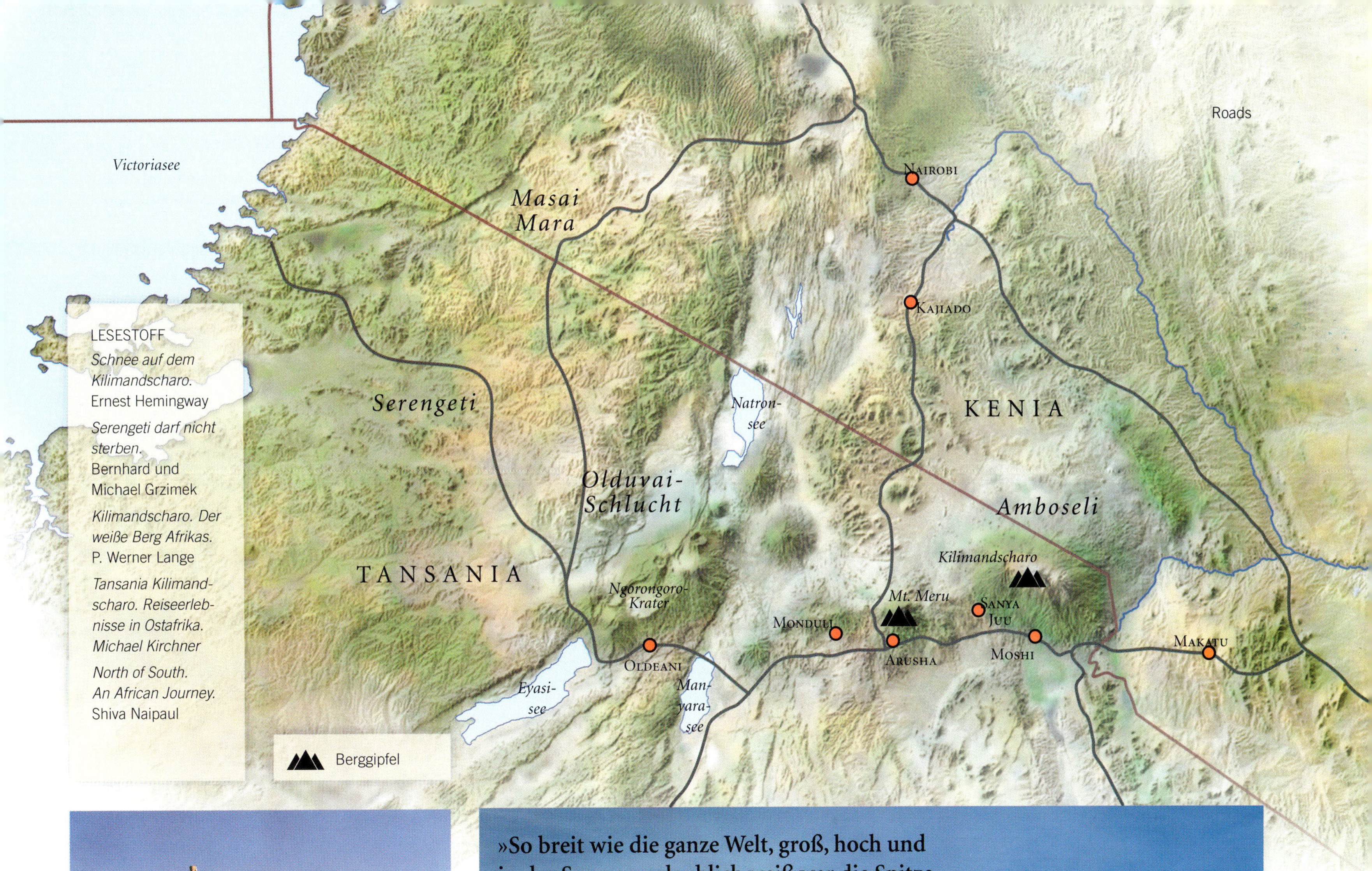
Roads
Victoriasee
Masai Mara
Nairobi
Kajiado
Serengeti
Natronsee
KENIA
Olduvai-Schlucht
Amboseli
Kilimandscharo
TANSANIA
Ngorongoro-Krater
Mt. Meru
Sanya Juu
Monduli
Arusha
Moshi
Makatu
Oldeani
Eyasisee
Manyarasee
Berggipfel

LESESTOFF

Schnee auf dem Kilimandscharo.
Ernest Hemingway

Serengeti darf nicht sterben.
Bernhard und Michael Grzimek

Kilimandscharo. Der weiße Berg Afrikas.
P. Werner Lange

Tansania Kilimandscharo. Reiseerlebnisse in Ostafrika.
Michael Kirchner

North of South. An African Journey.
Shiva Naipaul

CONGRATULATIONS

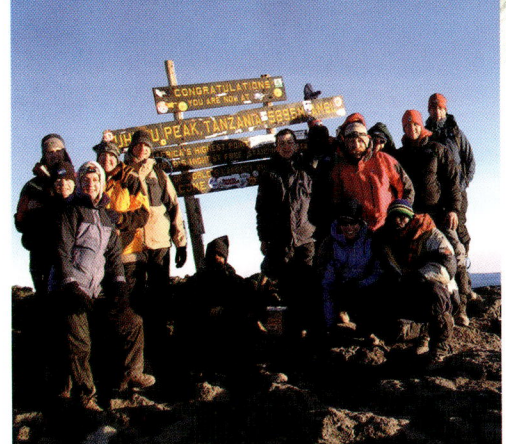

Oben und rechts: Nach einigen Tagen Wanderung und Akklimatisierung an die Höhe ist man für den letzten Aufstieg zum Gipfel des Kilimandscharo bereit. Um Mitternacht nimmt man den langen, harten Anstieg in Angriff, um auf dem flachen Gipfel genau dann anzukommen, wenn die Sonne langsam am Horizont auftaucht.

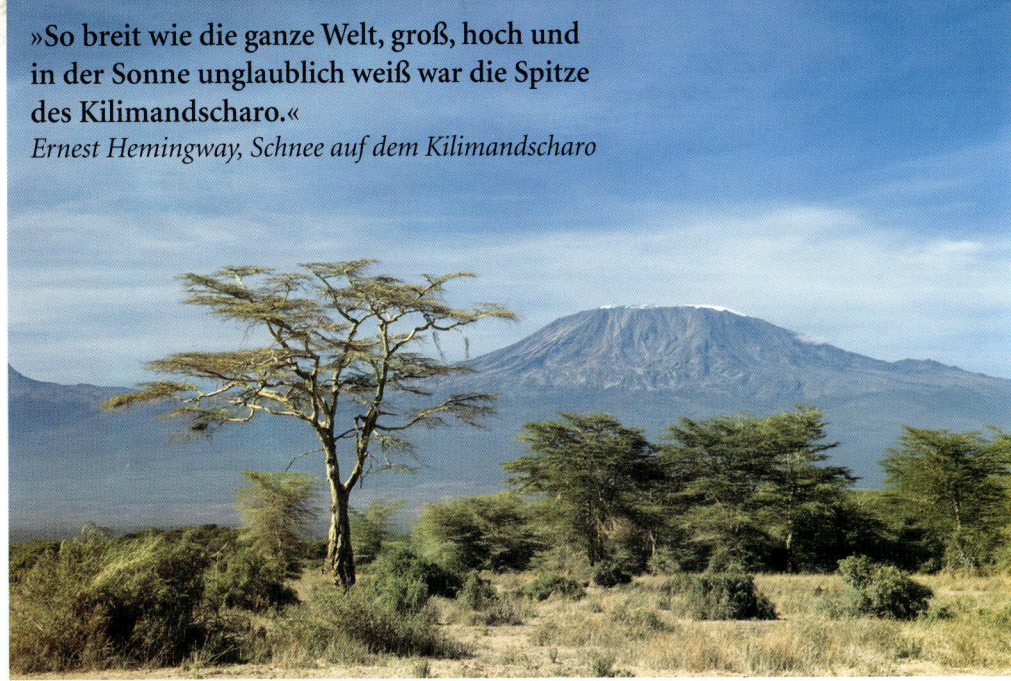

»So breit wie die ganze Welt, groß, hoch und in der Sonne unglaublich weiß war die Spitze des Kilimandscharo.«
Ernest Hemingway, Schnee auf dem Kilimandscharo

DIE VERGESSENE WELT
In einem Land jenseits der Zeit

Im Dschungel Venezuelas umhüllen Wolken den majestätischen, 2810 Meter hohen Tafelberg Roraima-Tepui an der Grenze zu Guyana und Brasilien. Europäische Forscher bezwangen seine Steilwände erstmals 1874 und entdeckten ein einzigartiges Ökosystem mit fleischfressenden Pflanzen, seltenen Orchideen, riesigen Nagern und bunten Fröschen. Die Erzählungen über diese »vergessene Welt« inspirierten Schriftsteller von Sir Arthur Conan Doyle bis Michael Crichton, dessen Buch die Vorlage für den Film *Jurassic Park* war. Ein weiteres Naturwunder ist der 979 Meter hohe Salto Angel: Der höchste Wasserfall der Welt stürzt an der Steilwand des benachbarten Auyan-Tepui in die Tiefe. Dazu rauscht der Orinoko durch felsige Stromschnellen in ein labyrinthisches Delta mit Inseln und Mangroven.

In der vergessenen Welt

Orinoko bedeutet »Platz zum Paddeln«, und bei Boca de Uracoa eignet er sich wirklich hervorragend für eine Kanufahrt. Flussaufwärts zwangen die großen Stromschnellen im 16. Jahrhundert Sir Walter Raleigh, seine Suche nach El Dorado aufzugeben und umzukehren. Eine Straße führt über die Goldgräberstadt El Callao zum Indianerdorf Paraitepui, wo man mit etwas Glück einen Pfeilgiftfrosch sehen kann. Hier beginnt die Wanderung vorbei an Wasserfällen – der Salto Kukenán ist der zweithöchste Wasserfall der Welt – und an Führungsseilen über Flüsse. Übernachtet wird in sandigen »Hotels« unter Felsüberhängen. Dann tauchen die 1000 Meter hohen Sandsteinwände des Roraima auf. Nach drei Tagen erreicht man über einen steilen Pfad das Gipfelplateau mit bizarren Gesteinsformationen, vielen Tieren, die es nur hier gibt, und atemberaubenden Ausblicken auf den endlosen Dschungel in der Tiefe. Die Wanderung kann auch verlängert werden und führt dann über die zwei malerischen Wasserfälle Jasper und Chinak Meru zum höchsten von allen, dem Salto Angel, den man jedoch einfacher vom Boot oder Flugzeug aus besichtigt.

Der Canaima-Nationalpark (**oben**) erstreckt sich über eine Fläche von der Größe Belgiens. Er wurde 1962 gegründet und ist die Heimat der Pemón-Indianer, für die die berühmten Tafelberge *(tepui)* heilig sind. Das Gebiet wurde 1994 von der UNESCO zur Welterbestätte ernannt. Die bekanntesten Tepui sind der Roraima (**unten**) und der Auyani, von dem der Salto Angel (**rechts**) elegant in die Tiefe stürzt.

LESESTOFF

Die vergessene Welt.
Sir Arthur
Conan Doyle

The Lost World.
Vergessene Welt.
Michael Crichton

Das Vogelmädchen.
Eine Geschichte aus
dem Tropenwald.
W. H. Hudson

Banco. Die weiteren
Abenteuer des Pa-
pillon.
Henri Charrière

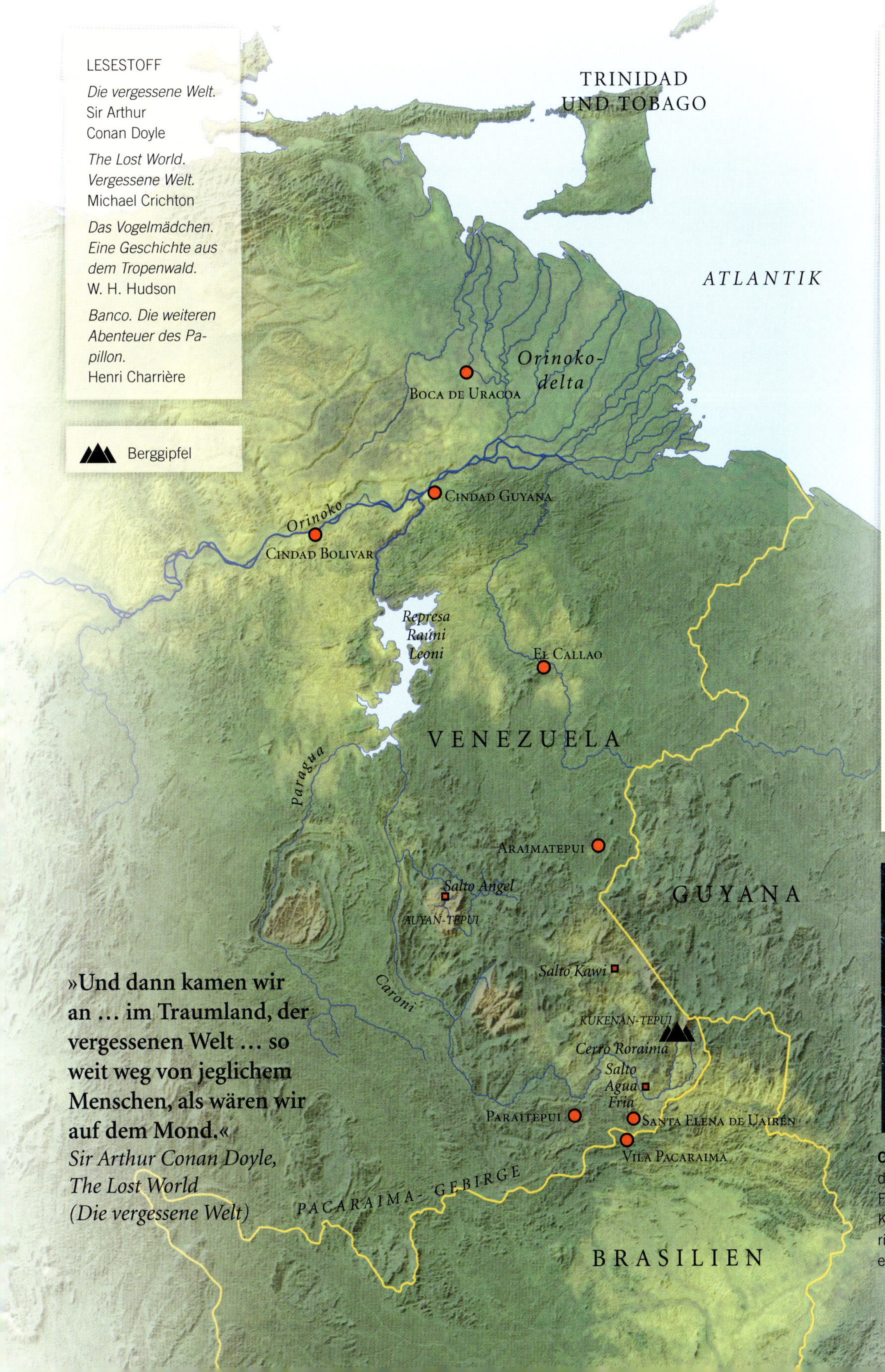
Berggipfel
TRINIDAD
UND TOBAGO
ATLANTIK
Orinoko-
delta
Boca de Uracoa
Cindad Guyana
Orinoko
Cindad Bolivar
Represa
Raúni
Leoni
El Callao
VENEZUELA
Paragua
Araimatepui
Salto Angel
AUYAN-TEPUI
GUYANA
Salto Kawi
Caroni
KUKENAN-TEPUI
Cerro Roraima
Salto
Agua
Fria
Paraitepui
Santa Elena de Uairén
Vila Pacaraima
PACARAIMA-GEBIRGE
BRASILIEN

»Und dann kamen wir an … im Traumland, der vergessenen Welt … so weit weg von jeglichem Menschen, als wären wir auf dem Mond.«
Sir Arthur Conan Doyle, The Lost World (Die vergessene Welt)

Sir Arthur Conan Doyle

Arthur Conan Doyle (1859–1930) kam in Edinburgh zur Welt. Er studierte Medizin und wandte sich dann aber der Schriftstellerei zu. Sein erstes größeres Werk war die Sherlock-Holmes-Erzählung *Eine Studie in Scharlachrot* von 1887. Vier Jahre später wurde er mit Kurzgeschichten für das *Strand Magazine* bekannt. Im Lauf der Zeit ärgerte er sich immer mehr darüber, dass er nur noch als der Schöpfer von Sherlock Holmes wahrgenommen wurde. Seine zweite bekannte Romanfigur, Professor Challenger, hatte ihren ersten Auftritt 1912 in *Die vergessene Welt.* Darin entdeckt der Romanheld ein vom Rest der Welt abgeschnittenes Plateau mit lebenden Dinosauriern.

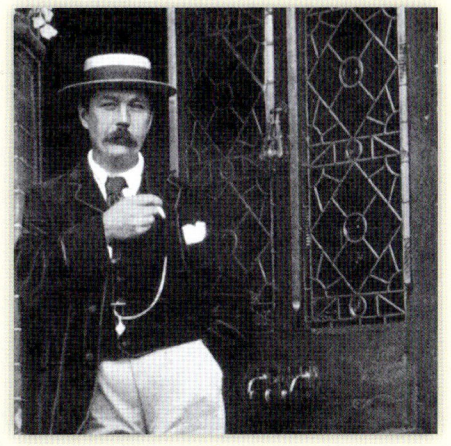

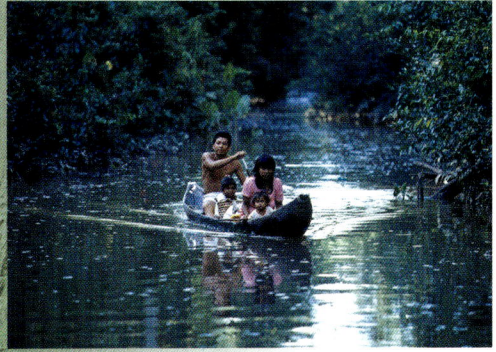

Oben: Im Delta des Orinoko kann man die Lebensweise der Warao-Indianer kennenlernen und mit dem Kanu die Flussläufe erkunden. Angeblich hat hier auch Christoph Kolumbus die Neue Welt betreten und nur aufgrund der riesigen Süßwassermassen des Orinoko erkannt, dass er einen Kontinent vor sich hatte.

BILDNACHWEIS

121OL	Alamy	147ML Mary Evans Picture Library	173OR/UR	Alamy
121OR	iStock	147UL	iStock	174M/UL	Photos.com
122M	Alamy			175OR	Photodisc
122UL	Getty Images			175UR	Alamy

KAPITEL 9

121OL	Alamy
121OR	iStock
122M	Alamy
122UL	Getty Images
122UR	iStock
123OR	iStock
123UL	Getty Images
124UL	Photodisc
124UR	iStock
125OR	Photodisc
125UR	iStock
125UM	Alamy
126UL	iStock
126OR/UR	Alamy
127UL	Alamy
127UR	iStock

KAPITEL 8

128UL	iStock
129	iStock
130OR	iStock
130UL	Alamy
131OL/UR/UL	iStock
132UL	Getty Images
132OR	Photos.com
132MR/UR	iStock
133OR/UL	Alamy
134M/UL/UR	iStock
134UM	Getty Images
136M/UL/UR	Photos.com
137OL/UL	iStock
137OR	Photos.com
138OR	Alamy
138M/UM	iStock
139ML/UL	iStock
139UM	Alamy
140M/UR	iStock
140UL	Alamy
141MR/UR	iStock
142OR	iStockphoto
142OM	Photos.com
143OL	Photos.com
144OR/UM	iStock
144UL	Alamy
145OR/UL	Getty Images
146OR/M/UL	iStock
146UR	Getty Images
147OR	Corbis

KAPITEL 9

147ML	Mary Evans Picture Library
147UL	iStock
148UL	iStock
148	iStock
150	iStock
151OR	iStock
151UL	Photos.com
152OR	iStock
152UL	Photos.com
153OR	iStock
154ML/UL/UR	iStock
155UL	Photodisc
156OR	Corbis
156M/UR/UL	iStock
157UL/UR	iStock
158OR	Photodisc
158UL/MR/UR	iStock
159OR/UL	Alamy
159MR/UM	iStock
160OL	iStock
160UL	Alamy
161OL/OR	iStock
162M/UR	Photos.com
162UL	iStock
163UL	iStock
163UM	Photodisc
164OR	iStock
164UL	Alamy
165OL/MR	Photos.com
165OM	Alamy
166OR	Photos.com
166ML	Alamy
167OL	Photodisc
167OR	iStock

KAPITEL 10

168UL	Photodisc
169	iStock
170OR/M	Photos.com
170MR	iStock
170UR	Photodisc
171UL	Photos.com
172OR	Photodisc
172UL/UR	Photos.com
173OL	Photos.com

173OR/UR	Alamy
174M/UL	Photos.com
175OR	Photodisc
175UR	Alamy
176OR/ML/UR	iStock
177OR	Getty Images
177UR	iStock
177UL	Photos.com
178OL	Alamy
178UR/UL	iStock
179OL	iStock
179UL	Photos.com
180UL	Getty Images
180UR	iStock
181OL	Alamy
181UL/UR	iStock
182M/UL	iStock
182MR	©Catherine Jagger
183UL	©Catherine Jagger
183UR	iStock
184OR/C	iStock
184UR	Getty Images
184UL	iStock
185MR	Photos.com
185UR	Alamy
187	Alamy

DANKSAGUNGEN

Niemand produziert ein Buch ganz alleine, deshalb möchte der Verlag folgenden Personen für ihren Einsatz und ihre harte Arbeit für *100 legendäre Reisen* danken.

Keith Lye, Consultant Editor, für die Überprüfung der Karten, das Nachvollziehen der legendären Routen und sein großartiges geografisches Wissen, das er uns zur Verfügung stellte.

Den Autoren **Thomas Cussans**, **Catherine Jagger** und **Richard Mason** für ihr sorgfältiges Recherchieren der Reisen (die sie häufig selbst unternahmen) und ihre anschauliche Beschreibung derselben.

Nick Rowland für das stundenlange sorgfältige Erstellen der Karten am Computer und das äußerst präzise Eintragen der Routen.

Rosie Barratt, **Tamsan Barratt** und **Mike Croft**, die sich durch Tausende Bilder kämpften und faszinierende Fotografien, die Großartiges und Unbekanntes abilden, fanden, sowie **James Mollison** für seine freundliche Erlaubnis, dass wir sein Bild vom Khyber-Pass drucken dürfen.

Und nicht zuletzt **Graham Davis**, der all dies Seite für Seite zusammenfügte – es ist ein wunderschönes Buch geworden.

Wir danken Ihnen allen, durch die dieses Buch entstehen konnte.

Register